W0040965

Inhaltsverzeichnis

Lothar Gassmann

Rudolf Steiner
und die
Anthroposophie

Eine kritische Biographie

**Weleda, Demeter,
Waldorfschulen, Christengemeinschaft
– wer war ihr Begründer?**

Dr. theol. Lothar Gassmann, geb. 1958 in Pforzheim, 1977-1984 Theologiestudium in Tübingen, 1992 Promotion ebenda, 1991-1993 Vikariat in Ravenstein/Baden, 1993-1997 Dozent für Dogmatik und Apologetik an der Freien Theologischen Akademie Gießen, seit 1998 Sektenbeauftragter und Seminarleiter der Arbeitsgemeinschaft für Religiöse Fragen, Verfasser von zahlreichen Aufsätzen und über 50 Büchern zu theologischen und weltanschaulichen Themen.

Hänssler-Paperback
Bestell-Nr. 393.677
ISBN 3-7751-3677-0

© Copyright 2002 by Hänssler Verlag, D-71087 Holzgerlingen
Internet: www.haenssler.de
E-Mail: info@haenssler.de
(Das vorliegende Buch erschien 1994 unter dem Titel
«Rudolf Steiner und die Anthroposophie – Erkenntnisweg in den Abgrund»
im Schwengeler-Verlag.)
Umschlaggestaltung: Krüger & Ko.
Titelbild: L. Gassmann
Gesamtherstellung: Ebner Ulm
Printed in Germany

Inhaltsverzeichnis

Literaturverzeichnis

Einleitung

Rudolf Steiner-Schulen und Waldorfkindergärten, Demeter-Nahrungsmittel und Weleda-Heilmittel – wer hat davon nicht schon gehört? Die Anthroposophie genießt vor allem durch solche von ihr ausgehenden Praktiken und Produkte bei vielen Menschen großes Ansehen. Selbst Theologen zeigen sich ihr gegenüber aufgeschlossen. Manche schicken ihre Kinder in Waldorfkindergärten und Rudolf Steiner-Schulen. Ein in exponierter Stellung tätiger Theologe der württembergischen Landeskirche unternahm sogar den Versuch, den grundlegend «christlichen» Charakter der Anthroposophie aufzuzeigen. In seinem Buch, das er unter dem Pseudonym *Andreas Binder* im anthroposophischen Verlag Urachhaus veröffentlichte, meinte er: Die Kirche der Reformation müßte «in der Interpretation der christlichen Grundlehren durch die Anthroposophie ihr eigenes Anliegen wiedererkennen» (Binder 1989, 199).

Angesichts solcher Behauptungen tut Orientierung not. Die Frage ist zu stellen: *Wer war Rudolf Steiner, der Begründer der Anthroposophie, eigentlich? Wovon war er beeinflußt und geprägt? Welche Ziele verfolgte er? Sind diese mit dem biblisch-christlichen Glauben vereinbar? Verkündete er wirklich «Erkenntnisse höherer Welten» – oder führt sein Erkenntnisweg in den Abgrund dämonischer Bindungen?*

Steiners *Lebenslauf* wird im folgenden streng chronologisch dargestellt – in der Abfolge der Lebensstationen und Ereignisse. Dabei wird der Schwerpunkt auf diejenigen Stationen, Erkenntnisse und Begegnungen Steiners gelegt, die ihn maßgeblich prägten und die sein Verhältnis zum christlichen Glauben betreffen. Im Rahmen dieser Biographie werden Steiners Lehren über Pädagogik, Medizin, Landwirtschaft und Kunst (insbesondere Eurythmie) ausführlich dargestellt. Anderes muß im Blick auf die übergroße Fülle der Daten und des Materials übergangen werden.

Die *Beurteilung* fließt unmittelbar in die Darstellung mit ein. Der Maßstab der Beurteilung ist allein die Heilige Schrift in ihrem ursprünglichen – und das heißt: nicht anthroposophisch oder anderweitig umgedeuteten – Wortsinn und Gesamtzusammenhang. Sie kann im Rahmen dieser Biographie nur punktuell erfolgen und auf bestimmte Tendenzen in Steiners Entwicklung hinweisen. Wer eine ausführliche und fundamentale Kritik am anthroposophischen Erkenntnisweg, Bibel-, Gottes- und Christusverständnis sucht, findet diese in meiner Dissertation. Diese ist in 1. und 2. Auflage in den Jahren 1993 und 1994 im R. Brockhaus-Verlag, Wuppertal, unter dem Titel: *«Das anthroposophische Bibelverständnis»* erschienen (russisch 1997 im Logos-Verlag, Lage). Sie wurde in der Reihe «Hänssler Theologie» neu veröffentlicht unter dem Titel: *«Anthroposophie. Lehre über die Bibel, Gott, Christus und Erlösung»* (Holzgerlingen, 2001).

Quellen und Zitationsweise

Das Werk Rudolf Steiners und die gesamte für diese Biographie relevante Literatur ist im Literaturverzeichnis am Ende des Buches genannt. Auf *Fußnoten* wurde verzichtet, da es zu viele geworden wären. Stattdessen habe ich folgende Vorgehensweise gewählt:

Erstens werden Bücher und Schriften *im fortlaufenden Text* zitiert: mit Verfassername, gegebenenfalls Band-Nummer, Jahreszahl des Erscheinens und Seitenzahl. Die Schriften und Vorträge Steiners werden nach der Band-Nummer und Seitenzahl in der Rudolf Steiner Gesamtausgabe (GA) und Taschenbuchausgabe (TA) wiedergegeben.

Zweitens wird nicht zu jedem Faktum eine *Belegstelle* angegeben, sondern nur zu Zitaten oder besonders wichtigen Begebenheiten. Wo keine Belegstelle genannt ist, kann der Leser davon ausgehen, daß sich die zugrunde liegende Information in einer der vier nachfolgend genannten grundlegenden Quellen für den Lebenslauf Steiners findet:

a. *Rudolf Steiner, Mein Lebensgang,* geschrieben 1923–25, TA 636, Dornach 1983. Diese unvollendet gebliebene Autobiographie Steiners bezieht sich im wesentlichen auf die Jahre 1861 bis 1907.

b. *Guenther Wachsmuth, Rudolf Steiners Erdenleben und Wirken.* Von der Jahrhundertwende bis zum Tode. Die Geburt der Geisteswissenschaft, Dornach 1951. Wachsmuth, ein Schüler Steiners sowie Sekretär und Schatzmeister der Allgemeinen Anthroposophischen Gesellschaft ab 1923, referiert sehr detailliert und streng chronologisch, aber völlig unkritisch die Lebensstationen Steiners von 1900 bis 1925.

c. *Gerhard Wehr, Rudolf Steiner. Leben – Erkenntnis – Kulturimpuls* (1987), Taschenbuchausgabe Zürich 1993. Wehr, ein der Anthroposophie nahestehender Schriftsteller, bringt in thematischer Anordnung, großer Ausführlichkeit und sehr zurückhaltender Kritik viele Hintergrundinformationen zu Steiners Leben.

d. *Johannes Hemleben, Rudolf Steiner in Selbstzeugnissen und Bilddokumenten,* Reinbek bei Hamburg 1983. Hemleben, Priester und Lenker der anthroposophisch inspirierten «Christengemeinschaft», legt eine für das große Publikum geschriebene und weithin unkritische Bildmonographie über das Leben Steiners vor.

Weitere bedeutsame *Primär-Quellen* – außer dem «Lebensgang» – sind:

– Steiners Briefe (GA 38; 39; 262; 263; 264);

– seine «Skizze eines Lebensabrisses» (Berlin, 4.2.1913), in: Briefe, Bd. 1, Dornach 1948 und 1955; wieder abgedruckt als «Autobiographischer Vortrag über die Kindheits- und Jugendjahre bis zur Weimarer Zeit» in: Beiträge zur Rudolf Steiner Gesamtausgabe Nr. 83/84 (Ostern 1984);

– «Rudolf Steiner über seine Kindheit. Ein autobiographisches Fragment», Faksimile in: Beiträge zur Rudolf Steiner Gesamtausgabe Nr. 49/50 (Ostern 1975);

– «Aufzeichnungen Rudolf Steiners, geschrieben für Edouard Schuré in Barr im Elsaß, September 1907», in: GA 262.

Wo aus diesen Quellen zitiert wird, ist die Belegstelle angegeben.

1861–1879: Kindheit und Jugend

1861: Geburt und Elternhaus

Rudolf Joseph Lorenz Steiner wird im Februar 1861 in Kraljevec an der damaligen ungarisch-kroatischen Grenze geboren.
Über das genaue Geburtsdatum existieren unterschiedliche An-
gaben. Gewöhnlich wird der *27. Februar* genannt, so etwa in
Steiners «Lebensgang» (636, 8). Dagegen beginnt er das Faksimile «Rudolf Steiner über seine Kindheit. Ein autobiographisches Fragment» mit den Worten: «Meine Geburt fällt auf den
25. Februar 1861.» Auf jeden Fall hat Steiner zwei Tage nach
seiner Geburt in der katholischen Kirche des benachbarten Ortes Draskovecz die Taufe empfangen. Gerhard Wehr vermutet,
daß sich der Tauftag als der Geburtstag Steiners eingebürgert
hat (Wehr 1993, 9).

Der Vater, *Johann Steiner* (1829–1910), und die Mutter,
Franziska Steiner geb. Blie (1834–1918), stammen aus dem
niederösterreichischen Waldviertel nördlich der Donau. Der
Vater war in seiner Kindheit von Mönchen unterrichtet worden
und später als Jäger tätig gewesen. Seit 1860 bekleidete er eine
Stelle als Telegrafist im Dienst der österreichischen Südbahn,
was mit mancherlei Versetzungen und Umzügen verbunden
war. «So ist es gekommen, daß mein Geburtsort weitab liegt
von der Erdgegend, aus der ich stamme», bemerkt Rudolf Steiner rückblickend (636, 8).

Während er im «Lebensgang» den Vater ausführlicher charakterisiert, äußert er sich über die Mutter – wie auch über die
nach ihm geborenen Geschwister – sehr zurückhaltend. Er notiert lediglich, daß die Tage der Mutter mit der Besorgung der

häuslichen Angelegenheiten und der Pflege ihrer Kinder ausgefüllt waren. Rudolf Steiners Vater war nach seiner Erinnerung
«ein durch und durch wohlwollender Mann, aber mit einem
Temperament, das namentlich, als er noch jung war, leiden-
schaftlich aufbrausen konnte. Der Eisenbahndienst war ihm
Pflicht; mit Liebe hing er nicht an ihm (...) Gerne beschäftigte er
sich damit, die politischen Verhältnisse zu verfolgen» (636, 8).

Bedeutsam ist die Frage: *Empfing Rudolf Steiner in seinem
Elternhaus eine christliche Prägung?* Er selbst äußert sich – im
Blick auf seinen späteren Ministrantendienst – sehr offenherzig über die ablehnende Haltung seiner Eltern während seiner
Kindheit gegenüber religiösen Dingen: «In meinem Elternhause fand ich in dieser meiner Beziehung zur Kirche keine Anregung. Mein Vater nahm daran keinen Anteil. Er war damals
'Freigeist'. Er ging nie in die Kirche, mit der ich so verwach-
sen war; und trotzdem ja auch er während seiner Knaben- und
Jünglingsjahre einer solchen ergeben und dienstbar war. Das
änderte sich bei ihm erst wieder, als er als alter Mann, in Pen-
sion, nach Horn, seiner Heimatgegend, zurückzog. Da wurde
er wieder ein 'frommer Mann'. Nur war ich damals längst
außer allem Zusammenhang mit dem Elternhause» (636, 22).

1862: Mödling

Bereits 1862, als Rudolf Steiner eineinhalb Jahre alt ist, zieht
die Familie nach Mödling bei Wien um. Dort wird der Vater für
ein halbes Jahr als Telegrafist eingesetzt.

1863: Pottschach

Die nächste Station ist Pottschach in Niederösterreich, wo die
Familie Steiner bis 1869 lebt und Rudolf seine Kindheit ver-
bringt: «Eine wundervolle Landschaft umschloß meine Kindheit. Der Ausblick ging auf die Berge, die Niederösterreich mit

Steiermark verbinden: Der 'Schneeberg', Wechsel, die Raxalpe, der Semmering» (636, 9). Einen lebhaften Kontrast zu dieser Naturidylle bildet die Technik, die Rudolf in Gestalt der frischvollendeten Semmering-Eisenbahn, einer Hochblüte damaliger Ingenieurkunst, begegnet und bei der sein Vater tätig ist.

1864 und 1866: Geburt der Geschwister

Über seine Geschwister *Leopoldine* (1864–1927) und *Gustav* (1866–1941) äußert sich Rudolf Steiner im «Lebensgang» äußerst formal und knapp: «In Pottschach wurden meinen Eltern noch eine Tochter und ein Sohn geboren. Eine weitere Vergrößerung der Familie fand nicht statt» (636, 10). Gerhard Wehr meint hierzu: «In den Erinnerungen werden Mutter, Bruder und Schwester nur während der Kindheit und frühen Jugend erwähnt, später kaum mehr. Wir erfahren zwar, daß der in Deutschland nach einer schwierigen Anfangszeit gesellschaftlich und wirtschaftlich zu Ansehen Gelangte in verschiedenen Testamenten (1907, 1910, 1914, 1915) Eltern und Geschwister ausdrücklich bedenkt und noch auf seinem letzten Krankenlager im März 1925 für das leibliche Wohl seiner fast erblindeten, in Horn lebenden Schwester Sorge trägt, aber es fehlt eine nähere Charakteristik seiner Angehörigen» (Wehr 1993, 25).

Womit könnte dieses Schweigen zusammenhängen? Ich vermute, daß Steiners Eltern und Geschwister seinen Weg in die Esoterik und Anthroposophie nicht mitgegangen sind. Hätten sie dies getan, dann hätte er sie sicher ausführlicher erwähnt und gewürdigt. Auch in den Briefen an seine Familie werden immer wieder äußerliche Dinge, etwa Reisepläne, Finanznöte und ähnliches angesprochen, aber kaum jemals das, was ihn in seiner anthroposophischen Lehre bewegt. Dieses Schweigen läßt sich, so denke ich, nur mit dem Desinteresse oder Unverständnis seiner Verwandten für «spirituelle Dinge» erklären.

1867: Schulbeginn

Als Rudolf das schulpflichtige Alter erreicht, schickt ihn sein Vater in die Dorfschule in Pottschach. Doch bald kommt es zu einem Zerwürfnis des Vaters mit dem Dorfschullehrer. Von da an bringt Johann Steiner bis 1869 seinem Sohn selbst die Anfangsgründe des Lesens, Schreibens und Rechnens bei.

Ein gutes Verhältnis hingegen besitzt die Familie – trotz ihrer freigeistigen Haltung – zum katholischen Pfarrer des nahegelegenen Ortes St. Valentin, dem Zisterzienser Robert Andersky. Den biblisch-christlichen Glauben lernt Rudolf aber auch durch ihn nicht kennen, höchstens ein oberflächliches, weltliches Christentum. Steiner charakterisiert Andersky als «Typus des liberalen katholischen Geistlichen, tolerant, leutselig (...) Er war witzig, sprach gerne in Schnurren und liebte es, wenn die Menschen um ihn lachten» (636, 10).

1868: Ein hellseherisches Schlüsselerlebnis

Rudolf Steiner hält sich häufig im Wartesaal des Pottschacher Bahnhofs auf. Als sieben- oder achtjähriger Knabe hat er dort ein Erlebnis, das – wie Gerhard Wehr formuliert – sein ganzes weitere Leben «leitmotivartig» bestimmen sollte (Wehr 1993, 24). Es ist der *Kontakt mit der jenseitigen Welt.*

In einem Vortrag vom 4.2.1913 berichtet er darüber: «Aber auch noch etwas anderes bot sich dem Knaben. Da saß er eines Tages in jenem Wartesaale ganz allein auf einer Bank. In der einen Ecke war der Ofen, an einer vom Ofen abgelegenen Wand war eine Tür; in der Ecke, von welcher aus man zur Tür und zum Ofen schauen konnte, saß der Knabe. Der war dazumal noch sehr jung. Und als er so dasaß, tat sich die Tür auf; er mußte es natürlich finden, daß eine Persönlichkeit, eine Frauenpersönlichkeit, zur Türe hereintrat, die er früher nie gesehen hatte, die aber einem Familiengliede außerordentlich ähnlich sah. Die Frauenspersönlichkeit ging zur Türe herein, ging bis in die Mitte der Stube, machte Gebärden und sprach auch Worte, die etwa in der folgenden Weise wiedergegeben werden können: 'Versuche jetzt und später, so viel du kannst, für mich zu tun!' Dann war sie noch eine Weile anwesend unter Gebärden, die nicht mehr aus der Seele verschwinden können, wenn man sie gesehen hat, ging zum Ofen hin und verschwand in den Ofen hinein …

Nachdem nun einige Tage vergangen waren und ein anderes Familienmitglied in der entsprechenden Weise vorbereitet worden war, stellte sich doch heraus, was geschehen war. An einem Orte, der für die Denkweise der Leute, um die es sich da handelte, recht weit von jenem Bahnhofe entfernt war, hatte sich in derselben Stunde, in welcher im Wartesaale dem kleinen Knaben die Gestalt erschienen war, ein sehr nahestehendes Familienglied selbst den Tod gegeben. Dieses Familienmitglied hatte der Knabe nie gesehen; er hatte auch nie sonderlich viel von ihm gehört …

Das Ereignis machte einen großen Eindruck, denn es ist jeder Zweifel darüber ausgeschlossen, daß es sich gehandelt hat um einen Besuch des Geistes der selbstgemordeten Persönlichkeit, die an den Knaben herangetreten war, um ihm aufzuerlegen, etwas für sie in der nächsten Zeit nach dem Tode zu tun …

Nun, wer so etwas in seiner frühen Kindheit erlebt und es nach seiner Seelenanlage zu verstehen suchen muß, der weiß von einem solchen Ereignisse an – wenn er es eben mit Bewußtsein erlebt –, wie man in den geistigen Welten lebt (…) Und der Knabe lebte etwa von jenem Zeitpunkte ab mit den Geistern der Natur, die ja in einer solchen Gegend ganz besonders zu beobachten sind, mit den schaffenden Wesenheiten hinter den Dingen, in derselben Weise, wie er die äußere Welt auf sich wirken ließ» (Briefe I, 1948, 10ff.).

Dieses Erlebnis wird nicht im «Lebensgang», sondern nur im internen Vortrag von 1913 sowie in ähnlicher Form im – ebenfalls internen – autobiographischen Fragment wiedergegeben. Warum? Drei Gründe sind möglich: Zum ersten bietet es eine *zu große Angriffsfläche* für Steiners Gegner, die ihn ohnehin als Spiritisten verdächtigen. Zum zweiten möchte Steiner seinen

Zugang zu den übersinnlichen Welten als etwas *methodisch Erlernbares* nach naturwissenschaftlicher Analogie verstanden wissen. Dazu steht aber das unmittelbare Erleben, wie es dem Knaben zuteil wurde, im Widerspruch. Zum dritten tritt ein solch frühes hellseherisches Erlebnis bei einem sieben- oder achtjährigen Knaben in Gegensatz zu Steiners Lehre, daß das Hellsehen erst mit der Ausbildung des *«Astralleibes»*, also ab dem 15. Lebensjahr, möglich wird.

Dennoch ist dieses Ereignis gegeben und wird auch von verschiedenen Schülern und Biographen Steiners bezeugt (z.B. Rittelmeyer 1983, 102; Hemleben 1983, 23f.). Wehr nennt die Möglichkeit, daß man ein solches Hellsehen, das sich «spontan» und «ohne eine besondere spirituelle Schulung des Betreffenden» einstellt, nach anthroposophischer Lehre als «letzten Rest eines alten Hellsehvermögens», als *atavistisches Hellsehen»* bezeichnen könne. Dieses sei in früheren Jahrhunderten weitverbreitet gewesen und könne als «Erbstück der archaischen Menschheit» gelten (Wehr 1993, 24). Unwillkürlich wird man hier an Carl Gustav Jungs Lehre vom «kollektiven Unbewußten» erinnert, die ebenfalls okkulte Elemente aufweist (vgl. Nannen 1991, 181ff.).

Rudolf Steiners Eltern nehmen dieses hellseherische Erlebnis ihres Jungen nicht ernst und bezeichnen es als dummen Aberglauben. Mit seinem Erlebnis alleingelassen und mit der technischen Welt seines Vaters konfrontiert, reift in Steiner der Gedanke, die übersinnliche Welt mit der naturwissenschaftlich-technischen Erfahrung zusammenzubringen. *Keimhaft beginnt von nun an in ihm die Suche nach einem Weg, um in voller Aufnahme des aufklärerischen, naturwissenschaftlichen und technischen Denkens das Dasein der übersinnlichen Geisterwelt zu erforschen und in sie einzudringen.* «Da waren die 'Grenzen der Erkenntnis'. Und ich hätte diese Grenzen so gern überschritten», resümiert Steiner im Rückblick auf die Pottschacher Zeit (636, 13).

Welche Wertung dieses hellseherischen Erlebnisses ergibt sich aus christlich-biblischer Sicht? Gehen wir einmal von der Wahrhaftigkeit der Erzählung Steiners aus, dann handelt es sich um das *Wiedergänger-Phänomen* – eine spiritistische Spuk-Erscheinung von (in der Regel gewaltsam) Verstorbenen. Oft beruhen solche Phänomene auf der übersteigerten Phantasie und Einbildung der Betreffenden. Es gibt jedoch auch echte Phänomene. Der Okkultismus-Experte Kurt E. Koch schreibt: «Wiedergänger können auch materialisierte Dämonenerscheinungen sein. Schon Luther wies darauf hin, daß Dämonen und böse Geister das Aussehen von Verstorbenen annehmen, um Lebende zu verführen» (Koch 1984, 714).

Meines Erachtens ist diese Erklärung im Falle Steiners am naheliegendsten. Nicht die selbstgemordete Tante ist Steiner erschienen, sondern ein *Dämon,* der ihn dazu aufforderte, für ihn zu wirken. Steiners Weg wird nun zunehmend ein *Weg in den Abgrund,* denn er wendet sich nicht von den übersinnlichen Mächten ab, die auf ihn eindringen, sondern er öffnet sich ihnen immer mehr.

Die Bibel warnt hingegen deutlich vor jeder Art von Okkultismus und Spiritismus. Dieser steht im Widerspruch zum ersten Gebot, das uns auffordert, Gott allein die Ehre zu geben und ihm zu vertrauen (2. Mose 20,2f.). Praktiken wie Wahrsagen, Hellsehen, Totenbefragung und Astrologie sind Gott ein Greuel (3. Mose 19,31; 5. Mose 18,9ff.). Wer sich darauf einläßt, verfällt wie Saul dem Gericht (1. Sam. 28,7ff.). Wer etwas über die göttlichen Geheimnisse erfahren möchte, soll nicht Verstorbene, sondern das Wort Gottes, die Bibel («Mose und die Propheten») befragen (Luk. 16,19ff.). Spiritistische Betätigung kann eine Vielzahl von seelischen, geistigen und geistlichen Schädigungen mit sich bringen. Wirkliche Befreiung von durch Spiritismus entstandenen Bindungen ist nur möglich durch einen Herrschaftswechsel aus dem Reich Satans in das Reich Gottes, durch die Übereignung des Lebens an den Erlöser Jesus Christus (Luk. 11,20; Eph. 6,10ff.).

1869–1871: Neudörfl. Übersinnliches im katholischen Kultus und in der Geometrie

Rudolf Steiner sucht nach dem hellseherischen Erlebnis im Pottschacher Bahnhof nach Bestätigungen für die neuentdeckte Welt des Übersinnlichen. Diese findet er in seiner Auffassung des katholischen Kultus und der Geometrie, die er sich in den Jahren um 1869 erringt.

Bereits 1868 ist die Familie nach *Neudörfl* an die Grenze zwischen Ungarn und Niederösterreich umgezogen. Rudolfs Vater schickt ihn in die dortige Dorfschule. Dem Hilfslehrer Heinrich Gangl verdankt er nach seinen eigenen Worten «viel» – weniger wegen des Unterrichts als vielmehr wegen eines *Geometriebuches* von Franz Mocnik, das ihm Gangl für einige Wochen leiht. Rückblickend führt Steiner aus:

«Wochenlang war meine Seele ganz erfüllt von der Kongruenz, der Ähnlichkeit von Dreiecken, Vierecken, Vielecken; ich zergrübelte mein Denken mit der Frage, wo sich eigentlich die Parallelen schneiden; der pythagoreische Lehrsatz bezauberte mich (...) daß man seelisch in der Ausbildung rein innerlich angeschauter Formen leben könne, ohne Eindrücke der äußeren Sinne, das gereichte mir zur höchsten Befriedigung ...

Ich sagte mir als Kind natürlich nicht deutlich, aber ich fühlte, so wie Geometrie muß man das Wissen der geistigen Welt in sich tragen. Denn die Wirklichkeit der geistigen Welt war mir so gewiß wie die der sinnlichen (...) Ich unterschied Dinge und Wesenheiten, 'die man sieht', und solche, 'die man nicht sieht' (...) Der Hilfslehrer in Neudörfl lieferte mir mit seinem Geometriebuch die Rechtfertigung der geistigen Welt, die ich damals brauchte» (636, 17f.).

Kritisch ist hier anzumerken, daß die «geistige Welt» keineswegs ein einheitliches, neutrales Gefüge ist. Naturgesetze, die gedanklich-geistig erfaßt werden können, sind etwas anderes als eine Geisterwelt gefallener Engel, in die der Mensch hellseherisch eindringen möchte. Der anthroposophische Erkenntnisweg, welcher – wie sich noch zeigen wird – der Selbsterhebung des Menschen in den Bereich des Übersinnlichen hinein und damit der satanischen Verführung der Schlange (vgl. 1. Mose 3,1ff.) entspricht, läßt sich nicht durch rein äußerliche Parallelen in Form geometrischer Gesetze rechtfertigen.

Außer in der Geometrie sucht Steiner die Rechtfertigung seiner hellseherischen Schau im *katholischen Kultus,* den er als Ministrant in Neudörfl miterlebt. Er schreibt: «Wir Schulknaben hatten den Ministranten- und Chordienst zu verrichten bei Messen, Totenfeiern und Leichenbegängnissen. Das Feierliche der lateinischen Sprache und des Kultus war ein Element, in dem meine Knabenseele gerne lebte (...) Der Bibel- und Katechismus-Unterricht, den der Pfarrer erteilte, war weit weniger wirksam innerhalb meiner Seelenwelt als das, was er als Ausübender des Kultus tat in Vermittelung zwischen der sinnlichen und der übersinnlichen Welt» (636, 21f.).

Hier fällt auf, daß Steiner nicht von der katholischen Dogmatik, sondern vom äußeren Kultus der katholischen Messe beeindruckt ist. Später wird er die Feierlichkeit kultischer Handlungen auch bei heidnischen Mysterienreligionen entdecken und – etwa in der Menschenweihehandlung der «Christengemeinschaft» – mit christlich-kultischen Elementen vermischen. Ein «dogmatisches Christentum» lehnt er zeitlebens ab. Auch hier bleibt ihm der Weg zu einem biblisch-christlichen Glauben verschlossen.

Über die katholischen *Geistlichen,* denen er in seiner Neudörfler Zeit begegnet, äußert er sich unterschiedlich. Frühe interne Äußerungen stehen zu späteren öffentlichen im Widerspruch. So heißt es in den Aufzeichnungen für Edouard Schuré vom September 1907: «Den kirchlichen Kultus lernte ich zwar kennen, indem ich zu Kultushandlungen als sogenannter Ministrant zugezogen wurde, doch war nirgends, auch bei den Priestern nicht, die ich kennenlernte, eigentliche Frömmigkeit und Religiosität vorhanden. Dagegen traten mir fort und fort gewisse Schattenseiten des katholischen Klerus vor Augen» (262, 7). Ähnlich kritisch äußert er sich in seinem «Autobiographischen Vortrag» vom 4.2.1913.

In seinen späten autobiographischen Aufzeichnungen, die im

«Lebensgang» zusammengefaßt wurden, hat er hingegen nur lobende Worte für den Ortspfarrer Franz Maraz und die in der Nähe angesiedelten Redemptoristen-Mönche übrig: «Den Mönchen begegnete ich oft auf meinen Spaziergängen. Ich weiß noch, wie gerne ich von ihnen wäre angesprochen worden. Sie taten es nie. Und so trug ich von der Begegnung nur immer einen unbestimmten, aber feierlichen Eindruck davon, der mir immer lange nachging (...) Neben dem Hilfslehrer liebte ich von den Persönlichkeiten, die an der Schulleitung beteiligt waren, den Pfarrer» (636, 15.19).

Dieser Widerspruch zeigt, wie *situationsgebunden* Steiners autobiographische Aussagen sind. Mußte er sich in den Jahren 1907 und 1913 gegen Vorwürfe von theosophischer Seite verteidigen, er argumentiere zu stark christlich-abendländisch und er sei Jesuitenschüler, so ist der Darstellung in «Mein Lebensgang» die Gründung der «Christengemeinschaft» im September 1922 vorausgegangen, die äußerlich sehr stark an den katholischen Kultus anknüpft. Nun denkt Steiner dankbarer an diese Wurzeln in seiner Kindheit zurück.

Ähnlich apologetische Züge trägt seine Abgrenzung gegen eine *Freimaurerloge* in Neudörfl: «Ich konnte kein Verhältnis zu dieser Loge gewinnen. Denn nach der ganzen Art, wie sich die Menschen meiner Umgebung in dieser Hinsicht benahmen, mußte ich es auch da aufgeben, Fragen zu stellen; und dann wirkten die ganz abgeschmackten Reden, die der Zündwarenbesitzer (sc. als Leiter dieser Loge) über die Kirche führte, auf mich abstoßend. Der Pfarrer hielt nun eines Sonntags in seiner energischen Art eine Predigt, in der er die Bedeutung der wahren Sittlichkeit für das menschliche Leben auseinandersetzte und dann von den Feinden der Wahrheit in Bildern sprach, die von der Loge hergenommen waren. Dann ließ er seine Rede gipfeln in dem Satze: 'Geliebte Christen, merket, wer ein Feind dieser Wahrheit ist, zum Beispiel ein Freimaurer und ein Jude.' Für die Dorfleute waren damit der Fabrikbesitzer und der Kleiderhändler autoritativ gekennzeichnet. Die Tatkraft, mit der dies gesprochen wurde, gefiel mir ganz besonders» (636, 20f.).

Diese negative Darstellung überrascht um so mehr, wenn

man weiß, daß Steiner spätestens seit 1904 in Kontakt mit verschiedenen Freimaurerlogen getreten ist und auch Mitglied einer Loge wurde (siehe unter 1904–1905).

1872: Realschule in Wiener-Neustadt

Vom Oktober 1872 bis zum Abitur im Sommer 1879 besucht Rudolf Steiner die Realschule in Wiener-Neustadt. Nach dem Wunsch seines Vaters soll er *Eisenbahn-Ingenieur* werden und daher eine praktische, naturwissenschaftlich-technische Ausbildung bekommen. Täglich muß er nun per Bahn oder zu Fuß die durch den Fluß Leitha markierte Grenze zwischen dem in Ungarn gelegenen Neudörfl und dem niederösterreichischen Wiener-Neustadt überschreiten. «Ich kam also täglich von 'Transleithanien' nach 'Cisleithanien'» (636, 26).

In den beiden ersten Klassen hat er «viel Mühe, mitzukommen», da ihm Vorbilder fehlen. «Erst im zweiten Halbjahr der zweiten ging es besser. Da war ich erst ein 'guter Schüler' geworden» (636, 26).

1873–1874: Begeisterung für Physik und Mathematik

Die Vorbilder, die er sucht, findet er vor allem in Gestalt dreier Lehrer: des Schuldirektors Heinrich Schramm, des Mathematik- und Physiklehrers Laurenz Jelinek sowie des Geometrielehrers Georg Kosak. Schramm veröffentlicht 1872 seinen Aufsatz «Die Anziehungskraft betrachtet als Wirkung der Bewegung» – eine frühe Atomlehre –, den Steiner – trotz der in seinem jugendlichen Alter unvermeidlichen Verständnisprobleme – geradezu verschlingt. Die anderen Lehrer bringen ihm Mathematik, Geometrie und Physik in einer solch gewinnenden Art nahe, daß er bald hervorragende Resultate in diesen Fächern erzielt.

Und auch hinter dem, was Steiner in der Realschule lernt, bleibt als Leitmotiv das Ziel lebendig, in die höheren Welten übersinnlicher Art einzudringen. So resümiert er: «Hinter dem, was ich durch den Schuldirektor, den Mathematik- und Physiklehrer und den des geometrischen Zeichnens in mich aufnahm, stiegen nun in knabenhafter Auffassung die Rätselfragen des Naturgeschehens in mir auf. Ich empfand: ich müsse an die Natur heran, um eine Stellung zu der Geisteswelt zu gewinnen, die in selbstverständlicher Anschauung vor mir stand» (636, 29).

1875: Kant-Lektüre

Einen wesentlichen Schritt auf die geistige Welt zu bedeutet für Steiner das Eindringen in das Reich der Philosophie, das für den Vierzehnjährigen mit der Lektüre von Immanuel Kants *«Kritik der reinen Vernunft»* beginnt. Betrachtet man Steiners späteres Lehrsystem und die Äußerungen über die frühe Kant-Lektüre in seinem «Lebensgang», so wird deutlich, daß er Kant in Anknüpfung und Widerspruch zugleich rezipiert. Die Anknüpfung liegt in der anthropozentrischen Ausrichtung von Kants Erkenntnistheorie, der Widerspruch tut sich auf, wo Kant von den Grenzen der Erkenntnis spricht.

Die revolutionäre Ansicht, die Kants Erkenntnistheorie kennzeichnet, lautet: *Unsere Erkenntnis richtet sich nicht nach den Gegenständen, sondern die Gegenstände richten sich nach unserer Erkenntnis.* Der Mensch ist der Gesetzgeber der Natur. Unser Verstand verknüpft die uns begegnenden Erscheinungen nach den in ihm liegenden Normen oder Kategorien und schafft damit die gesetzmäßige Ordnung der Natur. Dieser *Anthropozentrismus* in der Erkenntnistheorie steht in formaler Parallele zum Heliozentrismus im kopernikanischen Weltbild: Die Erde dreht sich um die Sonne, nicht die Sonne um die Erde. Es gibt für Kant allerdings *Grenzen der Erkenntnis,* etwa im Blick auf das Dasein eines höchsten Wesens und der jenseitigen Welt. So betont Kant: «Denn alle synthetischen Grundsätze des

Verstandes sind von immanentem Gebrauch; zu der Erkenntnis eines höchsten Wesens aber wird ein transzendenter Gebrauch derselben gefordert, wozu unser Verstand gar nicht ausgerüstet ist. Soll das empirisch-gültige Gesetz der Kausalität zu dem Urwesen führen, so müßte dieses in die Kette der Gegenstände der Erfahrung mitgehören; alsdann wäre es aber, wie alle Erscheinungen, selbst wiederum bedingt (...) Man sieht also hieraus wohl, daß transzendentale Fragen nur transzendentale Antworten, d.i. aus lauter Begriffen a priori ohne die mindeste empirische Beimischung, erlauben (...) Das höchste Wesen bleibt also für den bloß spekulativen Gebrauch der Vernunft ein bloßes, aber doch fehlerfreies Ideal, ein Begriff, welcher die ganze menschliche Erkenntnis schließt und krönet, dessen objektive Realität auf diesem Wege zwar nicht bewiesen, aber auch nicht widerlegt werden kann ...» (Kant 1985, 668ff.).

Den anthropozentrischen, bei der Vernunft des Menschen anknüpfenden Ansatz kann Steiner durchaus übernehmen. So schreibt er: «Ich strebte auf meine knabenhafte Art danach, zu verstehen, was menschliche Vernunft für einen wirklichen Einblick in das Wesen der Dinge zu leisten vermag» (636, 29).

Größer jedoch ist der – spätere – Widerspruch zu Kant, den Steiner – seinerseits an Goethe anknüpfend – zum Ausdruck bringt: «Kant verneinte die Möglichkeit, über die Wirklichkeit der Ideenwelt aus deren Verhältnis zur Sinneswahrnehmung etwas wissen zu können. Aus dieser Voraussetzung heraus ergab sich für ihn als wissenschaftliches Ergebnis dasjenige, was, ihm unbewußt, von seiner religiösen Empfindungsrichtung gefordert wurde: daß das wissenschaftliche Erkennen Halt machen müsse vor solchen Fragen, welche die Freiheit, die Unsterblichkeit, die göttliche Weltordnung betreffen. Ihm ergab sich, daß das menschliche Erkennen nur bis an die Grenzen gehen könne, die den Sinnesbereich umschließen, und daß für alles, was darüber hinausliegt, nur ein Glaube möglich sei. Er wollte das Wissen eingrenzen, um für den Glauben Platz zu erhalten. Im Sinne der Goetheschen Weltanschauung liegt es, das Wissen erst dadurch mit einer festen Grundlage zu versehen, daß die Ideenwelt in ihrem Wesen an der Natur geschaut wird, um

dann in der befestigten Ideenwelt zu einer über die Sinneswelt
hinausliegenden Erfahrung zu schreiten» (625, 44).

Im «Lebensgang» bezeichnet Steiner es als «unerträglich»,
an Erkenntnisgrenzen stehenzubleiben: «Ein 'Stoff', der außerhalb des Denkens liegen bleibt, über den bloß 'nachgedacht'
wird, war mir ein unerträglicher Gedanke. Was in den Dingen
ist, das muß in die Gedanken des Menschen herein, das sagte
ich mir immer wieder. An dieser Empfindung stieß aber auch
immer wieder das an, was ich bei Kant las (...) Ich verhielt mich
zu Kant damals ganz unkritisch; aber ich kam durch ihn nicht
weiter» (636, 31).

Ähnlich bemerkt der Steiner-Schüler Friedrich Rittelmeyer
einmal im Blick auf Kant: «Im Denken üben konnte er, im we-
senhaften Wissen fördern kaum (...) wenn ich in dieser Weise
denke, fühle ich förmlich, wie ich dabei verkalke (...) Man gewinnt ein Denkgerüst, aber man wird zum Denkskelett» (Rittelmeyer 1937, 61).

Im Gegensatz zu solchen Aussagen stellt sich die Frage, ob
nicht Kant – trotz aller auch an seiner Konzeption nötigen Kritik – dem *biblisch-christlichen Denken* näher steht als Steiner.
Dadurch, daß er – übrigens auch gegenüber seinem Zeitgenossen, dem «Geisterseher» Emanuel Swedenborg – gewisse
Grenzen der Erkenntnis postuliert, befindet er sich faktisch in
Übereinstimmung mit den biblischen Warnungen, *nicht eigen-*
mächtig in übersinnliche Bereiche einzudringen, die Gott dem
Menschen verwehrt hat. Die Problematik des Spiritismus wurde bereits angeprochen. Ferner *gibt* es für die menschliche Vernunft deutliche Grenzen, über die sie ohne Erleuchtung durch
den Geist Gottes nicht hinauskommt. Und selbst dann kann sie
nur erkennen, was ihr Gott in seiner Freiheit und Souveränität
offenbart, nicht was sie in eigenmächtigem Streben erzwingen
möchte.

So heißt es im 1. Korintherbrief: *«Welcher Mensch weiß, was*
im Menschen ist, als allein der Geist des Menschen, der in ihm
ist? So weiß auch niemand, was in Gott ist, als allein der Geist
Gottes. Wir aber haben nicht empfangen den Geist der Welt,
sondern den Geist aus Gott, daß wir wissen können, was uns

von Gott geschenkt ist. Und davon reden wir auch nicht mit Worten, wie sie menschliche Weisheit lehren kann, sondern mit Worten, die der Geist lehrt, und deuten geistliche Dinge für geistliche Menschen. Der natürliche Mensch aber vernimmt nichts vom Geist Gottes; es ist ihm eine Torheit, und er kann es nicht erkennen; denn es muß geistlich beurteilt werden» (1. Kor. 2,11–14).

Eine *Kritik der Philosophie Kants* an dieser Stelle würde den Rahmen dieses Buches sprengen. Es sei nur darauf hingewiesen, daß sich Gott auf vielerlei Arten, vor allem in seinem Sohn Jesus Christus doch empirisch erfahrbar zu erkennen gibt (vgl. Apg. 14,17; 1. Joh. 1,1ff. u.a.), und daß das von Kant postulierte Sittengesetz, verbunden mit der Vorstellung vom autonomen Menschen, in Widerspruch tritt zur biblisch-reformatorischen Lehre von der Rechtfertigung des Sünders allein aus Gnaden (Röm. 3,9–28; vgl. z.B. Lamparter 1976, 23ff.).

1876: Lessing-Lektüre

Als Rudolf Steiner «etwa fünfzehn Jahre» alt ist, tritt er in ein näheres Verhältnis zu dem Arzt Carl Hickel aus Wiener-Neustadt, der ihn reichlich mit verschiedenen Büchern versorgt. «Ich lernte in der Atmosphäre des liebevollen, für alles Schöne begeisterten Arztes besonders Lessing kennen», betont Steiner (636, 32).

Diese frühe Begegnung mit dem Werk Gotthold Ephraim Lessings hinterläßt bei Steiner einen tiefen Eindruck. Wahrscheinlich wird er durch ihn zum ersten Mal mit der Vorstellung von der *Reinkarnation,* den «wiederholten Erdenleben» konfrontiert – und zwar *in ihrer abendländisch-optimistischen Deutung,* im Gegensatz zum buddhistischen Pessimismus (das «Rad des Immer-Wieder-Verkörpert-Werden-Müssens» ist dort ein Fluch!). Auch andere Impulse hat er von Lessing aufgenommen. So kann er ihn 24 Jahre später in seinem monumentalen Werk «Die Rätsel der Philosophie» sogar als «Propheten» bezeichnen: «Den Lebenstrieb des Gedankens im Selbstbewußtsein zu erfühlen und ihn so zu erleben, daß sich durch ihn der Mensch in eine geistig-reale Welt sicher hineingestellt fühlt, vermochten die Denker des achtzehnten Jahrhunderts noch nicht. Lessing steht unter ihnen wie ein Prophet, indem er die Kraft des selbstbewußten Ich so empfindet, daß er der Seele den Durchgang durch wiederholte Erdenleben zuschreibt» (610/611, 129).

In seinem Werk *«Die Erziehung des Menschengeschlechts»* hatte Lessing die Reinkarnationslehre mit der Notwendigkeit des Menschen, die Vollkommenheit zu erreichen und hierfür immer mehr dazuzulernen, begründet: «Aber warum könnte jeder einzelne Mensch auch nicht mehr als einmal auf dieser Welt vorhanden gewesen sein? (...) Warum sollte ich nicht so oft wiederkommen, als ich neue Kenntnisse, neue Fertigkeiten zu erlangen geschickt bin?» (Lessing 1985, 30f.). Weitere Lehren, die Lessing vertrat und die im Werk Steiners wieder begegnen, sind die *Ablehnung religiöser Offenbarungswahrheiten* (z.B. in Form eines «dogmatischen Christentums») zugunsten selbsterrungener Vernunftwahrheiten und – eng damit verbunden – die Ablehnung der Möglichkeit, eine absolute Wahrheit (z.B. im Christentum) zu erkennen (vgl. die bekannte Ringparabel in Lessings «Nathan der Weise»).

An diese Lessingschen Gedanken, die Steiner rezipiert, sind aus christlich-biblischer Sicht kritische Anfragen zu stellen. *Zur Reinkarnationslehre ist zu sagen, daß diese in der Bibel nirgends eine Bestätigung findet,* sondern – selbst da, wo sie in Fragen der Jünger möglicherweise anklingt – von Gott und seinem Sohn Jesus Christus abgelehnt wird (vgl. Joh. 3,4f.; 9,2f. u.a.). Folgende Bibelstellen sprechen sehr deutlich gegen die Reinkarnation: 2. Sam. 12,23; 14,14; Ps. 78,39; Luk. 23,39–43; Apg. 17,31; 2. Kor. 5,1.4.8; 6,2; Gal. 2,16; 3,10–13; Eph. 2,8f.; Phil. 1,23; Hebr. 10,12–14; Off. 20,11–15.

In Hebr. 9,27f. werden die Einmaligkeit des Sterbens des Menschen und die Einmaligkeit des Kreuzestodes Jesu Christi parallel gesetzt: «Und wie den Menschen bestimmt ist, *einmal* zu sterben, danach aber das Gericht, so ist auch Christus *einmal* geopfert worden, die Sünden vieler wegzunehmen.»

Die Lehre von der Wiederverkörperung entspricht der satanischen *Lüge der Schlange: «Ihr werdet keineswegs des Todes sterben»* (1. Mose 3,4). Sie soll dem Menschen eine falsche Sicherheit vortäuschen, der das Gebot Gottes übertritt, von der Frucht – und zwar der Frucht der «Erkenntnis höherer (übersinnlicher) Welten»! – zu essen. Weil sich der Mensch durch das Übertreten dieses Gebots von Gott trennt und an seine eigene Höherentwicklung im Verlauf vieler Verkörperungen glaubt, verpaßt er die Chance, hier und jetzt zu Jesus Christus als seinem einzigen Erlöser und Herrn umzukehren, der ihm die Schuld seiner Lossagung von Gott vergeben möchte. *Er geht auf ewig verloren.* Der Sekten-Experte *Mark Albrecht* hat deshalb die Reinkarnations-Vorstellung in einem Buch treffend als *«tödliche Lehre»* bezeichnet – egal, ob sie im Hinduismus, im Buddhismus oder in ihrer westlich-optimistischen Form bei Lessing, Steiner und «Sterbeforschern» wie Elisabeth Kübler-Ross begegnet (Albrecht 1988).

Die Ablehnung eines «dogmatischen Christentums» ist für Lessing und Steiner nur konsequent, da sie ja durch eigenes Erkenntnisstreben im Laufe der Verkörperungen in die letzten Geheimnisse dieser Welt eindringen wollen. Wie gezeigt, ist dies aber eine tödliche Illusion. Nach biblischer Aussage kommt der Mensch um eine *Glaubensentscheidung* für oder gegen den sich souverän offenbarenden Gott in diesem einmaligen irdischen Leben nicht herum. *«Wählet euch heute, wem ihr dienen wollt! (...) Ich aber und mein Haus wollen dem Herrn dienen»*, ruft Josua dem Volk Israel zu (Jos. 24,15). Die Glaubensentscheidung übersteigt zwar die menschliche natürliche Vernunft, kann aber von einer durch den Geist Gottes erleuchteten Vernunft durchaus bewußt und intellektuell redlich vollzogen werden. Und diese Glaubensentscheidung bezieht sich im Neuen Bund auf Jesus Christus, Gottes Sohn, in welchem sich der Schöpfer der Welt in einzigartiger und heilbringender Weise geoffenbart hat.

Im Blick auf den für uns gekreuzigten und auferstandenen

Herrn Jesus Christus wird in der Heiligen Schrift gesagt: «*Das Wort vom Kreuz ist eine Torheit denen, die verloren werden; uns aber, die wir selig werden, ist's eine Gotteskraft. Denn es steht geschrieben: Ich will zunichte machen die Weisheit der Weisen, und den Verstand der Verständigen will ich verwerfen (...) Denn die Torheit Gottes ist weiser, als die Menschen sind, und die Schwachheit Gottes ist stärker, als die Menschen sind (...) Jesus Christus ist uns von Gott gemacht zur Weisheit und zur Gerechtigkeit und zur Heiligung und zur Erlösung*» (1. Kor. 1,18f.+25+30).

Auf die Frage nach der Absolutheit des christlichen Glaubens gehe ich in späteren Kapiteln ein.

Zum Jahre 1876 bleibt noch anzumerken, daß Steiner von dieser Zeit an anderen Schülern *Nachhilfe-Unterricht* erteilt. Zunächst sind es Schüler der eigenen oder niedrigerer Klassen, später – in seiner Wiener Studienzeit – auch ein Gymnasiast. Noch in seiner Realschulzeit kauft er sich griechische und lateinische Lehrbücher und betreibt «ganz im stillen neben dem Realschulunterricht einen privaten Gymnasialunterricht» (636, 36).

1879: Abitur

Im Sommer 1879 besteht Rudolf Steiner das Abitur, das ihm den Weg zum Studium an der Wiener Technischen Hochschule ermöglicht. Außer im Deutschen hat er hervorragende Noten. Das Abgangszeugnis der Oberrealschule in Wiener-Neustadt, das heute noch dort aufbewahrt wird, lautet: «Nazionale des Abiturienten Rudolf Steiner aus Kraljevec in Ungarn, geboren am 27. Februar 1861, Sohn des Joseph (sic) Steiner, Stationsleiter an der Südbahn in Neudörfl, katholisch, hat die Studien im Schuljahr 1872/73 an der Landesoberrealschule in Wiener-Neustadt begonnen und bis 1878/79 in allen Klassen an derselben beendet, im sittlichen Betragen die Note 'Musterhaft' erlangt. Der Abiturient erhielt das Zeugnis 'Reife mit Auszeichnung'.»

1879–1889: Wiener Jahre

1879: Inzersdorf. Fichte-Studien. Schelling. Technische Hochschule Wien: Durch Schröer zu Goethe

Im Sommer 1879 zieht die Familie Steiner nach *Inzersdorf* in der Nähe Wiens um. Die Eisenbahndirektion hat dem Vater eine Stelle in der Nähe der österreichischen Hauptstadt vermittelt, damit Rudolf an der dortigen Technischen Hochschule studieren und ohne großen Zeitaufwand mit der Bahn vom Elternhaus hin und zurück fahren kann. «So kam denn meine Familie nach Inzersdorf am Wiener Berge. Der Bahnhof stand da, weit vom Orte entfernt, in völliger Einsamkeit in einer unschönen Naturumgebung» (636, 39).

Bevor er im Herbst seine Studien an der Wiener Hochschule aufnimmt – er läßt sich zunächst für Mathematik, Naturgeschichte und Chemie einschreiben mit dem Ziel, Realschullehrer zu werden – betreibt er in den Ferien autodidaktische Studien in Philosophie. Auch später im Studium werden ihn neben den Naturwissenschaften die Geisteswissenschaften, vor allem Literatur, Geschichte und Philosophie fesseln. Vor allem *Johann Gottlieb Fichtes «Wissenschaftslehre»* ist es, der seine «besondere Liebe» gilt und über die er später auch seine philosophische Dissertation schreiben wird. Doch hat er auch an diese seine Anfragen: «Und so nahm ich denn die 'Wissenschaftslehre' Seite für Seite vor und schrieb sie um» (636, 39).

In Fichte und seiner *«Ich-Philosophie»* begegnet Steiner «das eine große Thema der Menschheit des 19. und 20. Jahrhunderts»: die Frage «nach der 'Bestimmung des Menschen', nach seiner Autonomie und Abhängigkeit im Weltall» (Hemleben 1983, 22). Steiner, der «in der Tätigkeit des menschlichen 'Ich' den einzig möglichen Ausgangspunkt für eine wahre Erkenntnis» erblickt, findet die Begrifflichkeit hierfür bei Fichte (636, 39). Worin der Unterschied zu Fichte liegt, bringt Steiner in seiner «Philosophie der Freiheit» so zum Ausdruck: «Er (sc. Fichte) versuchte, das ganze Weltgebäude aus dem 'Ich' abzuleiten. Was ihm dabei wirklich gelungen ist, ist ein großartiges *Gedankenbild* der Welt, ohne allen Erfahrungsinhalt» (627, 26). Oder an anderer Stelle: Fichte «war mit seiner Wahrheitsforderung bis zum seelischen Zentrum des Menschen gelangt, bis zum 'Ich'. Wenn dieses der Quellpunkt sein soll für die Weltanschauung, so muß derjenige, der auf diesem Standpunkte steht, auch in der Lage sein, vom Ich aus zu inhaltvollen Gedanken über die Welt und das Leben zu gelangen. Das kann nur mit Hilfe der Einbildungskraft geschehen. Sie stand Fichte nicht zu Gebote» (610/611, 212).

Über Fichte, der im erkenntnistheoretischen Dualismus verharrt, geht *Friedrich Wilhelm Joseph Schelling* hinaus. Dieser nähert sich – beeinflußt z.B. von Baruch de Spinoza – in seiner frühen Phase der *Identitätsphilosophie* einer *monistischen Weltsicht* an, die auch Steiner zunehmend teilt. So zitiert Steiner in den «Rätseln der Philosophie» aus Schellings *«Ideen zu einer Philosophie der Natur»* von 1797: «Die Natur soll der sichtbare Geist, der Geist die unsichtbare Natur sein. Hier also, in der absoluten Identität des Geistes *in* uns und der Natur *außer* uns, muß sich das Problem, wie eine Natur *außer* uns möglich sei, auflösen.» Und Steiner folgert: «Natur und Geist sind also überhaupt nicht zwei verschiedene Wesenheiten, sondern eine und dieselbe Wesenheit in zwei verschiedenen Formen» (610/611, 213f.). Und in Anknüpfung an Johann Wolfgang von Goethe führt er in seiner «Philosophie der Freiheit» aus: «Wir können die Natur außer uns nur finden, wenn wir sie *in* uns erst kennen. Das ihr Gleiche in unserem eigenen Innern wird uns der Führer sein» (627,27). Dieser innere Führer ist das

Ich, das Steiner in späteren Schriften auch mit «Christus» identifiziert. Auf die Beurteilung dieser Ansichten gehe ich weiter
unten ein.

Die Begegnung mit *Goethe* nun, die ihm in den Vorlesungen
des Germanisten *Karl Julius Schröer* ab Herbst 1879 zuteil
wird, gewinnt für Steiner schicksalhafte Bedeutung. Schon
von der ersten Vorlesung an – sie handelt über «Deutsche Literatur seit Goethe» – ist er «gefesselt». Schröer ist «ganz an
Goethes Geistesart hingegeben» (636, 41). Hier wird Steiner
sein Programm für die nächsten Lebensjahrzehnte aufgegeben.
Denn nach seinem Studium wird er von 1882 bis 1897 Goethes
Naturwissenschaftliche Schriften in Kürschners «Deutscher
National-Literatur» herausgeben, 1886 zur Mitarbeit bei der
Herausgabe der großen «Sophien-Ausgabe» von Goethes Wer-
ken berufen werden und 1890–1897 am Goethe- und Schiller-
Archiv in Weimar mitarbeiten. Die Prägung durch Goethe, wie
Steiner ihn versteht, geht schließlich so weit, daß er seine an-
throposophische Weltanschauung auch als «Goetheanismus»
bezeichnen kann und für das von ihm konzipierte Zentralge-
bäude der anthroposophischen Bewegung ab 1917 den Namen
«Goetheanum» wählt.

Angesichts der schicksalhaften Bedeutung der Begegnung
Steiners mit Karl Julius Schröer und durch diesen mit Goethe
ist es angebracht, bereits an dieser Stelle in einem Überblick auf
die Goethe-Rezeption durch Steiner einzugehen und eine Beurteilung dieser Weltanschauung zu versuchen – wobei klar ist,
daß die Ausgestaltung der nachfolgend genannten Lehren sich
für Steiner erst im Laufe der jahrelangen Beschäftigung mit
Goethes Schriften (und nicht schon 1879) ergibt.

Zunächst sei einiges zu Steiners *Methode der Goethe-Interpretation* gesagt. Er ist sehr beeindruckt von Schröers intuiti-
vem Zugang zu Goethe, der aber aus diesem Grund «von den
Bekennern der herrschend gewordenen literarhistorischen Methoden» angefeindet wurde. Schröer «trug gewisse Empfindungen und Ideen über die literarischen Erscheinungen in sich
und sprach diese rein menschlich aus, ohne viel das Auge im
Zeitpunkt des Schreibens auf die 'Quellen' zu lenken. Man hat

sogar gesagt, er habe seine Darstellung 'aus dem Handgelenk hingeschrieben'» (636, 69).

In ähnlicher Weise gerät Steiner selber immer wieder in Konflikt mit den Vertretern einer rein literarhistorischen Goethe-Interpretation, auf die es ihm selber nicht so sehr ankommt. Ihm geht es vielmehr um ein *intuitives Sich-Hineinversenken in Goethes Denk- und Vorstellungswelt* – etwa in Anknüpfung an die Frage Schröers, die diesem «bei jeder Empfindung und Idee» in der Seele auftrat: «Würde Goethe so empfunden und gedacht haben?» (636, 69). Steiner gesteht zu, «daß, was ich bei der Bearbeitung der Weimarischen Ausgabe in manchem einzelnen gemacht habe, als Fehler von 'Fachleuten' bezeichnet werden kann». Er führt dies auf ein mangelndes «Erkennen der Außenwelt» infolge seines Zuhauseseins in der «geistigen Welt» zurück (636, 235). Daraus ergibt sich, daß Steiners Goethe-Deutung doch recht subjektiv ist, obwohl er ihn in den wesentlichen Punkten richtig verstanden haben dürfte und nicht ganz zu Unrecht eine Geistesverwandtschaft erkannte.

Steiner knüpft insbesondere auf dem Gebiet der *Erkenntnistheorie* an Goethe an. Für Kant konnte «das menschliche Erkennen nur bis an die Grenzen gehen», die den «Sinnesbereich» umschließen. Für alles, was darüber hinausging, war nur ein Glaube möglich. Goethe hingegen wollte – an Platon anknüpfend – «die Ideenwelt in ihrem Wesen an der Natur» schauen, um dann «in der befestigten Ideenwelt zu einer über die Sinneswelt hinausliegenden Erfahrung zu schreiten». Er dachte die Natur «ideenerfüllt» (625, 44+46). Diese *monistische* Weltsicht Goethes aufnehmend, kann Steiner schreiben: «Indem sich das Denken der Idee bemächtigt, verschmilzt es mit dem Urgrunde des Weltdaseins; das, was außen wirkt, tritt in den Geist des Menschen ein: er wird mit der objektiven Wirklichkeit auf ihrer höchsten Potenz *eins. Das Gewahrwerden der Idee in der Wirklichkeit ist die wahre Kommunion des Menschen*» (636, 124).

Goethe hatte ferner die Vorstellung von einer nicht empirisch nachweisbaren *«Urpflanze»* entwickelt, die alle sinnlich wahrnehmbaren, einzelnen Pflanzen als übergeordnete Idee enthält.

Alle Einzelpflanzen, alle Einzelerscheinungen sind nur *Meta-morphosen* (Verwandlungen) der hinter ihnen stehenden Urge-stalt. Geist und Stoff sind eine Einheit, und zwar ist der Geist das prägende Prinzip (vgl. 625, 101ff.). Steiner greift diese Vor-stellung auf und entwickelt sie weiter, indem er nicht wie Goethe «bei den Pflanzen stehen» bleibt (214, 57), sondern auch für den Menschen und den gesamten Kosmos eine «Ur-idee» annimmt, die durch evolutionäre Höherentwicklung in ihrer Reinheit erreicht werden müsse. Der gegenwärtige, sinn-lich wahrnehmbare, sichtbare Mensch sei nur eine Durch-gangsstufe auf dem langen Weg zum «Geistesmenschen». Zusammen mit dem Menschen strebe der gesamte Kosmos in einem Prozeß, der riesige Zeiträume umfasse, seiner «Vergei-stigung» zu (vgl. 601, 294ff.+306).

Einen grundlegenden Unterschied zu Goethe sieht Steiner darin, daß Goethe in seiner Bestimmung der Geisteswelt *nicht weit genug* gegangen sei: «In dieser Anknüpfung hat man zwar viel Gelegenheit, zu zeigen, wie die Natur geistig ist, weil Goethe selbst nach einer geistgemäßen Naturanschauung ge-strebt hat; man hat aber nicht in ähnlicher Weise Gelegenheit, über die rein geistige Welt als solche zu sprechen, weil Goethe die geistgemäße Naturanschauung nicht bis zur unmittelbaren Geistanschauung fortgeführt hat» (636, 124f.) Diese *«unmit-telbare Geistanschauung»* versucht Steiner selber zu erringen, und zwar durch ein «sinnlichkeitsfreies Denken», welches der später von ihm entwickelte anthroposophische Erkenntnisweg ermöglichen soll.

Trotz solcher Kritik an Goethe ist Steiner grundsätzlich des Lobes für den klassischen Dichter voll, der seiner Meinung nach als Naturforscher viel zu lange verkannt wurde: «Mir wur-de Goethe zum Galilei der Organik» (636, 84). Um einen Or-ganismus in seinem Wesen zu erkennen, sei es nicht richtig, ihn in seine Bestandteile zu zerlegen und zu analysieren, sondern vielmehr, intuitiv seine *Ganzheit* zu erfassen. Hätte man auf Goethe gehört, dann wäre der *Geist* nicht aus der Natur her-ausgenommen und die materialistische Vereinseitigung im – bezüglich des Evolutionsgedankens von Steiner durchaus be-

grüßten – Darwinismus und Haeckelianismus vermieden worden: «Die materialistische Auffassung von dem, was Darwin
gefunden hat, führt dazu, aus der Verwandtschaft des Menschen mit den Tieren Vorstellungen zu bilden, die den Geist da
verleugnen, wo er im Erdendasein in seiner höchsten Form, im
Menschen erscheint. Die Goethe'sche Auffassung führt dazu,
in der tierischen Gestaltung eine Geistschöpfung zu sehen, die
nur noch nicht die Stufe erreicht hat, auf welcher der Geist als
solcher *leben* kann. Was im Menschen als Geist *lebt, das schafft*
in der tierischen Form auf einer Vorstufe.» Steiner folgert, daß
der materialistisch vereinseitigte Darwinismus «an der
Goethe'schen Denkungsart gesunden» müsse (636, 86f.).

Aus christlicher Sicht interessiert die Frage, wie Goethes Monismus sich auf sein Gottesbild auswirkt. Die Antwort fällt ähnlich aus wie bei Spinoza, den Goethe schon früh und ausgiebig
studiert hat: *Goethes Monismus führt im Blick auf Gott zum
Pantheismus,* zur Vorstellung des göttlichen Wesens von
Mensch und Natur und des im Natürlichen wahrnehmbaren
Gottes.

«Wer die Natur als göttliches Organ leugnen will, der leugne
nur gleich alle Offenbarung», schreibt er in den «Aphorismen»
(Goethe 1982, 44). Sein Gedicht «Vermächtnis» beginnt mit
der Strophe: «Kein Wesen kann zu nichts zerfallen!/ Das Ew'ge
regt sich fort in allen,/ Am Sein erhalte dich beglückt!/ Das Sein
ist ewig: denn Gesetze/ Bewahren die lebend'gen Schätze,/ Aus
welchen sich das All geschmückt» (a.a.O., 62f.). Im «Pro-
oemion» von 1816, das Ernst Haeckel als Einleitung eines Ka-
pitels seiner monistischen Kampfschrift «Die Welträtsel» ab-
druckt, heißt es: «Was wär' ein Gott, der nur von außen stieße,/
Im Kreis das All am Finger laufen ließe?/ Ihm ziemt's, die Welt
im Innern zu bewegen,/ Natur in Sich, Sich in Natur zu hegen,/
So daß, was in Ihm lebt und webt und ist,/ Nie seine Kraft, nie
seinen Geist vermißt» (Haeckel 1984, 349).

Max Lackmann hat in seinem Buch *«Ich warne vor Goethe»*
darauf hingewiesen, wie sehr Goethe dem Humanitätsideal des
autonomen, sich selbst zur Sphäre des Göttlichen erhebenden
Menschen verfallen ist, das mit dem Pantheismus untrennbar

zusammenhängt: «Es ist das Menschenbild der griechischen Antike, in dem die höchste Stufe der sich steigernden Natur verewigt ist: der Mensch, der auf sich selbst vertraut und tätig in die Gegenwart wirkt. Gott ist sozusagen in jedem Menschen Mensch geworden, um den Menschen durch seine tätige Selbstverwirklichung und Gottes liebendes Mitwirken zu Gott zu erheben» (Lackmann 1984, 52).

Lackmann zitiert eine Fülle von Belegen aus der Diskussion Goethes mit dem evangelischen Pfarrer Johann Caspar Lavater, die seine Ablehnung, ja Feindschaft gegenüber dem traditionellen Christentum deutlich machen. Der persönliche Gott sei eine «Kindergehirn-Erfindung», der Glaube an die Gottessohnschaft Jesu Christi einschließlich Opfertod und Auferstehung sei «das Märchen von Christus». Anstelle der kirchlichen Dogmen hatte sich Goethe seine eigene Religion, eine Art *humanistisches Christentum* gezimmert: «Christus blieb für seine 'Religion der Humanität' eine geistige Kraft, ein Bild, in dem jeder sein besseres Ich wiedererkennen kann» (a.a.O., 52ff.).

In dieses Denken nun wächst der junge Rudolf Steiner mehr und mehr hinein. Die Möglichkeit, mit einem biblisch fundierten Christentum bekannt zu werden, ergibt sich ihm durch die Goethe-Studien nicht. Vielmehr verstärkt sich sein Widerstand gegen ein «dogmatisches Christsein» nur noch mehr und macht dem Glauben an das göttlich-geistige Wesen der Natur und des Menschen Platz. So wird er im November 1890 an seinen Freund Friedrich Eckstein schreiben: «Mir ist klar, daß Goethe mit seinem 'Teilhaftigsein am Weltprozesse' unmittelbar die Selbstauflösung des Individuums und dessen Wiederfinden im Weltall meinte, die Vergottung des Menschen» (39, 52).

Wie aber sind solche Vorstellungen aus christlicher Sicht zu beurteilen? *Nach biblischer Aussage gibt es keine Identität zwischen Gott, Welt und Mensch, sondern der personale Gott schuf die Welt durch sein Wort* (Hebr. 11,3; vgl. 1. Mo. 1,1; Joh. 1,1ff.; Röm. 4,17). Die Schöpfung ist kein Teil Gottes oder gar Gott selber, sondern Gott steht seiner Schöpfung souverän gegenüber: *«Unser Gott ist im Himmel; er kann schaffen, was er will»*

(Ps. 115,3; vgl. Ps. 33,9; Jer. 18,1ff.). Es entspricht hingegen dem sündhaften Wesen und Streben der Heiden, daß sie «*Gottes Wahrheit in Lüge verkehrt und das Geschöpf verehrt und ihm gedient haben statt dem Schöpfer*» (Röm. 1,25) – eine deutliche Absage an jede Form von Pantheismus und Naturreligion (auch in ihrer aufklärerischen und idealistischen Gestalt).

Genauso wie die andere Schöpfung ist auch der Mensch nicht *Teil Gottes.* Vielmehr ist er – und das ist sein Spezifikum – «*nach dem Bild*» Gottes geschaffen (1. Mose 1,27), was aber nicht Wesensidentität, sondern Abbildcharakter meint. Auch die neutestamentliche Formel vom «*Sein in Christus*» (z.B. 2. Kor. 5,17) bezeichnet niemals eine Identität. Vielmehr drückt das Wörtchen «*in*» sowohl die Unterschiedenheit als auch die Gemeinschaft zwischen Christus und dem Glaubenden aus, wobei die personale Gemeinschaft durch die Unterschiedenheit erst ermöglicht wird. Der Mensch ist Gottes Gegenüber, das zu Gott (etwa im Gebet) «Du» sagen, das von ihm abtrünnig werden (Sünde) und wieder zu ihm zurückkehren kann (Umkehr).

Der «faustische» Mensch hingegen, wie er namentlich in Goethes «*Faust*» begegnet und wie er Steiner inspiriert hat, versucht mit Hilfe von «Mephistopheles» (= Satan), die Grenzen seines Daseins und Erkennens zu überwinden und in übersinnliche Bereiche einzudringen, die ihm Gott mit gutem Grund verwehrt. Denn im Gegensatz zu Goethes Finale in «Faust II» findet er auf diesem Weg des «immer strebenden Sich-Bemühens» in den übersinnlichen, okkulten Bereich hinein nicht die Erlösung, sondern die Verdammnis in der Gottesferne.

Der faustische Weg des eigenmächtigen Eindringens in höhere Welten endet im Abgrund dämonischer Versklavung – und nur durch die Umkehr zu Jesus Christus und durch sein rettendes Opfer am Kreuz kann Rettung erfolgen.

1880: Der Begriff «Anthroposophie»

Neben seinem Studium an der Wiener Technischen Hochschule besucht Rudolf Steiner zeitweise auch Vorlesungen an der

Universität, etwa bei dem katholischen Theologen und Aristo-
teles-Forscher *Franz Brentano* und bei dem Philosophen
Robert Zimmermann. Zimmermann ist Anhänger der Schule
Johann Friedrich Herbarts, der die Philosophie eng mit psy-
chologischen und pädagogischen Kategorien verknüpfte.
Herbart und Zimmermann beanspruchten, die psychischen
Vorgänge nach streng kausalen Gesetzen analog zur Naturwissenschaft zu erforschen und zu systematisieren – eine Analogie, die später bei Steiner in der behaupteten Entsprechung
von übersinnlichen und naturwissenschaftlichen Vorgängen in
formal ähnlicher Weise begegnen wird.

In Zimmermanns Vorlesung über «Praktische Philosophie»
hört Steiner zum ersten Mal den Begriff «Anthroposophie». In
seinem Werk *«Anthroposophie im Umriß»,* das 1882 erscheint,
definiert Zimmermann diesen Begriff folgendermaßen: Anthroposophie ist «eine Philosophie, welche (...) anthropozen-
trisch, d.i. von menschlicher Erfahrung ausgehend und doch
Philosophie, d.i. an der Hand des logischen Denkens über dieselbe hinausgehend sein will» (zit. nach Wehr 1993, 47).

Wie bei Zimmermann wird im 19. Jahrhundert auch bei
I. P. V. Troxler und *Immanuel Hermann Fichte,* dem Sohn Johann Gottlieb Fichtes, der Begriff «Anthroposophie» philosophisch und psychologisch, aber noch nicht esoterisch (wie später bei Steiner) definiert. Adolf Baumann betont zu Recht, daß
«die Übereinstimmung von Steiners Anthroposophie mit diesen früheren Begriffen weitgehend verbaler Art (ist). Die Anthroposophie beruht zwar auf einem streng bestimmten philosophischen Fundament, ist aber mehr als eine denkerische Konstruktion, nämlich auch Erkenntnisweg und Lebenspraxis»
(Baumann 1986, 9).

Die älteste Erwähnung von «Anthroposophie» allerdings findet sich im Werk *«Anthroposophia Theomagica»,* das 1650 erschien. Sein Autor war *Thomas Vaughan* (Pseudonym: Eugenius Philatheles). Im «Lexikon des Geheimwissens» wird er
beschrieben als Alchemist, Okkultist und «Feuerphilosoph»
sowie als Übersetzer wichtiger Schriften des Geheimbundes
der Rosenkreuzer («Fama Fraternitatis» und «Confessio Fra-

trum Rosae-Crucis»). Bei ihm ist der Begriff «Anthroposophie» sehr stark esoterisch gefüllt (vgl. Miers 1986, 31.317).
Obwohl Steiner selber nicht unmittelbar darauf hinweist, ist
doch anzunehmen, daß er dieses Werk bei seiner späteren in-
tensiven Beschäftigung mit dem Rosenkreuzer-Schrifttum
kennengelernt hat.

Mit Steiners eigener Definition von «Anthroposophie» werden wir uns im Kapitel über die «Lehre» beschäftigen.

Literarisch vertieft sich Steiner in seinen ersten Studienjah-
ren u.a. in Goethes «Faust», Herbarts «Metaphysik», Zimmermanns «Ästhetik als Formwissenschaft» und Haeckels «Generelle Morphologie» (636, 43). Auf Ernst Haeckel werde ich an
anderer Stelle ausführlicher eingehen.

1881: Darwinscher und Hegelscher Evolutionismus. Okkulte Initiation

1881 bekommt Steiner weitere Impulse durch das Studium von
Werken Charles Darwins und Georg Wilhelm Friedrich Hegels.
Darwins Werk «*Die Entstehung der Arten*» aus dem Jahre 1859
hatte die wissenschaftliche Welt verändert und die – in Vorformen bereits in der Antike bekannte! – *Evolutionslehre* schein-
bar unangreifbar empirisch belegt. Auch Steiner legt seiner
Weltsicht den Evolutionsgedanken zugrunde. Er hat nur inso-
weit seine Anfragen an diesen, als er rein materialistisch gefaßt
wird. Hier sieht Steiner seine Aufgabe, von Darwin herkom-
mend über Darwin hinauszugehen und – nunmehr an Goethe
und Hegel (s.u.) anknüpfend – eine Art «geistiger Evolution»
zu postulieren. Im «Lebensgang»führt er aus:

«Die Wissenschaften der organischen Natur waren da, wo ich
mich mit ihnen befassen konnte, durchtränkt von Darwin'schen
Ideen. Mir erschien damals der Darwinismus in seinen höchsten Ideen als eine wissenschaftliche Unmöglichkeit. Ich war
nach und nach dazu gekommen, mir ein Bild des Menschen-In-
nern zu machen. Das war geistiger Art. Und es war als ein Glied

einer geistigen Welt gedacht (...) Von diesem Bilde konnte ich
mir auch dadurch nichts abdingen lassen, daß ich vor den Ge-
dankengängen der organischen Entwickelungslehre eine gewisse Achtung hatte. Das Hervorgehen höherer Organismen
aus niederen schien mir eine fruchtbare Idee. Ihre Vereinigung
mit dem, was ich als Geisteswelt kannte, unermeßlich schwierig» (636, 50).

An dieser Stelle sei nur angemerkt, daß der Darwinismus
auch heute unter Wissenschaftlern keineswegs unumstritten ist.
Seine Lehren kommen, soweit sie eine Makroevolution be-
haupten, über Hypothesen nicht hinaus und weisen viele
Lücken auf. Mit dem biblischen Zeugnis, daß Gott jedes Lebewesen «nach seiner Art» erschuf (1. Mose 1), ist der Darwinismus unvereinbar (vgl. Wilder-Smith 1978; Beck 1979;
Ouweneel 1984; Junker/Scherer 1986).

Näher bei der geistigen Welt als Darwin steht nach Steiners
Ansicht G.W.F. Hegel. «Die Art, wie dieser Philosoph die
Wirklichkeit des Gedankens darstellt, war mir nahegehend ...
Die Sicherheit, mit der man philosophiert, wenn man von Ge-
danke zu Gedanke fortschreitet, zog mich an» (636, 47).

Hegel vertrat schon vor Darwin eine Art geistiger Evolution.
Für ihn ist die Evolutionsgeschichte die Selbstorganisation des
Geistes durch die Natur. Der Geist oder «Gott» tritt aus dem
«An-sich-Sein», dem Versenktsein in sich selbst, heraus. Er
entäußert sich in die Natur und Materie hinein, die zur Verleib-
lichung der Idee, zum Durchgangsstadium des vorübergehen-
den «Andersseins» oder «Außer-sich-Seins» des Geistes wird.
Um zum «An-und-für-sich-Sein», zum Selbstbewußtsein der
Geistigkeit zu gelangen, muß der Geist durch verschiedene Stufen evolutionär aufsteigen: von dem Selbstbewußtsein im
individuellen Menschen (subjektiver Geist) über die Bewußt-
werdung als «Volksgeist» oder «Weltgeist» im Kollektiv der
Familie, der Gesellschaft und des Staates (objektiver Geist), bis
hin zum absoluten Geist, der sich wiederum in aufsteigender
Weise über die Stufen Kunst (äußere Sinnlichkeit), Religion
(innere Wahrnehmung) bis hin zur Philosophie (reine Form des
Gedankens) als allerhöchster Stufe erschließt. Mit dieser höch-

sten Stufe des Geistes hat Hegel sein eigenes philosophisches Denken identifiziert.

Auch an Hegel sind kritische Anfragen zu stellen. Das Hauptproblem ist, daß er bei seiner Identifikation des «Geistes» mit «Gott» und der Vorstellung vom Eingehen dieses Geistes in Mensch und Natur einem *philosophisch-abstrakten Gottesbegriff* huldigt und die Grenze zwischen Schöpfer und Schöpfung verwischt, die in der Bibel – wie schon gezeigt – klar betont wird. Hegels Beschreibung des in die Natur eingehenden Weltgeistes kommt dem *Pantheismus* gefährlich nahe. Die Inkarnation Gottes in seinem Sohn Jesus Christus wird auf die ganze Menschheit und Natur übertragen. Sie wird verallgemeinert und damit verfälscht.

Alma von Stockhausen schreibt: «Die dialektische Philosophie Hegels erklärt Inkarnation und Kreuzigung Christi zum Grundgesetz der Weltgeschichte, hebt das Faktum der äußersten Hingabe Gottes an den Menschen auf in das Prinzip des Widerspruchs. Die Tat der göttlichen Versöhnung ist für Hegel als *'Bedürfnis der Selbstbefriedigung'* zu verstehen. Gott liebt sich selbst als Mensch. Das Wesen Gottes ist der Mensch. Die Hingabe Gottes an den Menschen wird von Hegel mißbraucht zum Selbstaufbau, zur Absolutsetzung der menschlichen Natur. Gott wird in seinem Zugehen auf den Menschen nicht nur faktisch getötet – auch prinzipiell wird 'der Tod Gottes' als Bedingung des menschlichen Fortschritts proklamiert» (v. Stockhausen 1981, 192f.).

Rudolf Steiner ist von Hegel begeistert. Und trotzdem hat auch er aus seiner Sicht Anfragen: «Daß er nur zu einer Gedankenwelt, wenn auch zu einer lebendigen, vordringt, nicht zu einer Anschauung einer konkreten Geisteswelt, stieß mich zurück (...) Ich sah, daß Viele (sic) einen Gegensatz empfanden zwischen der Erfahrung und dem Denken. Mir war das Denken selbst Erfahrung, aber eine solche, in der man lebt, nicht eine solche, die von außen an den Menschen herangetragen wird» (636, 47). Hegels Gedankenwelt ist Steiner zu abstrakt, zu konstruiert, während er selber ganz praktisch in die übersinnlichen Welten *eindringen* möchte.

Die entscheidende Unterstützung bei diesem Bestreben erhält er nicht von der Philosophie, sondern von einem «einfachen Manne aus dem Volke», den er bei seinen Zugfahrten von
Inzersdorf nach Wien trifft. «Er sammelte auf dem Lande Heil-
kräuter und verkaufte sie in Wien an Apotheken. Wir wurden
Freunde. Mit ihm konnte man über die geistige Welt sprechen
wie mit jemand, der Erfahrung darin hatte (...) Er offenbarte
sich so, als ob er als Persönlichkeit nur das Sprachorgan wäre
für einen Geistesinhalt, der aus verborgenen Welten heraus
sprechen wollte» (636, 45f.).

Steiner umhüllt die Person dieses Kräutersammlers mit einem seltsamen Geheimnis, indem er seinen Namen verschweigt. Er erwähnt nur, daß man ihn in seinen Mysteriendramen in der Gestalt des «Felix Balde» finde (636, 47). Dort tritt
er als Eingeweihter auf, in dem sich der «Naturgeist» offenbart.
Durch intensive Nachforschungen hat der Steiner-Schüler Emil
Bock herausgefunden, daß es sich bei dieser geheimnisvollen
Persönlichkeit, die für Steiner offensichtlich ein Führer zu den
«geistigen Welten» geworden ist, um *Felix Koguzki* (auch: Kra-
kozki) aus dem Dorf Trumau bei Wien handelt (Bock 1967).

Koguzki war nun tatsächlich ein *Okkultist höchsten Grades,*
was vollends durch folgende Charakterisierung, die Gerhard
Wehr gibt, deutlich wird: «Die wenigen Bücher, über die er
verfügt, handeln vornehmlich von 'Haus- und Heilmitteln für
Menschen und Vieh', auf natürlicher und sympathetischer
Grundlage. Der zu Heilzwecken angewandte 'animalische Magnetismus' nach Franz Anton Mesmer spielt darin eine ebenso
große Rolle wie die Praktiken der sogenannten Besprechung
oder der Herstellung von wirkkräftigen Amuletten» (Wehr
1993, 44).

Der *Mesmerismus* oder *animalische Magnetismus* – so viel
sei hier zur Beurteilung gesagt – beruht wie andere magische
Praktiken auf dem Weltbild des *Spiritismus,* das sich als naturalistischer Monismus und Evolutionismus kennzeichnen läßt.
Nach dieser Weltsicht gilt die gesamte Wirklichkeit als *Ener-
giefeld.* In diesem stellen Gott, Geistwesen, Mensch, Tier,
Pflanze und Mineral unterschiedliche Verdichtungsstufen der-

selben «Lebensenergie» dar. Die «Lebensenergie» trägt in den
verschiedenen Systemen die unterschiedlichsten Namen (z.B.
Odkraft, Lebensäther, Prana, Chi, Ka, Mana, Orgon, Bioener-
gie) – und doch handelt es sich im Kern um die gleiche
Vorstellung. Heilung geschieht, indem diese Lebensenergie
verstärkt oder in die richtige Polarität gebracht wird.

Alle Wesen (auch die «Götter») befinden sich in einer ständigen Höherentwicklung (in den meisten spiritistischen Systemen wird die Reinkarnation vertreten). Gott- und Geistwesen
(z.B. die Geister Verstorbener) haben einen feinstofflicheren
Leib (auch: Astralleib, Odkörper, Perispirit, Fluidalkörper u.ä.)
als die jetzt lebenden Menschen und befinden sich auf einer
höheren Schwingungsebene. Deshalb können sie nicht mit den
normalen physischen Sinnen, sondern nur von sensitiven Me-
dien wahrgenommen werden. Tritt ein Medium in Kontakt mit
einem Geist, dann muß sich in einer Art «Todeskampf» sein
Geist vom Körper lösen, um dem fremden Geist Raum zu machen (Besessenheit).

Bei Praktiken wie animalischem Magnetismus, «Sympathie»
und Besprechen, die Koguzki betrieb, handelt es sich um nichts
anderes als um Magie und Zauberei. Daß Koguzki ein spiriti-
stisches Medium für Geister war, läßt sich aus den Andeutun-
gen Steiners im «Lebensgang» und der Rolle, die er Koguzki in
seinen Mysteriendramen zuteilt, erkennen. Viele der obenge-
nannten Lehren (z.B. Lebensäther, Grob- und Feinstofflichkeit,
Astralkörper, Evolution und Reinkarnation) finden sich später
bei Rudolf Steiner wieder. Daß sich hinter dem Spiritismus *dämonische Mächte* verbergen und Gottes Wort solche Praktiken
streng verbietet, wurde bereits aufgezeigt. Das gleiche ist für
Zauberei und Magie in ihren unterschiedlichen Formen zu sagen.

Kurt Koch warnt zu Recht: «Der Besprecher, der mit Hilfe
Gottes oder des Teufels eine Heilung erzwingen will, steht diesen transzendenten Mächten als einer gegenüber, der über sie
verfügen will (...) Theologisch gesehen ist ein solches Unter-
fangen die Urrebellion: Der Mensch befiehlt der transzendenten Macht, der Mensch will über die Gottheit verfügen. Diese

Hybris ist die Grundposition der Magie (...) Der Okkultist, der Schöpfer oder Teufel bannen will, wird selbst ein Gebannter. Okkulte Behaftung ist vollzogene Gottesferne. Vollzogene Gottesferne ist Auflösung, Finsternis, Chaos» (Koch o.J., 116.247).

Von diesem Okkultisten Felix Koguzki wird Rudolf Steiner zutiefst geprägt. Er kann bei ihm «tiefe Blicke in die Geheimnisse der Natur tun». Ein «instinktives Wissen der Vorzeit» wird an den Studenten der Naturwissenschaften herangebracht. Auch nach der räumlichen Trennung bleibt er ihm «seelennahe» (636, 46). Steiner spricht es im «Lebensgang» zwar nicht offen aus, aber alle seine Worte deuten darauf hin, daß er durch Koguzki eine *okkulte Initiation* erfahren hat. Ähnlich wie die Initiaten der heidnischen Mysterienreligionen durch ihren Priester oder die in der Erleuchtung Wahrheit Suchenden durch ihren Guru, dürfte Steiner durch Koguzki mit den «Geheimnissen der übersinnlichen Welt» in Kontakt gebracht worden sein.

Deutlich sagt dies der französische Schriftsteller, Okkultist und Freund Steiners, Edouard Schuré. Er weist in seiner kurzen Steiner-Biographie zu Beginn der französischen Übersetzung von «Das Christentum als mystische Tatsache» darauf hin, daß Steiner durch Koguzki bzw. einen hinter ihm stehenden (übersinnlichen?) «Meister» in die okkulten Mysterien eingeweiht wurde. Seiner Information liegt ein Gespräch mit Steiner aus dem Jahr 1907 in Barr/Elsaß zugrunde:

«Der große Lehrer Rudolf Steiners war einer jener stillen Eingeweihten, die, unerkannt von der Welt, unter der Maske irgendeines bürgerlichen Berufes leben, um eine Mission zu erfüllen, deren Tragweite allein ihresgleichen aus der Bruderschaft der Meister der Entsagung ermessen können (...) Das Inkognito ist die Bedingung ihrer Stärke, aber ihre Wirksamkeit ist deshalb nur um so bedeutender. Denn sie geben die Impulse, bereiten und lenken diejenigen, die vor die Öffentlichkeit treten. In dem vorliegenden Falle war es dem Meister ein leichtes, die ursprüngliche, von selbst eingetretene Einweihung seines Schülers zu vervollständigen (...) Lichtvoll zeigte er ihm

die Zusammenhänge der offiziellen und der Geheimwissenschaft, der Religionen und okkulten Strömungen, die sich
gegenwärtig die Führung der Menschheit streitig machen, die
Vorzeit der okkulten Überlieferung, die die verborgenen Fäden
der Geschichte zieht, mischt, trennt und wieder verknüpft im
Laufe der Jahrhunderte» (Steiner, Briefe I, 35ff.).

1882: Der Goethe-Forscher

1882 beendet Steiner sein Studium an der Wiener Technischen
Hochschule. Auf Vermittlung seines Lehrers Karl Julius
Schröer wird er im Herbst von dem Verleger Joseph Kürschner
zur *Herausgabe von Goethes Naturwissenschaftlichen Schrif-*
ten in Kürschners «Deutscher National-Literatur» berufen. In
einem Brief vom 21.10.1882 an Joseph Kürschner legt der ein-
undzwanzigjährige Steiner seinen Plan für die Goethe-Ausgabe dar:

«Ich werde in den Einleitungen stets die Punkte in den Vordergrund treten lassen, von welchen aus man in das Ganze Goe-
thescher Forschungen bequem eingeführt wird. Es soll hier –
mit möglichster Vermeidung alles Polemischen – die Goethesche Anschauungsweise erklärt werden. Solche Einleitungen
sind vier nötig: Eine allgemeine, welche Goethes Denkweise,
die Einwirkungen historischer und zeitgenössischer Persönlichkeiten neben der Bedeutung der ersteren etc. zu umfassen
hat und die ich gerne den 'naturwissenschaftlichen Einzelheiten' vorangedruckt sehen würde; ferner eine solche zu den
morphologischen Schriften (Metamorphose der Pflanzen,
Osteologie und Zoologie); ferner eine dritte zur Mineralogie,
Geologie und Meteorologie; eine vierte zur Optik (Farbenleh-
re) ... Die morphologischen Schriften mit der Einführung von
Professor Schröer werden bis Neujahr fertiggestellt. Die zweite Partie (Mineralogie, Geologie, Meteorologie, Naturwissenschaftliche Einzelheiten) würden dann Mitte Februar und das
übrige Ende März fertig» (38, 54f.).

Doch hier verschätzt sich Steiner in seiner jugendlichen Begeisterung gewaltig! Die Arbeit wird sich bis 1897 hinziehen und mit der Herausgabe des fünften Bandes beendet sein. Dies hängt u.a. damit zusammen, daß Steiner in den folgenden Jahren immer weitere Aufträge annimmt und unter zunehmender Arbeitsüberlastung leidet. Der erste Band wird nicht bis Neujahr 1883, sondern erst Anfang 1884 fertig, was Steiner mit der schlechten Quellenlage in Wiener Bibliotheken und Problemen wegen der Einführung von Karl Julius Schröer entschuldigt (38, 60). Als der Band dann endlich vorliegt, ist der Verleger Kürschner des Lobes voll. Am 24.1.1884 grüßt er Steiner «in aufrichtiger Freude über Ihre vortreffliche, geradezu musterhafte Arbeit» (38, 75). Und am 6.3.1884 schreibt er ihm: «Nach meinen Kenntnissen auf diesem Gebiete haben Sie so glücklich die Goethesche Eigenart, was seine naturwissenschaftlichen Schriften belangt, getroffen, wie dies sonst noch nie der Fall war» (38, 82).

Anders werden sich die Briefe Kürschners – wie auch anderer Verleger – in den 90er Jahren anhören, als Steiner – unter permanenter Arbeitsüberlastung stehend – einen versprochenen Abgabetermin nach dem anderen versäumt. Kürschner bestürmt ihn beispielsweise am 15.2.1892 wegen des letzten Bandes von Goethes Naturwissenschaftlichen Schriften (Hervorhebungen): «Zwei Jahre sind es in der nächsten Zeit, daß ich auf meine wiederholten Mahnungen das erste Telegramm von Ihnen erhielt 'Manuskript folgt bestimmt Sonnabend'. Es sind seither 87 Wochen vergangen und mindestens 4 ganz gleich lautende Telegramme auf meine Mahnungen an mich gekommen, von dem letzten Bande der Naturwissenschaftlichen Schriften aber noch kein einziges Blatt Manuskript. Lassen Sie es jetzt genug sein des grausamen Spiels und setzen Sie mich, bitte, endlich in den Besitz des Schlußbandes, jedenfalls im Lauf der nächsten beiden Wochen» (39, 139). Es sollten fünf Jahre daraus werden!

1883: Schiller

Im Alter von 22 Jahren bewegt sich Steiner einen großen Schritt auf seine spätere Lehre von den «Erkenntnissen höherer Welten» zu. Das geschieht infolge der Lektüre von Friedrich Schillers *«Briefen über die ästhetische Erziehung des Menschengeschlechts».*

Schiller unterscheidet *drei Zustände des Bewußtseins:* Der erste Bewußtseinszustand ist der *sinnliche* – er steht unter der Nötigung der Natur. Der zweite Bewußtseinszustand ist der *geistige* – er steht unter der Gesetzmäßigkeit der Vernunft. Der dritte Bewußtseinszustand aber – der *ästhetische* – verbindet Vernunft und Natur, Geist und Sinnlichkeit, etwa im Erleben und Hervorbringen des Schönen.

Steiner fragt: «Schiller hat von dem Bewußtseinszustand gesprochen, der da sein muß, um die *Schönheit* der Welt zu erleben. Konnte man da nicht auch an einen solchen Bewußtseinszustand denken, der die Wahrheit im Wesen der Dinge vermittelt?» Ausgehend von dieser Frage, sucht Steiner nach einem Weg, nicht nur äußere Dinge und Vorgänge in Gedanken abzubilden, sondern die Gedanken selbst zu erleben. «Geht man immer weiter in dem Gedanken-Erleben, so findet man, daß diesem Erleben die geistige Wirklichkeit entgegenkommt. Man nimmt den Seelenweg zu dem Geiste hin.» Mit dem Bestreben, «die erwachte Geistigkeit im Menschen zum Denken» zu bringen und eine geistige Betätigung zu entwickeln, «die an Durchsichtigkeit dem mathematischen Denken sich voll vergleichen» läßt, glaubt Steiner endlich eine Möglichkeit zu finden, um «die Anschauung von der Geisterwelt», die er in sich trägt, «auch vor dem Forum des naturwissenschaftlichen Denkens für gerechtfertigt» zu halten (636, 52ff.).

Während es sich bei Schillers Behauptung dreier unterschiedlicher Bewußtseinszustände um eine rein gedankliche Konstruktion handelt, über die sich lange diskutieren ließe, beansprucht Steiner mathematische Exaktheit für seinen Erkenntnisweg in die übersinnlichen Welten hinein. Die Anknüpfung Steiners an Schiller ist eine *rein formale Analogie*

ohne inhaltliche Entsprechung. Eine Beurteilung des anthroposophischen Erkenntnisweges, der uns noch verschiedentlich
begegnen wird, habe ich im Kapitel über Steiners Lehre vorgenommen.

1884: Der Pädagoge

Vom 10.7.1884 bis zum 28.9.1890 wohnt Steiner im Haus der
Wiener Kaufmannsfamilie *Ladislaus und Pauline Specht* und
verdient seinen Lebensunterhalt hauptsächlich als *Privatlehrer*
der vier Söhne Hans, Richard, Ernst und Otto. Das Sorgenkind
der Familie ist *Otto,* der unter Hydrocephalie (Wasserkopf) leidet und seelisch wie körperlich sehr zurückgeblieben ist. Steiner versucht, in dem Kinde «die schlummernden Seelenfähig-
keiten zum Erwachen» zu bringen, was ihm offensichtlich auch
gelingt (636, 78). Otto kann die Schulprüfungen nachholen,
studieren und wird schließlich Arzt. Er fällt im Ersten Weltkrieg.

Von Richard Specht, dem Bruder Ottos, liegt eine rückblickende Persönlichkeitsbeschreibung des 23jährigen Rudolf
Steiner vor: «Er sah damals schon aus wie in späteren Jahren,
hatte damals schon (...) das blasse, ein wenig faltige Asketen-
gesicht mit den braunen Augen hinter scharfen Brillengläsern.
Das lange, straffe, schwarze Haar, den hageren Hals mit dem
großen Adamsapfel, die hochgewachsene, vom langen
Schoßrock umflatterte Erscheinung, in der etwas vom Geistlichen, etwas vom Philosophen und etwas vom rechthaberischen
Pedanten war (...) Das war die Art, mit der er alles vergewal-
tigte, um seinem Gedankeneinfall zum Recht zu verhelfen: er
sprach eine Idee als Axiom aus und bog seine Beweise hinter-
her so lange zurecht, bis alles zu stimmen schien (...) Er war ein
Fanatiker seiner Ideen. Damals schon» (zit. nach Wehr 1993,
63f.).

1885–1887: Inthronisation des autonomen Menschen

Steiners Eltern und Geschwister sind nach der Pensionierung des Vaters nach *Brunn am Gebirge* in der Nähe von Wien gezogen. Dort hält sich Rudolf gelegentlich auf, wie eine Reihe von Briefen aus der Zeit ab 1882 zeigen. Doch zumeist ist er in *Wien* und hat in Kaffeehäusern und Privatwohnungen eine Vielzahl von Begegnungen mit Künstlern, Literaten, Philosophen, Theologen und anderen interessanten Persönlichkeiten mit ganz unterschiedlichen Gedankenwelten. Einige für ihn wesentliche Beispiele seien genannt.

Da ist zum ersten die junge Dichterin *Marie Eugenie delle Grazie.* «Delle Grazies Haus war eine Stätte, in der der Pessimismus mit unmittelbarer Leidenschaft sich offenbarte, eine Stätte des Anti-Goetheanismus (...) ich fühlte mich da in einer geistigen Atmosphäre, die mir wahrhaft wohltat (...) Ich fühlte mich nun hineingestellt zwischen dieses Haus, in dem ich so gerne verkehrte, und meinen Lehrer und väterlichen Freund Karl Julius Schröer, der nach den ersten Besuchen niemals wiederkam» (636, 97).

Wie kann der Goethe-Forscher und -Freund Rudolf Steiner solches schreiben? Handelt er inkonsequent? Nach seiner eigenen Ansicht ganz und gar nicht! Denn es ist geradezu Steiners Weg, *Gegensätze* aufzusuchen und eine Vereinigung zwischen ihnen anzustreben. In den folgenden Sätzen zeichnet sich sein – vielleicht sogar auf Goethes Metamorphose-Vorstellung zurückgehender – Relativismus ab: «... ich war niemals geneigt, dem, was mir als groß erschien, meine Bewunderung und mein Interesse zu versagen, auch wenn es mir inhaltlich ganz widerstrebte. Ja, ich sagte mir: solche Gegensätze in der Welt müssen irgendwo doch ihre Harmonie finden. Und das machte mir möglich, verständnisvoll dem Widerstrebenden so zu folgen, als ob es in der Richtung meiner eigenen Seelenverfassung läge» (636, 92).

Man muß bedenken, daß Steiner solche Aussagen im Blick auf den dichterischen Plan delle Grazies macht, eine «*Sata-*

nide» zu entwerfen. «Sie wollte das Gegenbild Gottes als das Urwesen darstellen, das in der grausamen, ideenlosen, zermalmenden Natur die für den Menschen sich offenbarende Macht ist. Sie sprach mit wahrer Genialität von dieser aus dem Abgrund des Seins herauf dieses Sein beherrschenden Gewalt. Ich ging tief erschüttert von der Dichterin weg. Die Größe, mit der sie gesprochen hatte, stand vor mir» (636, 91).

Steiners Reaktion darauf ist die Absage sowohl an den Pessimismus als auch an den traditionellen Gottesglauben – und im Gegenzug dazu die Inthronisation des *freien, autonomen Menschen.* In seinem 1886 veröffentlichten Aufsatz *«Die Natur und unsere Ideale»* sieht er den Kern zu seiner späteren «Philosophie der Freiheit» gelegt. Die Erhebung aus dem Pessimismus wird seiner Ansicht nach möglich, «wenn ich auf die Welt unseres Innern schaue (...) Ein erkennendes Wesen kann nicht unfrei sein. Es bildet die Gesetzlichkeit zuerst in Ideale um und gibt sich diese selbst zum Gesetze. Wir wollen endlich zugeben, daß der Gott, den eine abgelebte Menschheit in den Wolken wähnte, in unserem Herzen, in unserem Geiste wohnt. Er hat sich in voller Selbstentäußerung ganz in die Menschheit ausgegossen. Er hat für sich nichts zu wollen übrigbehalten, denn er wollte ein Geschlecht, das frei über sich selbst waltet. Er ist in der Welt aufgegangen (...) Es gibt einen 'Gott in der Geschichte' nicht; er hat aufgehört zu sein um der Freiheit der Menschen willen, um der Göttlichkeit der Welt willen (...) Die Menschheit ist die Lenkerin ihres eigenen Geschickes» (zit. nach Wehr 1993, 72).

Hier finden wir pantheistische Vorstellungen, die direkt auf den Atheismus hinauslaufen. *Wo Gott tot ist, wird der autonome Mensch inthronisiert.* Der Weg Steiners zu Nietzsche ist vorgezeichnet, die spätere Begegnung unabwendbar. Und doch hat Steiner zu diesem Zeitpunkt, wie er sagt, noch nichts von Nietzsche gelesen. Das sollte erst 1889 geschehen (636, 139).

Wie anders lauten hier die Aussagen der Heiligen Schrift! Marie Eugenie delle Grazie kommt ihnen mit ihrem Pessimismus im Blick auf die Welt viel näher als Steiner mit seinem humanistischen Optimismus, auch wenn delle Grazies Denkstrukturen philosophisch bleiben und ihr der Ausblick auf die Erlösung durch Jesus Christus fehlt. So schreibt der Apostel Paulus: *«Ich weiß, daß in mir, das heißt in meinem Fleisch, nichts Gutes wohnt. Wollen habe ich wohl, aber das Gute vollbringen kann ich nicht (...) Ich elender Mensch! Wer wird mich erlösen von diesem todverfallenen Leibe? Dank sei Gott durch Jesus Christus, unsern Herrn!»* (Röm. 7,18+24f.).

Zum Kreis um delle Grazie gehört auch der katholische Hochschulprofessor *Laurenz Müllner,* in dessen Haus die Dichterin wohnt, sowie der mit Neumann befreundete Professor und Zisterzienser Ordenspriester *Wilhelm Neumann.* Mit Neumann führt Steiner auf dem Nachhauseweg vom delle-Grazie-Kreis manches Gespräch über Themen des Christentums. Aus diesen Gesprächen geht hervor, welche später bei Steiner zentralen Lehren er schon vor der Begegnung mit der Theosophie im Jahre 1888 und dem «geistigen Gestanden-Haben vor dem Mysterium von Golgatha» um 1900 in Gedanken bewegt hat. Falls Steiners rückblickende Schilderung im «Lebensgang» zutrifft (sie könnte auch späteren Erkenntnissen angepaßt worden sein), wäre somit doch eine grundlegende Kontinuität zwischen der sogenannten «atheistischen» und der späteren «christlichen» Phase nach der Jahrhundertwende gegeben (wobei letztere allerdings nicht christlich im biblischen Sinne ist, wie noch aufgezeigt wird).

Im «Lebensgang» schreibt Steiner: «Ich sprach meine Anschauung darüber aus, wie Jesus von Nazareth durch außerirdischen Einfluß den Christus in sich aufgenommen habe und wie Christus als eine geistige Wesenheit seit dem Mysterium von Golgatha mit der Menschheitsentwickelung lebt (...) Ein anderes Mal sprachen wir über die wiederholten Erdenleben. Da hörte mich der Professor an, sprach von allerlei Literatur, in der man darüber etwas finden könne; er schüttelte oft leise den Kopf, hatte aber wohl gar nicht die Absicht, auf das Inhaltliche des ihm absonderlich scheinenden Themas einzugehen.» Steiner berichtet von der «Unbehaglichkeit», mit der Neumann auf seine Aussagen reagiert, und meint: «Es unterredeten sich damals eigentlich drei. Professor Neumann und ich und ein

dritter Unsichtbarer, die Personifikation der katholischen Dogmatik, die sich wie drohend, dem geistigen Auge sichtbar, hinter Professor Neumann, diesen begleitend, zeigte, und die ihm
stets verweisend auf die Schulter klopfte, wenn die feinsinnige
Logik des Gelehrten mir zu weit zustimmte» (636, 95).

Diese Zustimmung erhofft sich Steiner offensichtlich. An
keiner Stelle hingegen wird erwähnt, daß er bereit ist, sich von
Neumann korrigieren zu lassen. Wir werden an das Urteil
Richard Spechts über Steiner erinnert: «Er war ein Fanatiker
seiner Ideen. Damals schon.»

Im Blick auf das Jahr 1886 verdienen noch zwei Ereignisse
eine Erwähnung: Als erstes selbständiges größeres Werk Steiners erscheint sein Buch «Grundlinien einer Erkenntnistheorie
der Goetheschen Weltanschauung mit besonderer Rücksicht
auf Schiller» – eine Frucht vor allem seiner Beschäftigung mit
Goethes «Naturwissenschaftlichen Schriften». Und ferner wird
er zur Mitarbeit bei der Herausgabe der großen «Sophien-Ausgabe» von Goethes Werken berufen.

1888: Erste Begegnung mit der Theosophie

Das Jahr 1888 bringt für Steiner einen weiteren großen Schritt
auf die «höheren Welten» – oder richtiger: auf den Abgrund dämonischer Mächte – zu: Er schließt auf literarische und persönliche Weise Bekanntschaft mit der Theosophie.

Die literarische Bekanntschaft erfolgt zunächst durch die
Lektüre von *Alfred Percy Sinnetts* Werk *«Die esoterische Lehre oder Geheimbuddhismus»*, das 1883 auf englisch und 1884
auf deutsch erschienen war. Sinnett war ein enger Vertrauter
H. P. Blavatskys, auf die ich gleich näher eingehen werde. Okkulte Phänomene, z.B. unerklärliche Klopfgeräusche, Materialisationen, Gedankenlesen und ähnliches, wie er sie bei Blavatsky beobachtet hat, versucht er zu beweisen und sie einem
esoterisch verstandenen Buddhismus zuzuordnen. Er bewegt
sich auf dem Feld des medialen Spiritismus.

Steiner fühlt sich durch Sinnetts Werk abgestoßen – weniger

wegen des Inhalts als wegen der Art der Darstellung: «Dieses
Buch, das erste, das ich aus der theosophischen Bewegung kennenlernte, machte auf mich gar keinen Eindruck. Und ich war
froh darüber, dieses Buch nicht gelesen zu haben, *bevor* ich Anschauungen aus dem eigenen Seelenleben heraus hatte. Denn
sein Inhalt war für mich abstoßend; und die Antipathie gegen
diese Art, das Übersinnliche darzustellen, hätte mich wohl ver-
hindert, auf dem Wege, der mir vorgezeichnet war, zunächst
weiter fortzuschreiten» (636, 103).

Ähnlich ergeht es ihm mit den Werken des deutschen Okkultisten, Freimaurers und Theosophen *Franz Hartmann,* zunächst Gefolgsmann Blavatskys, später Gründer einer eigenen
theosophischen Vereinigung, der 1883 zum Buddhismus über-
getreten war und fernöstliche und spiritistische Lehren mit einer strengen Gedankenlogik zu durchdringen suchte. Steiner
weiß um den späteren Konkurrenten (Hartmann hatte 1896 eine eigene Theosophische Gesellschaft in Deutschland gegründet, die noch bestand, als Steiner Generalsekretär der Deutschen Sektion der Adyar Theosophischen Gesellschaft war),
wenn er rückblickend in seinem «Lebensgang» bemerkt:
«... die Art, sich zur geistigen Welt zu verhalten, die sich in den
Schriften Franz Hartmanns darlegte, war meiner Geistesrichtung völlig entgegengesetzt. Ich konnte ihr nicht zugestehen,
daß sie von wirklicher innerer Wahrheit getragen ist» (636,
118f.).

Einen positiveren Eindruck empfängt Steiner durch persönliche Begegnungen mit *Wiener Theosophen,* obwohl er auch
diese im Vergleich mit der Berliner Loge rückblickend abwer-
tend beurteilt: «Ich kannte Theosophen schon von Wien her
und lernte später noch andere kennen. Diese Bekanntschaften
veranlaßten mich, im 'Magazin' die abfällige Notiz über die
Theosophen beim Erscheinen einer Publikation von Franz
Hartmann zu schreiben» (636, 293).

Trotz aller Kritik bleibt die Begegnung mit den Wiener Theosophen wegweisend für Steiner. Es handelt sich um die Loge,
die sich im Haus des Rechtsanwaltes *Edmund Lang* und seiner
Frau *Marie* in der Belvederegasse trifft. Dort lernt Steiner die

Gedankenwelt Helena Petrovna Blavatskys und ihrer Theosophischen Gesellschaft kennen, vor allem durch den Generalsekretär der österreichischen Sektion dieser Gesellschaft,
Friedrich Eckstein, der dort verkehrt und ihn in die Theosophie
einführt. Eckstein berichtet in seinen Lebenserinnerungen darüber:

«Um diese Zeit (...) tauchte in unserem Kreise ein völlig bart-
loser blasser Jüngling auf, ganz schlank, mit langem Haar von
dunkler Färbung (...) Sein Name war (...) Rudolf Steiner (...)
Steiner erklärte mir, wie sehr ihm daran liege, über diese Dinge Näheres zu erfahren und bat mich, ihn in die 'Geheimlehre'
(sc. Blavatskys) einzuweihen. Damit begann mein regelmäßiger Verkehr mit ihm, der viele Jahre währte und schließlich,
nach langen Wandlungen und Zwischenfällen, allmählich zur
Ausgestaltung seines eigenen 'anthroposophischen' Systems
hinführte» (Eckstein 1936, 130f.).

Daß Steiner tatsächlich – trotz mancher Unterschiede – stark
von der Theosophie Blavatskys beeinflußt wurde, wird an vielen Parallelen zwischen deren «Geheimlehre» und Steiners
1910 erschienener «Geheimwissenschaft» deutlich. Am
20.8.1902 beispielsweise meldet er einer Mitarbeiterin, daß
Blavatskys «Geheimlehre» auf seinem Schreibtisch liege, «auf
dem sie mir gerade jetzt große Dienste tut, da ich sie bei meinen einschlägigen Studien fortwährend nachschlagen muß»
(Wehr 1993, 169).

Worum handelt es sich überhaupt bei der Theosophischen
Gesellschaft und der von Blavatsky entwickelten Theosophie?
Ein kurzer Exkurs soll die Hintergründe dieser für Steiners Ent-
wicklung so wichtig gewordenen Geistesrichtung beleuchten.

Die *Theosophische Gesellschaft* (ursprünglich: Miracle
Club) wurde am 17.11.1875 als Vereinigung zur Erforschung
okkulter Phänomene in New York gegründet. Der Okkultist,
Freimaurer und Journalist Oberst a.D. *Henry Steel Olcott* wurde ihr Präsident, das spiritistische Medium *Helena Petrovna
Blavatsky* ihre Korrespondenzsekretärin und geistige Leiterin
durch eine Reihe von Büchern, die ihr von unsichtbaren «Meistern» («Mahatmas») angeblich diktiert wurden. 1879 übersie-

delten Olcott und Blavatsky nach Indien und traten offiziell zum
Buddhismus über. Zunächst lebten sie in Benares, bald darauf
in Bombay, und schließlich verlegten sie im Jahre 1882 ihr
Hauptquartier nach Adyar, einem Vorort von Madras, wo bis
heute die «Adyar Theosophische Gesellschaft» ihren Sitz hat.

1884 kam es zur *«Coulomb-Affäre»*. Emma Coulomb, zeitweilige Mitarbeiterin Blavatskys, warf dieser im Blick auf «ge-
heimnisvoll erscheinende Briefe» und andere mysteriöse Praktiken Betrug vor: Die Briefe der «Mahatmas» seien durch ein
Geheimfach an der Rückseite in einem Schrein deponiert worden. Die Erscheinungen der «Meister» seien durch eine Men-
schenpuppe namens Christofolo vorgetäuscht worden. Der
1885 veröffentlichte *Hodgson-Report* der Londoner «Society
for Psychical Research» bestätigte diesen Verdacht. Er be-
zeichnete Blavatsky als «eine der perfektesten, genialsten und
interessantesten Betrügerinnen der Weltgeschichte» (zit. nach
Holthaus 1990, 32).

Interessant ist, daß auch in Äußerungen des Theosophen
Friedrich Eckstein gegenüber Steiner die Möglichkeit des
«Humbugs» im Blick auf «Meister-Inspirationen» erwähnt
wird. Gerhard Wehr berichtet darüber, wie sich die Wege der
beiden Freunde in den 90er Jahren trennen (u.a. wegen der Meinung Ecksteins, esoterische Lehren dürften nicht der Öffentlichkeit preisgegeben werden) und Eckstein sich im 20. Jahrhundert ganz von der theosophischen Bewegung zurückzieht.
Als sich ungefähr im Jahr 1912 die beiden Jugendfreunde wieder einmal treffen, fragt Steiner seinen ehemaligen Lehrer:
«Sag mir, glaubst du an die Meister?» Und Eckstein antwortet
ihm: «Du bist doch einst mein Schüler gewesen und hast doch
selbst einige 'Meisterinspirationen' als Humbug erfahren»,
worauf Steiner erwidert: «Schade, dann kann ich dir auch
nichts darüber mitteilen.» Nach einem Bericht des Eckstein-
Freundes Edmund Schwab wird die Entfremdung der beiden
Männer auch schon in einer früheren Begebenheit deutlich:
«Als er (Eckstein) etwa 1905 Steiner nach Jahren wieder getroffen und einen öffentlichen Vortrag von ihm gehört habe, sei
er entsetzt gewesen; Steiner sei ihm zeitweise nicht mehr nor-

mal vorgekommen; er habe phantastischen Unsinn vorgetragen!» (zit. nach Wehr 1993, 80).

Doch zurück zur Theosophie Blavatskys. *«Theosophie»* bedeutet «Gottesweisheit» oder «Weisheit von Gott» bzw. vom «Göttlichen», was auch immer darunter verstanden wird. Neben die genuin «christliche Theosophie» (z.B. bei Origenes, Jakob Böhme, Friedrich Christoph Oetinger), an die auch manche Fragen zu stellen sind, tritt die von heidnischer Religiosität durchdrungene und oft spiritistisch gefärbte außerchristliche, so namentlich in Blavatskys Theosophischer Gesellschaft. Diese außerchristliche Theosophie wird von ihren Anhängern als die durch okkulte Praktiken zu erkennende Ur- oder Weisheitsreligion betrachtet, die über allen Religionen und Philosophien steht und diese daher miteinander vereinigen kann. So lautet das von Olcott geprägte Motto der Adyar Theosophischen Gesellschaft: *«Keine Religion ist höher als die Wahrheit.»* Die Folge eines solchen ins Allgemeine gehaltenen Wahrheitsbegriffes ist die *Religionsvermischung* (Synkretismus).

Dementsprechend wurden *drei Hauptziele* der Theosophischen Gesellschaft formuliert: Sie will 1. einen Kern der allumfassenden *Bruderschaft der Menschheit* bilden, ohne Unterschied von Rasse, Religion, Geschlecht, Kaste oder Farbe; 2. zum *vergleichenden Studium von Religion, Philosophie und Naturwissenschaft* anregen; und 3. die *Erforschung ungeklärter Naturgesetze* und der im Menschen schlummernden *Kräfte* fördern.

Blavatsky und ihre Nachfolger(innen) verbreiten in ihren Büchern ein buntes Gemisch aus fernöstlichen Lehren (vor allem Buddhismus und Brahmanismus), gnostischen, kabbalistischen und sufistischen Systemen, westlichem Okkultismus (Astrologie, Hellsehen, Automatisches Schreiben, Mediumismus u.a.) sowie scheinwissenschaftlichen Spekulationen (Mesmerismus, Atlantis-Mythos u.a.). Damit verbunden ist eine scharfe Ablehnung oder Umdeutung des biblischen Christentums.

Stephan Holthaus faßt einige Beispiele aus Blavatskys Werken zusammen: «Seth, der Sohn Adams, soll der Gott Jehova gewesen sein; Sem, Ham und Japhet seien Maßeinheiten für Pyramiden gewesen, Jesus Christus sei schon 105 v. Chr. geboren worden und sei Mitglied der Essenersekte gewesen. Wie später Steiner machte schon Blavatsky einen Unterschied zwischen 'Christos', dem göttlichen Geist, und 'Jesus', dem Menschen. Erst bei seiner Taufe seien der Christos und die himmlische Sophia in seinen Körper hinabgestiegen. Als Hauptziel ihres Isis-Werkes gibt Blavatsky an, sie wolle zeigen, daß der Christengott Jesus eine Erfindung des zweiten Jahrhunderts sei und daß Jesus in Wirklichkeit reinen Buddhismus gelehrt habe» (Holthaus 1990, 71).

Demgemäß ist auch die Gottes-, Welt- und Erlösungsvorstellung Blavatskys *fernöstlich* geprägt: «Gott» betrachtet sie als kosmisches Urprinzip (Sanskrit: Parabrahma) oder Muttersubstanz (Mulaprakiti), die sich emanativ in periodischen Zyklen als Welt entfaltet. Der Abstieg des Geistes zur Materie und der Wiederaufstieg zum Göttlichen erfolgen in sieben Stufen der Welt- und Menschheitsentwicklung mit Hilfe von Karma und Reinkarnation. Die Menschheit entwickelt sich immer höher über verschiedene Wurzelrassen: Selbstgeborene, Hyperboräer, Lemurier, Atlantier, Arier usw. «Jesus» ist für sie ein «Weltenlehrer» (Avatar) neben den Heilsgestalten anderer Religionen, in die der Planetengeist «Christus» hinabgestiegen ist, um die Menschheit evolutionär zur Erleuchtung zu führen und ihr das «goldene Zeitalter» zu bringen.

In seinen Büchern über «Theosophie» und «Madame Blavatsky» hat Stephan Holthaus die Unvereinbarkeit von theosophischer Lehre und biblisch-christlichem Glauben ausführlich aufgezeigt. Den Interessierten weise ich darauf hin. Holthaus resümiert: «Gottes-, Welt- und Menschensicht sind nicht miteinander zu verbinden. Pantheismus steht gegen Monotheismus, Monismus gegen den biblisch verstandenen Dualismus, Vergöttlichung des Menschen gegen die Ebenbildlichkeit des Sünders, Reinkarnation gegen Auferstehung, Karma gegen Gnade» (Holthaus 1990, 120) – und ich ergänze: Synkretismus gegen die Einzigartigkeit Jesu Christi, des Sohnes Gottes (Joh. 14,6; Apg. 4,12; 1. Kor. 3,11).

Doch Rudolf Steiner begegnet 1888 in Wien nicht nur Theosophen, sondern auch einem evangelischen Pfarrerehepaar, in dessen Haus sich verschiedene Künstler treffen. Hat er hier Impulse für einen biblisch-christlichen Glauben empfangen? Wohl kaum, denn Steiner charakterisiert den *Pfarrer Alfred Formay* und seine Frau als weltfremde, verträumte Menschen, die eher einen idealistisch-romantischen Humanismus als ein biblisch-reformatorisches Christentum verkörpern: «Man fühlte sich recht erdentrückt, wenn man in dieses Pfarrhaus kam (...) Die Hausfrau hatte den Bühnenberuf mit dem Pfarrhaus vertauscht (...) Es war da edelstes Menschentum wirksam» (636, 108f.).

Eine ganz andersgeartete Persönlichkeit stellt *Rosa Mayreder* dar, die Steiner im Hause Edmund Langs kennenlernt. Ihr teilt er in den folgenden Jahren in vielen erhalten gebliebenen Briefen seine gedanklichen Pläne und Vorstellungen mit und tritt mit ihr, die keineswegs immer mit ihm einer Meinung ist, in einen lebhaften Dialog. Erst als sich Steiner mehr und mehr auch nach außen hin vom Philosophen zum Esoteriker entwickelt, wird der weltanschauliche Graben zu groß und der Briefkontakt bricht um die Jahrhundertwende herum ab.

Wer ist Rosa Mayreder? Johannes Hemleben charakterisiert sie folgendermaßen: «Rosa Mayreder war Malerin, Schriftstellerin und Dichterin zugleich. Bekannt wurde sie seinerzeit durch das zweibändige Werk 'Kritik der Weiblichkeit'. Zu Hugo Wolfs Oper 'Corregidor' schrieb sie den Text. Mit Marie Lang gab sie später gemeinsam die Frauenzeitschrift 'Dokumente der Frauen' heraus. Sie war eine sympathische Vorkämpferin jenes 'Frauenbefreiungskampfes', von dem man heute kaum noch spricht und der doch den Weg für die Gleichberechtigung der Geschlechter entscheidend gebahnt hat» (Hemleben 1983, 34).

1889: Erste Nietzsche-Lektüre. Eduard von Hartmann

Durch die Inthronisation des autonomen Menschen und die Absage an einen persönlichen Gott war Steiners Weg zu *Friedrich Nietzsche* vorbereitet. Im Jahre 1889 kommt er zum ersten Mal mit dem «Zermalmer» in Kontakt: Er liest Nietzsches Werk *«Jenseits von Gut und Böse»*. Sein erster Eindruck ist zwiespältig: «Ich war (...) von dieser Betrachtungsart zugleich gefesselt und wieder zurückgestoßen. Ich konnte schwer mit Nietzsche zurecht kommen. Ich liebte seinen Stil, ich liebte seine Kühnheit; ich liebte aber durchaus die Art nicht, wie Nietzsche über die tiefsten Probleme sprach, ohne im geistigen Erleben mit der Seele bewußt in sie unterzutauchen» (636, 139).

Mit Nietzsche und seinem Einfluß auf Steiner werden wir uns an anderer Stelle ausführlicher befassen.

1889 lernt Steiner bei einer Reise nach Berlin den Philosophen *Eduard von Hartmann* persönlich kennen. Er steht mit ihm bereits seit September 1884 im Briefwechsel, als er ihm den ersten von ihm herausgegebenen Band von Goethes «Naturwissenschaftlichen Schriften» mit der Bitte um eine Rezension zugesandt hat. Am 21.12.1886 beispielsweise schrieb er an Hartmann: «Immer mehr befestigt sich in mir die Überzeugung, daß ich mit meiner Gedankenrichtung ganz im Sinne Ihrer Philosophie wirke (...) Ich sehe das Große und Bedeutsame Ihrer Philosophie (darin), daß Sie – namentlich in der Geschichtsphilosophie – zwei Dinge vereinigen, die immer irrigerweise für unvereinbar gehalten werden: empirische Methode und idealistisches Forschungsresultat. Deshalb muß ich auch unbedingt zugestehen, daß ich Ihren konkreten Idealismus in Geschichte und Ästhetik für die für mich denkbar vollkommenste Entwicklungsstufe der Philosophie ansehe» (38, 145).

Hartmann war durch seine *«Philosophie des Unbewußten»* bekannt geworden, in der er – Jahrzehnte vor Sigmund Freud und in Anknüpfung an Hegel – das absolute Unbewußte als übergreifende Einheit und Quelle des Weltwesens betrachtete und die Entfaltung dieses Unbewußten vom Materiellen bis zu den höchsten Erscheinungsformen des Geistigen (Liebe, Gefühl, Kunst, Sprache etc.) beschrieb. Auf erkenntnistheoretischem Gebiet stellte er sich mit seinem «kritischen Realismus» zwischen einen naiven Realismus, der das Gegebene einfach als die Wirklichkeit ansieht, und den transzendentalen Idealismus im Sinne Kants, der das Ding und die Welt an sich als unerkennbar betrachtet. Der kritische Realismus unterscheidet zwar auch zwischen der Welt als Erscheinung in unserer Vorstellung und der Welt an sich, hält aber die Welt an sich nicht für schlechthin unerkennbar. Das Wesen der Dinge offenbart sich im Unbewußten.

Trotz seiner überschwenglichen Würdigung Hartmanns in den frühen Briefen, tut sich für Steiner doch bald ein Graben zu dem Philosophen des Unbewußten auf. Er besteht darin, daß Steiner die Resultate Hartmanns für zu wenig konkret, ja, letztlich *resignativ* hält: «Für ihn (sc. Hartmann) lag das Wesen der Dinge im Unbewußten und muß für das menschliche Bewußtsein immer dort verborgen bleiben; für mich war das Unbewußte etwas, das durch die Anstrengungen des Seelenlebens immer mehr in das Bewußtsein heraufgehoben werden kann» (636, 116f.). Hier deutet sich bereits der spätere *anthroposophische Erkenntnisweg* an. Als Steiner 1894 an Hartmann seine «Philosophie der Freiheit» schickt, bekommt er sie – mit kritischen Randbemerkungen versehen – zurück. Ich gehe darauf noch ein.

Als Steiner Eduard von Hartmann im Sommer 1889 in Berlin besucht, befindet er sich zum ersten Mal in Deutschland. Der eigentliche Anlaß dieser Reise ist aber nicht der Besuch Hartmanns, sondern eine *Anfrage,* die er *aus Weimar,* der Klassiker- und Goethe-Stadt, erhalten hat: ob er bei der Weimarer Goethe-Ausgabe, die im Auftrage der Großherzogin Sophie von Sachsen durch das Goethe- und Schiller-Archiv besorgt wird, mitarbeiten wolle. Er solle einen Teil der naturwissenschaftlichen Schriften für diese Ausgabe besorgen. Steiner stimmt zu und reist für einige Wochen nach Weimar, um sich einen Eindruck vom noch unveröffentlichten Nachlaß Goethes zu verschaffen, den er auszuwerten hat.

Der erste Eindruck von Weimar und dem Direktor des
Goethe- und Schiller-Archivs, Bernhard Suphan, ist positiv:
«Ich ward mit außerordentlicher Liebenswürdigkeit von Bernhard Suphan aufgenommen» (636, 116). Doch die Begeisterung über Suphan und Weimar wird sich bald legen ...

1890–1897: Weimarer Zeit

1890: Übersiedlung nach Weimar

Im September 1890 zieht Rudolf Steiner nach Weimar um. Er bewohnt eine kleine Zwei-Zimmer-Wohnung in der Preller-straße. Die Arbeit im *Goethe- und Schiller-Archiv* betrachtet er nicht als «Lebensstellung». Er fühlt sich als «freier Mitarbei-ter». In Band 12 des Goethe-Jahrbuchs für 1890 findet sich fol-gender Eintrag: «Den ständigen Arbeitern hat sich seit dem Herbst 1890 Rudolf Steiner aus Wien zugesellt. Ihm ist (mit Ausnahme der osteologischen Partie) das gesamte Gebiet der 'Morphologie' zugeteilt, fünf oder voraussichtlich sechs Bän-de der 'zweiten Abteilung', denen aus dem handschriftlichen Nachlaß ein hochwichtiges Material zufließt» (636, 147).

Bald macht sich Enttäuschung in Steiners Herz breit. Er merkt, daß in Weimar die *Philologie* herrscht. Von einem in-tuitiven Erfassen Goethes, wie bei Karl Julius Schröer, ist in Weimar nichts zu spüren. Am schlimmsten ist für ihn Suphan als knöcherner «Goethe-Papst», als Reliquien-Verwalter eines toten Goethe, ohne lebensvolle Aktualität. Und auch die Wie-ner Geselligkeit und Mentalität vermißt er schmerzlich.

Bereits im November 1890 läßt er seiner Verbitterung freien Lauf. Er schreibt nach Wien an Pauline Specht: «Sie glauben gar nicht, wie *wenig* Suphan, der Goethepapst, von all diesen Dingen (sc. eines intuitiven Zugangs zu Goethe) versteht, und wie das auch meine Arbeiten im Archiv erschwert (...) Ich zie-he mich hier so zurück, wie dies nur irgend angeht. Muß ich doch einmal in Gesellschaft gehen, dann empfinde ich nachher einen unbeschreiblichen Ekel vor den hölzernen Menschen ohne Kern und Seele. Man kann anklopfen, wo man will: man stößt überall nur auf nüchternen Verstand, kalte Berechnung» (39, 34).

Noch drastischere Töne finden sich in einem Brief Steiners an Pauline Specht vom 15.3.1891: «Jene Art von Menschen, die wir in Wien als besonders schätzenswert empfinden, gibt es hier gar nicht. Alles geht in den kleinlichsten, persönlichsten Interessen auf (...) Zu den Kleinlichsten der Kleinlichen gehört Suphan, der Direktor des Archivs. Eine echt philiströse Schulmeisternatur ohne alle größeren Gesichtspunkte» (39, 83f.). Und in einem Schreiben an Rosa Mayreder vom 20.5.1891 klagt er darüber, «welche Tragik für mich darinnen liegt, daß ich äußerlich mit einem Wirkungskreise verwoben sein muß, dem ich innerlich bereits ganz fremd geworden bin». Steiner will «die Haut endlich einmal abwerfen (...) die, seit zwei Jahren organisch getrennt, mich nur noch wie eine anorganisch gewordene Schale umgibt. Sonst ist mein ganzes Dasein Lüge und Unsinn; mein Wirken nicht meines, sondern das einer elenden Marionette, gezogen von den Fäden, die ich vor Jahren gesponnen habe, die ich aber jetzt nicht einmal berühren, geschweige denn selbst führen möchte (...) Hier in Weimar, der Stadt der klassischen Mumien, stehe ich allem Leben und Treiben fremd und kühl gegenüber» (39, 97f.).

Trotz solcher Klagen, die auch in der Folgezeit nicht geringer werden, wird Steiner bis 1897 in Weimar bleiben und am Goethe- und Schiller-Archiv arbeiten. Die Zahl der Nebentätigkeiten, die er betreibt, nimmt allerdings in dieser Zeit ständig zu.

1891: Promotion in Rostock

Unter diesen «Nebentätigkeiten», die leicht zu Haupttätigkeiten werden können und Steiner in wachsende Arbeitsüberlastung führen, ist an erster Stelle die Promotion zum *Doktor der Philosophie* an der *Universität Rostock* zu nennen. Er betreibt diese, ohne Suphan darüber zu informieren: «Ich habe in aller

Stille und ohne hier von dem unmittelbaren Inhalt meines aus-
wärtigen Tuns etwas zu sagen, meine Reise nach Rostock
(1.–3. Mai) gemacht; das Resultat wird nun offiziell nach Fertigstellung des Druckes meiner Dissertation, was ja nun in wenigen Wochen der Fall sein wird», schreibt er am 20.5.1891 an
Pauline Specht (39, 92f.).

Das Thema seiner *Dissertation* lautet: «Die Grundfrage der
Erkenntnistheorie mit besonderer Rücksicht auf Fichtes Wissenschaftslehre. Prolegomena zur Verständigung des philosophischen Bewußtseins mit sich selbst». Den wesentlichen Inhalt daraus veröffentlicht er 1892 unter dem Titel «Wahrheit
und Wissenschaft. Vorspiel einer 'Philosophie der Freiheit'»
und widmet das Werk Eduard von Hartmann.

Steiners Doktorvater ist der Rostocker Philosoph *Heinrich
von Stein*. Steiner wendet sich an Stein, weil er von dessen
Werk *«Sieben Bücher zur Geschichte des Platonismus»* sehr
beeindruckt ist. In diesem Werk versucht Stein, den Platonismus mit dem Christentum zu verbinden. «Von Plato zu Christus» oder «Plato, der große Träger einer Ideenwelt, die der Erfüllung durch den Christus-Impuls harrte; das darzustellen, ist
der Sinn des Stein'schen Buches», resümiert Steiner (636, 149).

Führt gedanklich ein Weg von Stein zu Steiner? Ja, indem
auch Steiner später von einem *«Christus-Impuls»* sprechen
wird, der sich – etwa dem Logos spermatikos eines Justin ähnlich – durch die Menschheitsgeschichte zieht. Nein, indem
Stein nach Steiners Ansicht nicht weit genug geht. Zum einen
nämlich postuliert Steiner eine «Uroffenbarung», die weit über
den Platonismus als «Ideenrest» dieser Offenbarung hinaus-
reicht und sich in allen Religionen manifestiert. Zum anderen
wehrt sich Steiner gegen Steins Prämisse, «daß die Offenbarung *von außen* dem menschlichen Weltanschauungsstreben
seinen Inhalt gegeben habe». Vielmehr könne die menschliche
Wesenheit in ihrem eigenen Ideen-Erleben Offenbarung erringen, «wenn sie sich zur Verständigung mit sich selbst im geist-
lebendigen Bewußtsein bringt» (636, 149).

Hier schlagen Steiners Ablehnung einer vorgegebenen göttlichen Offenbarung und das Vertrauen auf den autonomen

Menschen – etwa in Anknüpfung an Fichte – durch, was auch
in der Dissertation das Leitmotiv darstellt. Heinrich von Stein
bemerkt dazu: «Ihre Dissertation ist nicht so, wie man sie fordert; man sieht ihr an, daß Sie sie nicht unter der Anleitung eines Professors gemacht haben; aber was sie enthält, macht
möglich, daß ich sie sehr gerne annehme» (636, 150). Die Pro-
motionsurkunde der Universität Rostock, die am 26.10.1891
ausgestellt ist, enthält das befriedigende Gesamtresultat «Rite»
(GA 39, nach S. 122).

1892: Anna Eunike.
Weimarer Spiritisten-Zirkel

Daß Rudolf Steiner trotz der vielen Enttäuschungen in Weimar
bis 1897 in dieser Stadt bleibt, hängt sicherlich ganz wesentlich
damit zusammen, daß er Anschluß an eine Familie findet, zu
der sich bald ein enges Verhältnis ergibt. Anfang 1892 zieht der
unglückliche Junggeselle in die Wohnung der seit zehn Jahren
verwitweten *Anna Eunike* und ihrer fünf Kinder ein. «Frau Anna Eunike, mit der ich bald innig befreundet wurde, besorgte für
mich in aufopferndster Weise, was zu besorgen war. Sie legte
großen Wert darauf, daß ich ihr in ihren schweren Aufgaben bei
der Erziehung der Kinder zur Seite stand» (636, 219). 1899
wird Rudolf Steiner seine um acht Jahre ältere Vermieterin hei-
raten.
    Anna Eunike ist die Witwe des 1882 verstorbenen Kapitäns
im Ruhestand *Friedrich Eunike*. Ihn hat Steiner nicht mehr persönlich kennengelernt, behauptet aber, ihm und einem anderen
Verstorbenen, dessen Identität er geheimhält, als den zwei
«unbekannten Bekannten» im Geisterreich begegnet zu sein:
«Mir aber kam aus dem Verkehr mit den beiden Seelen – Eunike hieß die weimarische – eine Erkräftigung für meine 'Philosophie der Freiheit'. Was in dieser angestrebt ist: es ist zum ersten ein Ergebnis meiner philosophischen Denkwege in den
achtziger Jahren; es ist zum zweiten auch ein Ergebnis meines
konkreten *allgemeinen* Hineinschauens in die geistige Welt.

Zum dritten fand es aber eine Erkräftigung durch das Mit-Erleben der Geist-Erlebnisse jener beiden Seelen» (636, 218).

Dieser Selbstaussage Steiners im «Lebensgang» zufolge ist also sein frühes Werk «Die Philosophie der Freiheit» – ich gehe darauf noch ein – eine Frucht sowohl seiner philosophischen Bemühungen als auch seiner hellseherischen Erlebnisse, die auch in Weimar nicht aufgehört haben. Dies ist wichtig zu beachten, weil in diesem Werk die späteren esoterischen Lehren noch nicht explizit begegnen und es häufig als rein wissenschaftliche philosophische Abhandlung dargestellt wird. Und doch ist der Geist, aus dem es geschrieben ist, derselbe, der auch die späteren Werke Steiners inspiriert hat.

Steiner erwähnt im «Lebensgang», daß er in seiner Weimarer Zeit Kontakt mit *Spiritisten-Zirkeln* hat, grenzt sich aber gleichzeitig gegen diese Art des Zugangs zu den übersinnlichen Welten ab: «Es war gerade auch in Weimar möglich, interessanten Verkehr mit Spiritisten zu haben, denn in der Künstlerschaft lebte eine Zeitlang diese Art, sich suchend zum Geistigen zu verhalten, intensiv auf (...) Ich habe mich stets, wo dergleichen in Frage kam, auch für ein solches Suchen der Menschenseelen interessiert, wie es im Spiritismus zutage tritt. Der Spiritismus der Gegenwart ist der Abweg solcher Seelen nach dem Geistigen, die auch den Geist auf äußerliche – fast experimentelle – Art suchen möchten, weil sie das Wirkliche, Wahre, Echte einer geistgemäßen Art gar nicht mehr empfinden können (...) Mein eigenes Forschen ging stets andere Wege als der Spiritismus in irgendeiner Form» (636, 218).

Diese Aussagen Steiners sind insofern zutreffend, als er tatsächlich eine andere Art des Zugangs zu übersinnlichen Geisteswelten sucht als der gewöhnliche Spiritismus, der Séancen, Trancereden, Materialisationen aus dem Geisterreich und ähnliches betreibt. Sie sind aber insofern nicht zutreffend, als er in genau die gleiche übersinnliche Welt eindringen möchte. Der Kontakt Steiners mit Geistern, etwa des verstorbenen Kapitäns Eunike, fällt genauso unter das Urteil «Spiritismus» wie jeder andere Geisterverkehr an Gottes Wort und Willen vorbei.

Doch das interessiert Steiner wenig. Für ihn sind die Existenz

und der Wille des personalen Gottes gleichgültig, ja sogar ein
Hindernis für die Selbstverwirklichung des autonomen Menschen. So nennt er am 8.2.1892 auf einem Fragebogen unter
seinen *Lieblingsschriftstellern* den Autor des «Zarathustra»
und «Antichrist», *Friedrich Nietzsche,* und setzt als sein eigenes Motto darüber: *«An Gottes Stelle den freien Menschen!»*
(Wehr 1993, 99). Und an Ernst Haeckel schreibt er: «Mir gelten die Resultate der Wissenschaft (gemeint ist der Haeckelsche atheistische Evolutionismus und Monismus; L. G.) als die
einzig berechtigten Bestandteile einer Weltanschauung. Neben
ihnen kann ich keine andere Religion anerkennen» (39, 166).

1894: Monismus und Freiheitsphilosophie.
Nietzsches «Antichrist»

Am 16.2.1894 lernt Steiner *Ernst Haeckel* persönlich kennen.
Er ist zu dessen 60. Geburtstag nach Jena eingeladen. Und er
entdeckt «zwei Wesen in Haeckel»: «Ein Mensch mit mildem,
liebeerfülltem Natursinn, und dahinter etwas wie ein Schatten-
wesen mit unvollendet gedachten, engumgrenzten Ideen, die
Fanatismus atmeten» (636, 165). Steiner fühlt sich berufen,
Haeckels Ideen – genauso wie diejenigen Goethes – zu Ende zu
denken: den Evolutionismus und den Monismus. Und das bedeutet für Steiner: diese Gedanken aus ihrer materialistischen
Vereinseitigung zur spirituellen Höhe zu erheben.

Doch was lehrt Haeckel eigentlich? Keimhaft ist in seinen
Schriften und Briefen um 1894 bereits angelegt, was er in seinem Werk *«Die Welträtsel»* 1899 der Öffentlichkeit vorlegen
wird und was zu erbitterten Diskussionen führt: daß es keinen
außerhalb der Natur existierenden Gott und keine von ihm gegebene Offenbarung gibt (Dualismus), sondern daß *Gott und
Welt, Geist und Natur eins* sind (Monismus). Dabei ist Geist
(Denken, Bewußtsein) ein Produkt der Natur bzw. der in dieser
wirkenden Evolutionsmechanismen Mutation und Selektion.

Haeckel geht in seiner philosophischen Lehre und Radikalität
weit über Charles Darwin hinaus, der sich weitgehend auf den

naturwissenschaftlichen Aspekt der Evolution zu beschränken suchte. Haeckel hingegen propagiert in einer aggressiven und polemischen Weise das *«Ende des dogmatischen Christentums»* und den Sieg seiner neuen *«monistischen Religion»*. So führt er aus: «Der unvermeidliche Kampf zwischen den herrschenden dualistischen Kirchen-Religionen und unserer vernunftgemäßen monistischen Natur-Religion muß früher oder später mit dem vollständigen Siege der letzteren endigen – wenigstens in den wahren Kulturstaaten!» (Haeckel 1984, 438).

Haeckel hat sich geirrt! Der Evolutionismus ist heute umstrittener als noch vor Jahren und wird von einer wachsenden Zahl von Wissenschaftlern in Frage gestellt. Der atheistische Monismus hat sich nicht durchgesetzt, sondern wurde entweder ganz abgelehnt oder vielfach variiert.

Bereits Rudolf Steiner vertritt eine andere Form des Monismus als Haeckel – eben einen «spirituellen» oder *«geistgemäßen Monismus»*. Wie sieht dieser aus? Steiner schreibt: «So stand die naturwissenschaftliche Entwickelungsreihe, wie sie Haeckel vertrat, niemals vor mir als etwas, worin mechanische oder bloß organische Gesetze walteten, sondern als etwas, worin der Geist die Lebewesen von den einfachen durch die komplizierten bis herauf zum Menschen führt» (636, 300).

Steiners Ausgangspunkt ist nicht wie bei Haeckel eine Materie, die aus sich selbst heraus die unterschiedlichen Lebensformen hervorbringt, sondern eine Geistwelt, aus der heraus sich diese entfalten. Auch hier sind seine hellseherischen Erfahrungen für ihn prägend. Zu seiner endgültigen Anschauung von der «geistigen Evolution» gelangt er allerdings erst nach der Jahrhundertwende. Dann wird ihm bewußt, daß «der Mensch als Geist-Wesen älter ist als alle anderen Lebewesen, und daß er, um seine gegenwärtige physische Gestaltung anzunehmen, sich aus einem Weltenwesen herausgliedern mußte, das *ihn* und die andern Organismen enthielt. Diese sind somit Abfälle der menschlichen Entwickelung; nicht etwas, aus dem er hervorgegangen ist, sondern etwas, das er zurückgelassen, von sich abgesondert hat, um seine physische Gestaltung als Bild eines Geistigen anzunehmen. Der Mensch als makrokosmisches Wesen, das alle übrige irdische Welt in sich trug, und das zum Mikrokosmos durch Absonderung des übrigen gekommen ist ... » (636, 301).

Steiner dreht somit die Darwinsche und Haeckelsche *Evolutionsvorstellung* (Entwicklung von niederen zu höheren Arten) geradezu um, indem er die niederen Arten (Tiere, Pflanzen und auch Mineralien) als «Abfallprodukte» betrachtet, die sich «geopfert» haben, um dem von Anfang an vorhandenen Menschen seine Höherentwicklung – hin zur Vergeistigung – zu ermöglichen.

In der Bibel freilich gibt es weder für die eine noch für die andere Vorstellung von Evolution einen Anhaltspunkt. Daß die Pflanzen und Tiere Abfallprodukte aus dem Stammbaum des Menschen seien, ist eine Steinersche Sonderlehre, die genauso einzigartig und absurd ist wie seine Behauptung der Existenz zweier Jesusknaben (ich komme darauf noch zurück).

1894 nun ist das Jahr, in dem das deutlich von Haeckel, vor allem aber von Fichte und Goethe beeinflußte Werk Steiners *«Die Philosophie der Freiheit»* erscheint. Steiners Ausgangspunkt ist – im Gegenzug zu Kant und auch jeder Art von Offenbarungsreligion – ein *erkenntnistheoretischer Monismus* – allerdings kein einseitiger Monismus, der entweder die Materie verabsolutiert und den Geist leugnet oder umgekehrt, sondern ein Monismus, der Geist und Materie untrennbar miteinander verbindet. Und diese Einheit von Geist und Materie, von Geist und Natur wird erlebt im Wesen des Menschen: «Wir können die Natur außer uns nur finden, wenn wir sie in uns erst kennen. Das ihr Gleiche in unserem eigenen Innern wird uns der Führer sein» (627, 27).

Ausgehend von diesem erkenntnistheoretischen Ansatz im sich selbst erkennenden, die ganze Welt in sich tragenden Menschen, gelangt Steiner zu seiner Ethik vom sich selbst bestimmenden, *autonomen Individuum,* verbunden mit der Leugnung eines überweltlichen Gottes. An die Stelle des göttlichen Gebotes oder der Kantschen «Pflicht» tritt die menschliche Freiheit und *«moralische Phantasie»,* an die Stelle eines göttlichen Weltenlenkers eine unpersönliche Ideenwelt, mit der sich das Individuum intuitiv verbindet. Steiner schreibt:

«In seinem Handeln leben sich also nicht die aus dem Jenseits dem Diesseits eingeimpften Gebote aus, sondern die der diesseitigen Welt angehörigen menschlichen Intuitionen. Der Monismus kennt keinen solchen Weltenlenker, der außerhalb unserer selbst unseren Handlungen Ziel und Richtung setzte. Der Mensch (...) ist auf sich selbst zurückgewiesen (...) Er wird (...) durch nichts, als durch sich selbst bestimmt (...) Der Mensch ist dann das letzte Bestimmende seiner Handlung. Er ist *frei*» (627, 201).

Ist er das wirklich? Steiner geht von einem *optimistischen Menschenbild* aus, das weder in der Bibel noch in der alltäglichen Erfahrungswelt eine wirkliche Grundlage hat. Er traut dem Menschen zuviel zu, wenn er ihn an die Stelle Gottes setzen und zu seinem eigenen Gesetzgeber machen will.

Einmal ganz abgesehen von der gotteslästerlichen Dimension des Haeckelschen, Fichteschen und Steinerschen Atheismus, ist festzustellen, daß der Mensch, der die «Philosophie der Freiheit» zu praktizieren sucht, gerade in der *Unfreiheit* endet: *in der Unfreiheit seiner eigenen Sünde,* die sich ja nicht erst in niederen Trieben und Begierden äußert (gegen diese spricht sich auch Steiner aus), sondern gerade in selbstgesteckten, hohen Idealen der Person, die sich in titanischer Anmaßung an die Stelle Gottes setzen will. *«Ihr werdet sein wie Gott und wissen, was gut und böse ist»* (1. Mose 3,5) – diesen Satz spricht nicht Gott zu den Menschen, sondern der Versucher, der uns vom lebendigen Gott und seinen guten Ordnungen wegreißen möchte.

Der «ethische Individualismus», den Steiner als einer der ersten propagiert hat, ist heute freilich weit verbreitet. Das heißt aber keineswegs, daß er richtig ist. Nicht ganz zu Unrecht hat Eduard von Hartmann, dem Steiner seine «Philosophie der Freiheit» zuschickte, deren Autor «Solipsismus, absoluten Illusionismus und Agnostizismus» vorgeworfen. Steiner gesteht ein: «Ich finde das Tor nicht, das uns aus dem Immanenten in das Transzendente führt. Deshalb suche ich die Elemente der Welterklärung bloß im Gebiete des Immanenten» (39, 224ff.). Daß er auch mit seinen späteren esoterischen Erklärungsversuchen nicht bis zur wirklichen Transzendenz –

nämlich zum lebendigen Gott – durchdringt, wird weiter unten
zu zeigen sein.

Zu erwähnen bleibt noch, daß Steiner im Jahre 1894 *Nietzsches «Antichrist»* liest. Der «Philosoph mit dem Hammer»
nimmt hier eine erbarmungslose Kritik am Christentum, wie er
es kennengelernt hat, aber auch an Jesus Christus selber vor.
Dieses Buch, das Nietzsche wenige Monate vor seinem völligen geistigen Zusammenbruch geschrieben hat und das man
aus christlicher Sicht nur als dämonisch inspiriert ansehen
kann, greift Steiner mit Begeisterung auf und bringt es in enge
Nähe zu seiner «Philosophie der Freiheit». In einem Brief vom
23.12.1894 fragt er Pauline Specht:

«Ist Ihnen Nietzsches 'Antichrist' vor Augen gekommen? Eines der bedeutendsten Bücher, die seit Jahrhunderten geschrieben worden sind! Ich habe meine eigenen Empfindungen in jedem Satze wiedergefunden. Ich kann vorläufig kein Wort für
den Grad der Befriedigung finden, die dieses Werk in mir her-
vorgerufen hat.»

Und Steiner fährt fort: «Ich empfinde Nietzsches Erkrankung
besonders schmerzlich. Denn ich habe die feste Überzeugung,
daß meine 'Freiheitsphilosophie' an Nietzsche nicht spurlos
vorübergegangen wäre. Er hätte eine Menge von Fragen, die er
offengelassen hat, bei mir weitergeführt gefunden und hätte mir
gewiß in der Ansicht recht gegeben, daß seine Moralansicht,
sein Immoralismus, seine Krönung erst in meiner 'Freiheitsphilosophie' findet, daß seine 'moralischen Instinkte' gehörig
sublimiert und auf ihren Ursprung verfolgt das geben, was bei
mir als 'moralische Phantasie' figuriert» (39, 238f.).

Nietzsches neue Moral, seine Philosophie des *Willens zum
Leben»*, ist eine Umkehrung von Schopenhauers pessimi-
stischer «Verneinung des Willens zum Leben». An die Stelle
der buddhistisch inspirierten Entsagungs-Philosophie bei
Schopenhauer tritt die griechisch-dionysisch inspirierte Philosophie des Lebensgenusses, des Rausches und der Ekstase,
verkörpert im titanisch Gottes Platz einnehmenden «Übermenschen».

Auf den ersten Blick mag es daher erstaunen, daß Steiner

nicht nur Nietzsche bewundert, sondern ab dem Jahre 1894 auch eine 12–bändige *Ausgabe von Schopenhauers Werken* für die J. G. Cotta'sche Buchhandlung in Stuttgart – mit Kurzbiographien, Einleitungen und textkritischen Kommentaren versehen – veröffentlicht. Ab 1897 kommt noch die Herausgabe der *Werke Jean Pauls* (= Johannes Friedrich Richter) hinzu. Steiner kommentiert diese Tätigkeit folgendermaßen:

«Und so hatte ich in meine damaligen weimarischen Aufgaben die vollständige Durcharbeitung des pessimistischen Philosophen und des genial-paradoxen Jean Paul einzugliedern. Beiden Arbeiten unterzog ich mich mit dem tiefsten Interesse, weil ich es liebte, mich in Geistesverfassungen zu versetzen, die den meinigen stark entgegengesetzt sind» (636, 169).

Diese Auftragsarbeiten werden Steiner durch *Ludwig Laistner,* Verfasser des Buches «*Das Rätsel der Sphinx*» und Beirat der Cotta'schen Buchhandlung, vermittelt. Laistners Buch verbindet Traum- und Mythenforschung miteinander. Schon viele Jahre vor Carl Gustav Jung und neuerdings Eugen Drewermann hat Laistner behauptet, daß der Ursprung der religiösen Mythen im Traum liege. «... die ganze Schar der Geister entsteigt für Ludwig Laistner aus dem träumenden Menschen», kommentiert Rudolf Steiner und bedauert, daß jener vom Unbewußten nicht zum «Überbewußten» der «realen Geistwelt» vorgedrungen sei (636, 167f.).

1895: Begegnung mit Nietzsche

Nach der literarischen folgt 1895 eine persönliche Begegnung Steiners mit Friedrich Nietzsche. Dessen Schwester Elisabeth Förster-Nietzsche besucht das Goethe-und-Schiller-Archiv in Weimar und gewinnt Rudolf Steiner dafür, Nietzsches Bibliothek zu ordnen. Bei seinem ersten Besuch in Naumburg anläßlich dieser Tätigkeit läßt Frau Förster-Nietzsche Rudolf Steiner in das Zimmer ihres seit sechs Jahren geistig völlig umnachteten Bruders treten. Und wieder ist Steiner vom Autor des «Antichrist» fasziniert:

«Da lag der Umnachtete mit der wunderbar schönen Stirne, Künstler- und Denkerstirne zugleich, auf einem Ruhesofa. Es waren die ersten Nachmittagsstunden. Diese Augen, die im Erloschensein noch durchseelt waren, nahmen nur noch ein Bild der Umgebung auf, das keinen Zugang zur Seele mehr hatte (...) Und so stand vor meiner Seele: Nietzsches Seele wie schwebend über seinem Haupte, unbegrenzt schön in ihrem Geisteslichte; frei hingegeben geistigen Welten, die sie vor der Umnachtung ersehnt, aber nicht gefunden; aber gefesselt noch an den Leib, der nur so lange von ihr wußte, als diese Welt noch Sehnsucht war» (636, 189).

Von Nietzsche empfängt Steiner im Blick auf die Ausbildung der Anthroposophie vor allem zwei Impulse: die Idee vom *Übermenschen* und eine weitere Bestätigung seiner Vorstellung von der *Reinkarnation.* Beide Gedanken werden z.B. in Nietzsches bekanntestem Werk *«Also sprach Zarathustra»* – stilistisch und inhaltlich eine Art Gegenbuch zum Johannes-Evangelium – in dichterisch packender Form ausgeführt. So läßt Nietzsche seinen Zarathustra ausrufen:

«Nun aber starb dieser Gott! Ihr höheren Menschen, dieser Gott war eure größte Gefahr. Seit er im Grabe liegt, seid ihr erst wieder auferstanden. Nun erst kommt der große Mittag, nun erst wird der höhere Mensch – Herr! Verstandet ihr dies Wort, o meine Brüder? Ihr seid erschreckt: wird euren Herzen schwindlig? Klafft euch hier der Abgrund? Kläfft euch hier der Höllenhund? Wohlan! Wohlauf! Ihr höheren Menschen! Nun erst kreißt der Berg der Menschen-Zukunft. Gott starb: nun wollen wir – daß der Übermensch lebe» (Nietzsche 1985, 274).

Und gegen die christliche Ethik der Nächstenliebe wie auch gegen die Schopenhauersche Mitleidsethik gerichtet, betont er: «Der Übermensch liegt mir am Herzen, *der* ist mein erstes und einziges – und *nicht* der Mensch: nicht der Nächste, nicht der Ärmste, nicht der Leidendste, nicht der Beste (...) ʻDer Mensch ist böseʼ – so sprachen mir zum Troste alle Weisesten. Ach, wenn es heute nur noch wahr ist! Denn das Böse ist des Menschen beste Kraft.» Gemeint ist das Streben des Menschen nach seiner Selbsterhöhung, das in der Bibel als böse und als Wesen der Sünde gekennzeichnet wird. In diesem Sinne kann Nietzsche – gegen Jesus Christus gerichtet – fortfahren: «Das Böseste ist nötig zu des Übermenschen Bestem. Das mochte gut sein für jenen Prediger der kleinen Leute, daß er litt und trug an des Menschen Sünde. Ich aber erfreue mich der großen Sünde als meines großen *Trostes*» (a.a.O., 274+276).

Im «trunknen Lied» Zarathustras klingt der Gedanke von der *«Wiederkehr des Gleichen»* an: «Weh spricht: 'Vergeh! Weg, du Wehe!' Aber alles, was leidet, will leben, daß es reif werde und lustig und sehnsüchtig, – sehnsüchtig nach Fernerem, Höherem, Hellerem. 'Ich will Erben', spricht alles, was leidet, 'ich will Kinder, ich will nicht *mich*' – Lust aber will nicht Erben, nicht Kinder – Lust will sich selber, will Ewigkeit, will Wiederkunft, will Alles-sich-ewig-gleich» (a.a.O., 310).

Steiner erwähnt im «Lebensgang», wie er auf die vermutliche Quelle der Nietzscheschen Gedanken von der ewigen Wiederkehr gestoßen ist: Er entdeckt in Nietzsches Bibliothek das 1875 veröffentlichte Werk «Kursus der Philosophie als streng wissenschaftlicher Weltanschauung und Lebensgestaltung» des Positivisten *Eugen Dühring*. Dühring stellt den Gedanken dar, daß das Weltall in einem Augenblick eine Kombination von Elementarteilchen sei. «Dann wäre das Weltgeschehen der Ablauf aller möglichen Kombinationen. Wären diese erschöpft, dann müßte die allererste wiederkehren und der ganze Ablauf sich wiederholen.» Dühring verwirft diesen Gedanken. Nietzsche aber greift ihn auf, wie aus seinen handschriftlichen Randbemerkungen in Dührings Buch deutlich wird (636, 190). Auch für Steiners Kosmologie – etwa in seiner 1909 verfaßten «Geheimwissenschaft im Umriß» – wird dieser Gedanke eine grundlegende Bedeutung gewinnen.

Und doch sieht Steiner auch bei Nietzsche Grenzen, über die er selber hinausgehen will: «Den in der Materie waltenden Geist fand er. Bis zur Anschauung des in sich selbst lebenden und waltenden Geistes wollte er nicht gehen.» Apollo und Dionysos waren für Nietzsche Geistgestalten in mythischer Form. Demgegenüber will Steiner bis zur «Anschauung wirklicher geistiger Wesenheit» vordringen. Und was den «Übermenschen» angeht: Für Steiner wird er zum *«Geistesmen-schen»* – einer Stufe in der Evolution, zu welcher sich die Menschheit emporschwingen soll (636, 193ff.).

Die biblisch-theologische Kritik an Nietzsche – und an Steiner, soweit er an Nietzsche anknüpft – läßt sich anhand der *vier Lügen der Schlange* in der Sündenfall-Geschichte (1. Mose 3,1ff.) entfalten, die Nietzsche und Steiner ihrerseits positiv auffassen, die aber – vom biblischen Kontext her betrachtet – eindeutig satanisch inspiriert sind.

Die erste Lüge verbirgt sich hinter der Frage *«Sollte Gott gesagt haben?»*. Legt man die Betonung auf «Gott», dann wird die Existenz Gottes in Frage gestellt *(Atheismus)*. Legt man die Betonung auf «gesagt», dann wird die Autorität Gottes bezweifelt und die *Autonomie* des Menschen im Blick auf Verhalten und sittliche Ordnungen behauptet. Beide Lehren begegnen bei Nietzsche und Steiner. So heißt es im «Zarathustra»: «Siehe die Gläubigen aller Glauben! Wen hassen sie am meisten? Den, der zerbricht ihre Tafeln der Werte, den Brecher, den Verbrecher: – das aber ist der Schaffende» (Nietzsche 1985, 17). Und auch Steiner möchte, wie schon gezeigt, an die Stelle Gottes «den freien Menschen» setzen.

Die zweite Lüge soll den Menschen, der sich über Gottes Wort und Ordnung hinwegsetzt, in Sicherheit wiegen. Sie lautet: *«Ihr werdet keineswegs des Todes sterben.»* Wir wissen, daß dies nicht wahr ist. Um die Unausweichlichkeit und Endgültigkeit des irdischen Todes zu verbergen bzw. um dieser Tatsache zu entfliehen, haben Nietzsche und Steiner – in Einklang mit fernöstlichen Religionen und vielen esoterischen Systemen – eine Lehre entwickelt, die ebenso unbeweisbar wie unmoralisch und verderblich ist: die Lehre von der «Wiederkehr des Gleichen», der Wiederverkörperung, der *Reinkarnation*. Im Kapitel über Lessing haben wir uns mit dieser «tödlichen Lehre» bereits auseinandergesetzt.

Die dritte Lüge ist die dämonisch inspirierte Hauptlüge: *«Ihr werdet sein wie Gott.»* Der Nietzschesche *«Übermensch»* und der Steinersche *«freie Mensch»* ist letztlich ein neuer «Gott». Die Bibel aber sieht in dieser Anmaßung das Wesen der Sünde, die Wurzel des Verderbens. Der Mensch, der die Stelle Gottes einnehmen möchte, stürzt aus seiner scheinbaren Selbsterhöhung unmittelbar in den Abgrund – so wie die Engel, die vor der Erschaffung des Menschen bereits Gottgleichheit erstrebten und zu Dämonen wurden: «Gott hat selbst die Engel, die gesündigt haben, nicht verschont, sondern hat sie mit Ketten der Finsternis in die Hölle gestoßen und übergeben, damit sie für das Gericht festgehalten werden» (2. Petr. 2,4; vgl. Hes. 28,11ff.; Jes. 14,12ff.; Jud. 6).

Die vierte Lüge verspricht dem Menschen Bewußtseinserweiterung: *«Eure Augen werden aufgetan (...) und ihr werdet wissen, was gut und böse ist.»* Nietzsche suchte diesen Weg in *Drogen*. Steiner versucht später, durch einen methodisch erlernbaren *Erkenntnisweg* in die übersinnlichen Bereiche einzudringen. Und doch gelangen beide nur zu einer dämonisch inspirierten Scheinwelt, wie ich weiter unten zeigen werde.

An dieser Stelle möchte ich im Blick auf Nietzsche ein persönliches Erlebnis wiedergeben. Vor einigen Jahren besuchte ich das Nietzsche-Haus in Sils Maria inmitten der traumhaft schönen Landschaft des Oberengadins. Erschüttert stand ich vor den Fotografien, die Nietzsche in seiner über zehn Jahre bis zu seinem Tode währenden geistigen Umnachtung zeigen. Am Morgen hatte ich am Silser See auf dem dort befindlichen Nietzsche-Felsen das *«trunkne Lied»* aus dem «Zarathustra» gelesen:

«O Mensch! Gib acht!/ Was spricht die tiefe Mitternacht?/ 'Ich schlief, ich schlief – / Aus tiefem Traum bin ich erwacht: – / Die Welt ist tief,/ und tiefer als der Tag gedacht./ Tief ist ihr Weh – / Lust – tiefer noch als Herzeleid: / Weh spricht: Vergeh! / Doch alle Lust will Ewigkeit – / will tiefe, tiefe Ewigkeit'» (Nietzsche 1985, 312).

Unter dem Eindruck dieser Erlebnisse und dieses Gedichts schrieb ich in das im Nietzsche-Haus aufliegende Gästebuch: «O Mensch! Gib acht!/ Er starb in tiefer Nacht. / Welche Tragik, daß Nietzsche inmitten der Herrlichkeit dieser Schöpfung den Schöpfer nicht fand.»

Nach allem Gesagten kann man nur staunen, wenn man hört,

daß selbst Nietzsche in den Augen Steiners nicht radikal genug
war. So bezeichnet Steiner es in seinem 1895 veröffentlichten
Buch «Friedrich Nietzsche, ein Kämpfer gegen seine Zeit» als
verhängnisvoll, daß der «Philosoph mit dem Hammer» an
Schopenhauer anstatt an den Künder eines absoluten Individualismus, *Max Stirner,* anknüpfte. Hätte er dies getan, dann
wäre er noch viel weiter vorgeprescht, denn Stirners «auf sich
selbst gestellte(r), nur aus sich heraus schaffende(r) *Eigner* ist
Nietzsches *Übermensch*» (621, 99). Steiner findet bei Stirner
etwas, was bei Nietzsche fehlt: «die *allseitig* entwickelten Le-
benskräfte, die ungehemmt ihrer Naturtendenz folgen». Bei
Stirner atme man «in noch reinerer Luft als bei Nietzsche» (39,
255).

Vielleicht hängt es mit diesen radikalen Ansichten Steiners
zusammen, daß ihm die angestrebte *Dozentur* in Jena 1895
endgültig versagt bleibt. Steiner gibt seinem Vorgesetzten,
Bernhard Suphan, die Schuld, dem die Nietzsche-Begeisterung
wie auch die Philologie-Feindlichkeit seines Mitarbeiters sicher nicht verborgen geblieben waren. In einem Brief an Pauline und Ladislaus Specht vom 23.12.1895 entlädt Steiner seinen ganzen Haß über Suphan:

«Nun ist zweifellos, daß nach dem, was ich geleistet habe,
diese Privatdozentur ein Pappenstiel sein müßte von seiten
derer, die sie mir zu gewähren haben. Nun aber steht dem entgegen, daß ich hier einen Mann zum Vorstand (Direktor des
Archivs) habe, der seit Jahren bemüht ist, mich als Null erscheinen zu lassen (...) Ich weiß jetzt, daß ich in dem Augenblick, als ich hierherging, verraten und verkauft war. Ich muß
die Weimarer Jahre einfach für verloren geben. Nur wer die
Dinge aus der Nähe gesehen hat, weiß, welche ekelerregende
Atmosphäre ein kleiner Fürstenhof um sich verbreitet.»

Und er fügt in geradezu prophetischer Weise hinzu: «Ich werde mein Ziel doch erreichen. Ich muß es eben ohne Weimar.
Wie, das wird sich finden» (39, 273). Doch bald türmen sich
weitere Widerstände auf.

1896: Streit mit Elisabeth Förster-Nietzsche

Im Spätsommer 1896 wird die Nietzsche-Bibliothek von Naumburg nach Weimar gebracht, um später dem Goethe-Schiller-Archiv eingegliedert zu werden. Da geht plötzlich das Gerücht durch die Zeitungen, Rudolf Steiner sei an der Herausgabe von Nietzsches Werken beteiligt. Dies führt zu schlimmen Mißverständnissen zwischen ihm sowie *Elisabeth Förster-Nietzsche* und dem Herausgeber *Fritz Koegel,* den Steiner schon 1895 in Naumburg kennengelernt hatte. Steiner dementiert. Im «Lebensgang» äußert er rückblickend:

«Eine Zeitlang habe ich mit dem Herausgeber von Nietzsches Werken, Fritz Koegel, viel verkehrt. Manches auf die Nietzsche-Ausgabe Bezügliche haben wir durchgesprochen. Eine offizielle Stellung im Nietzsche-Archiv oder zur Nietzsche-Ausgabe habe ich nie gehabt. Als Frau Förster-Nietzsche mir eine solche anbieten wollte, führte gerade das zu Konflikten mit Fritz Koegel, die fortan mir jede Gemeinsamkeit mit dem Nietzsche-Archiv unmöglich machten» (636, 192).

Der Konflikt zwischen Steiner, Koegel und der Schwester Nietzsches erreicht seinen Höhepunkt im Dezember 1896, als diese hinter dem Rücken Koegels, mit dem sie sich offensichtlich zerstritten hat, Steiner an dessen Stelle setzen möchte. Eine Fülle von Briefen aus dieser Zeit belegt das *unglückliche Dreierverhältnis* dieser Personen und das Leiden Steiners unter dieser Situation. So klagt er am 10. Dezember seiner Geliebten, Anna Eunike, die inzwischen nach Berlin umgezogen ist, in einem Brief: «Die Dinge, die Frau Förster macht, sind einfach unerhört. Sie will mit den Menschen spielen, wie es ihr beliebt» (39, 306). Und am 14.12.: «Diese Frau ist imstande, das frivolste Spiel mit Menschenleben zu treiben, das auszudenken ist. Dabei dreht sie die Worte im Munde herum, sagt in einem Satze fünf Unwahrheiten, verletzt die Leute, maskiert ihre eigentlichen Absichten immer und spielt stets das unschuldig verfolgte Opfertier» (39, 308).

Trotz solcher Übertreibungen dürfte Steiners im Zorn geschriebene Charakterisierung doch ein Körnchen Wahrheit enthalten. Denn Jahre später werden Elisabeth Förster-Nietzsches *unlauteren Machenschaften,* etwa Fälschungen in den Schriften ihres Bruders, bekannt. Steiner hat solches lange vor anderen geahnt, da er Frau Förster-Nietzsche näher kennenlernte, als er ihr Privatstunden über die Philosophie ihres Bruders erteilte. Dabei bemerkte er – wie er sich im Jahre 1900 im «Magazin für Literatur» erinnert –, «daß Frau Förster-Nietzsche in allem, was die Lehre ihres Bruders angeht, vollständig Laie ist. Sie hat nicht über das Einfachste dieser Lehre irgend ein selbständiges Urteil (...) ihrem Denken wohnt auch nicht die geringste logische Folgerichtigkeit inne; es geht ihr jeder Sinn für Sachlichkeit und Objektivität ab» (zit. nach Wehr 1993, 117).

Ende 1896 will Steiner endgültig von Weimar weg. Seine Stimmung ist – vor allem wegen der Konflikte mit Suphan, Koegel und Frau Förster – auf dem *Tiefpunkt* angelangt. «Das Pulverfaß ist (...) voll», schreibt er an Anna Eunike. Und weiter: «... der Ekel über all das ist bei mir manchmal grenzenlos. Heute morgen traf ich auch noch Suphan auf der Straße. Ich tat anfangs so, als ob ich ihn nicht sehe (...) Sollte er doch noch einmal eine Aussprache mit mir suchen, dann wird er Dinge zu hören bekommen, die ihm lange in den Ohren klingen werden» (39, 297f.).

Aber wohin soll der Weg gehen? Spätestens seit 1895 spielt Steiner mit dem Gedanken, nach *Wien* zurückzukehren: «Prof. Müllner hat mir mitgeteilt, daß er für die Errichtung einer Lehrkanzel für Philosophie an der Wiener Technischen Hochschule wirkt und meine Berufung an dieselbe durchsetzen will», schreibt er am 27.5.1895 an seine Eltern und Geschwister, in deren Nähe er gerne sein möchte (39, 246). Aber aus der Berufung wird nichts. Die Unsicherheit geht nach der Beendigung der Tätigkeit im Goethe-Schiller-Archiv im Jahre 1897 weiter. Steiner muß sich mit Gelegenheitsarbeiten über Wasser halten. Sein Weg führt ihn nicht in den Süden: nach Wien, sondern weiter in den Norden: nach Berlin.

1897–1901: Erste Berliner Jahre

1897: Innerer Umschwung. Das Magazin für Literatur

Die Jahre von 1897 bis zur Jahrhundertwende sind für Steiner eine Zeit des inneren Umbruchs. Er nähert sich nun immer stärker seiner esoterischen Weltanschauung, die sich im 20. Jahrhundert zur Anthroposophie ausformen wird. Dabei nimmt er, wie wir aufzeigen konnten, zunächst zahlreiche Impulse früherer Denker – von Goethe bis Haeckel, von Lessing bis Nietzsche – auf. Was nun aber neu ist und sich – vermutlich unter dem Einfluß seiner früheren esoterischen Erfahrungen insbesondere in den Jahren 1868 und 1881 – zunehmend bewußt gestaltet, ist *das Hinausgehen über die rein gedankliche Erfassung übersinnlicher Wirklichkeiten zu ihrem konkreten Erleben.* Der Weg in diese Welt der Geistwesen hinein ist für Steiner nicht der gewöhnliche Spiritismus, sondern die *Meditation,* die er – unter Anknüpfung an fernöstliche und abendländisch-rosenkreuzerische Meditationspraktiken – später zu seinem eigenen anthroposophischen Erkenntnisweg ausgestaltet. Er schreibt:

«Was jetzt eintrat, war Meditieren als seelische Lebensnotwendigkeit. Und damit stand die *dritte Art* der Erkenntnis vor meinem Innern (neben der Erkenntnis durch Sinnesbeobachtung und inneres Denken; L. G.). Sie führte nicht nur in weitere Tiefen der geistigen Welt, sondern gewährte auch ein intimes Zusammenleben mit dieser (...) In einer solchen aus innerer geistiger Lebensnotwendigkeit geübten Meditation entwickelt sich immer mehr das Bewußtsein von einem 'inneren geistigen

Menschen', der in völliger Loslösung von dem physischen Organismus im Geistigen leben, wahrnehmen und sich bewegen kann. Dieser in sich selbständige geistige Mensch trat in meine Erfahrung unter dem Einfluß der Meditation» (636, 242f.).

Mit seinem immer esoterischer werdenden Denken wird Steiner von seiner Umwelt immer weniger verstanden. In der zweiten Hälfte der neunziger Jahre stellt sich ihm immer wieder die Frage: «*Muß man verstummen?*» Aber Steiner will «nicht 'verstummen', sondern so viel sagen, als zu sagen möglich» ist (636, 253).

Zu diesem Zweck übernimmt er am 1. Juli 1897 die Herausgabe und Redaktion des «*Magazins für Literatur*», das seit 1832 in Berlin erscheint und zeitweise das Organ der «Freien Literarischen Gesellschaft» ist. Unter den schnell wechselnden Redakteuren findet sich von 1897 bis zum September 1900 auch Rudolf Steiner, dem – gerade wegen seiner esoterischen Tendenzen, die bei der Leserschaft zunehmende Widerstände auslösen – der Dichter *Otto Erich Hartleben* als Mitherausgeber zur Seite gestellt wird. Steiner zieht nach Berlin – zunächst in eine eigene Wohnung in der Nähe der Potsdamer Brücke, bald darauf aber zu Anna Eunike, die schon seit einigen Monaten in Berlin-Friedenau ansässig geworden ist.

In seiner frühen Berliner Zeit führt er ein Doppelleben. Er schlüpft – wie er es später ausdrückt – in die «*Haut des Drachen*», nämlich des *Materialismus* und einer veräußerlichten Existenz – eine Lebensart, die ihm völlig widerstrebt und ihn in manche innere Krisen bringt. «Das Esoterische sollte ins Exoterische abgelenkt werden» (636, 277). Das geschieht insbesondere durch den Umgang, den er als Herausgeber des «Magazins für Literatur» hat. Gerhard Wehr berichtet darüber:

«Der 'Philosoph der Freiheit' ist unter die Allzufreien und Vogelfreien, in die Nachbarschaft von Anarchisten und Utopisten, Nachtschwärmern und Alkoholikern, in die Nähe von Randexistenzen recht unterschiedlicher Couleur geraten (...) Dazu kommt freilich auch, daß Freund Otto Erich Hartleben als Mitredakteur, wenn er nicht gerade in Italien weilt, statt am Schreibtisch, viel lieber am 'Verbrechertisch' nächtigt. So nennt man den Stammplatz in der Kneipe 'Der stramme Hund' in der Dorotheenstraße. Steiner ist mit von der Partie. Und die Atmosphäre in der von Rauch- und Bierdünsten vernebelten Berliner Kneipe ist eine ganz andere als etwa im Wiener Café Griensteidl» (Wehr 1993, 140).

1898: John Henry Mackays Anarchismus. Spirituelle Gefährdung

Anstoß und Anfechtung zugleich ist für Steiner insbesondere die Begegnung mit *John Henry Mackay,* dem Autor des Romans *«Die Anarchisten».* Mackay, der im Jahre 1898 nach Berlin gezogen ist und rasch mit Steiner Freundschaft schließt, knüpft als Herausgeber von Werken Max Stirners an diesen an und bezeichnet seine eigene Philosophie als *«individualistischen Anarchismus».* Kernpunkt dieser Lehre ist die Vorstellung vom guten, sich selbst bestimmenden Menschen nach der Art Rousseaus, der keinen Gott und Gesetzgeber über sich braucht, sondern aus den Kräften seiner eigenen Natur heraus ein harmonisches Zusammenleben und somit eine ideale Gesellschaft ermöglicht. Im Unterschied zu späteren Anarchisten – etwa Bakunin – lehnt Mackay die Anwendung von Gewalt ab.

Auch Steiner besitzt dieses optimistische Vertrauen in das von Natur aus «gute» Wesen des Menschen. Aber er unterscheidet sich von Mackay darin, daß er seinen ethischen Individualismus rein auf das *Innenleben* des Menschen beziehen möchte:

«Das Schicksal hatte nun mein Erlebnis mit J. H. Mackay und mit Stirner so gewendet, daß ich auch da untertauchen mußte in eine Gedankenwelt, die mir zur *geistigen Prüfung* wurde. Mein ethischer Individualismus war als reines Innen-Erleben des Menschen empfunden. Mir lag ganz fern, als ich ihn ausbildete, ihn zur Grundlage einer politischen Anschauung zu machen. Damals nun, um 1898, sollte meine Seele mit dem rein ethischen Individualismus in eine Art Abgrund gerissen werden. Er

sollte aus einem rein-menschlich Innerlichen zu etwas Äußer-
lichem gemacht werden.» Und an dieser Stelle folgt der bereits
zitierte Satz: «Das Esoterische sollte ins Exoterische abgelenkt
werden» (636, 277).

Wie Johannes Hemleben feststellt, ist die Zeit der Freundschaft mit Mackay «auch zugleich die Zeit der zugespitzten und
aggressiven Formulierungen Steiners im Sinne einer absoluten
Autonomie des freien Menschen und der Ablehnung jeglicher
äußeren Autorität. In dieser Zeit war er im spirituellen Sinne
gefährdet» (Hemleben 1983, 72).

Außer mit Mackay ergeben sich zahlreiche weitere Begegnungen mit Literaten, Künstlern und Philosophen in Berlin,
z.B. mit dem Goethe-Forscher *Hermann Grimm* und dem
Schriftsteller *Ludwig Jacobowski,* der bis zu seinem Tod im
Jahre 1900 den Literaten-Club «Die Kommenden» leitet. In
diesem Club taucht eines Tages der junge Dichter *Stefan Zweig*
auf, der Steiner in seiner frühen Berliner Zeit wie folgt por-
trätiert:

«In seinen dunklen Augen wohnte eine hypnotische Kraft,
und ich hörte ihm besser und kritischer zu, wenn ich nicht auf
ihn blickte, denn sein asketisch-hageres, von geistiger Leidenschaft gezeichnetes Antlitz war wohl angetan, nicht nur auf
Frauen überzeugend zu wirken (...) Einem Mann solcher ma-
gnetischen Kraft gerade auf jener frühen Stufe zu begegnen, wo
er noch freundschaftlich undogmatisch sich Jüngeren mitteilte,
war für mich ein unschätzbarer Gewinn» (zit. nach Wehr 1993,
144).

1899: Arbeiter-Bildungsschule Berlin.
Ehe mit Anna Eunike

Im Januar 1899 nimmt Steiner eine Lehrtätigkeit an der von
dem Sozialdemokraten Wilhelm Liebknecht gegründeten
Arbeiter-Bildungsschule Berlin auf. Zumeist in den Abend-
stunden hält er Vorträge über deutsche Geschichte, Literatur
und Rhetorik, um den Bildungsstand des Proletariats zu heben.

Diese Tätigkeit bekleidet er bis zum Jahre 1904, also bis in seine theosophische Zeit hinein.

Daß die Zusammenarbeit mit den damals stark vom marxistischen Materialismus geprägten Berliner Sozialdemokraten nur eine zeitweilige sein kann, liegt auf der Hand. Steiners esoterisch-spirituellen Vorstellungen führen trotz seiner weitgehenden Zurückhaltung am Ende doch zum Bruch. Zunächst allerdings läßt man ihm freie Hand. Steiner berichtet:

«Ich ging (...) von einer auch für meine Zuhörer zu begreifenden Wahrheit aus. Ich zeigte, wie bis zum sechzehnten Jahrhundert von einer Herrschaft der wirtschaftlichen Kräfte, so wie dies Marx tut, zu sprechen, ein Unding sei. Wie vom sechzehnten Jahrhundert an die Wirtschaft erst in Verhältnisse einrückt, die man marxistisch fassen kann; wie dieser Vorgang dann im neunzehnten Jahrhundert seinen Höhepunkt erlangt. So war es möglich, für die vorangehenden Zeitalter der Geschichte die ideell-geistigen Impulse ganz sachgemäß zu besprechen und zu zeigen, wie diese in der neuesten Zeit schwach geworden sind gegenüber den materiell-wirtschaftlichen (...) Dabei polemisch gegen den Materialismus zu werden, hätte gar keinen Sinn gehabt; ich mußte aus dem Materialismus heraus den Idealismus erstehen lassen ...

Die 'Führer' der Arbeiterschaft bekümmerten sich zunächst gar nicht um die Schule. Und so hatte ich völlig freie Hand (...) Als später die 'Führer' von meiner Art Wirken erfuhren, da wurde es von ihnen angefochten (...) Mir wurde die Tätigkeit allmählich so erschwert, daß ich sie bald, nachdem ich anthroposophisch zu wirken begonnen hatte, fallen ließ» (636, 280ff.)

So ist deutlich, daß – ebenso wie das «Magazin für Literatur» – auch die Arbeiter-Bildungsschule nicht das Forum darstellen kann, das er sich zur Weitergabe seiner inneren Erkenntnisse eigentlich gewünscht hätte. Dieses Forum, diese «Tribüne» wird er erst im Herbst 1900 in Gestalt der Berliner Theosophischen Gesellschaft entdecken.

Doch zuvor – am 31.10.1899 – findet in Berlin-Friedenau die standesamtliche *Trauung mit Anna Eunike* statt. Mackay ist Trauzeuge. Steiner berichtet im «Lebensgang» mit dürren, geradezu kühlen Worten davon: «Die Freundschaft mit Frau Eunike wurde bald darauf in eine bürgerliche Ehe umgewandelt. Nur dieses sei über unsere Privatverhältnisse gesagt» (636, 278).

Warum schweigt Steiner im «Lebensgang» weitgehend im Blick auf seine erste Frau? Sicher nicht nur deshalb, weil «Privatverhältnisse nicht in die Öffentlichkeit» gehören und sein «geistiger Werdegang (...) ganz und gar unabhängig von allen Privatverhältnissen» ist (a.a.O.). Der ausschlaggebende Grund dürfte vielmehr darin liegen, daß die Ehe mit Anna Steiner geb. Eunike nach dem Kennenlernen seiner späteren zweiten Frau, Marie von Sivers, im Herbst 1900 bald nur noch auf dem Papier bestehen wird. Das bestätigt der immer unterkühlter werdende und ab Juni 1904 ganz abbrechende Briefwechsel zwischen Anna und Rudolf Steiner überdeutlich.

Die – nicht unbegründete – Eifersucht Annas zeigt sich z.B. im Juli 1903, als sich Rudolf zusammen mit Marie von Sivers auf einem Theosophischen Kongreß in London befindet. Deshalb beteuert er in einem Brief vom 7.7.1903: «Ich weiß, daß Du allerlei siehst, was gar nicht vorhanden ist. Und ich weiß auch, daß es mir jetzt nicht viel hilft, wenn ich Dich zu beruhigen suche. Das wird gewiß in kurzer Zeit wieder anders werden. Du wirst einsehen, daß ich Dich lieb, sehr lieb habe, wie früher» (39, 428).

Doch diese schönen Worte trügen. Der Hauptgrund für das Auseinanderleben von Rudolf und Anna Steiner dürfte wohl darin liegen, daß diese zu wenig Verständnis für die theosophische Tätigkeit ihres Mannes aufbringt, während Marie von Sivers voll in der Theosophischen Gesellschaft mitarbeitet. Das geht etwa aus dem Brief Steiners an Anna vom 14.2.1904 hervor:

«Ich habe mich der Theosophie zugewandt, weil sie mir immer in der Seele und im Blute steckte. Und ich weiß, daß ich erst in ihr an den rechten Platz gestellt werden könnte. Aber nun hast Du alles so mißverstanden» (39, 434).

Anna hat ihn aber keineswegs mißverstanden! Und so kommt es zur Trennung. «Diese Ehe ist – entgegen anderen unzutreffenden Aussagen – nie geschieden worden. Nach einer Trennung von Steiner durch mehrere Jahre starb Anna Steiner-Eunike am 19. März 1911» (Hemleben 1983, 73).

Doch wir sind weit vorausgeeilt. Wie es zum Kontakt Steiners mit den Berliner Theosophen (bei denen er Marie von Sivers kennenlernt) kommt, betrachten wir im nächsten Kapitel.

1900–1901: Kontakt mit Berliner Theosophen. Das «geistige Gestanden-Haben vor dem Mysterium von Golgatha». Die Geburt der Anthroposophie

Im Jahr 1899 veröffentlichte Steiner einen Aufsatz mit dem Titel *«Goethes geheime Offenbarung»* im «Magazin für Literatur». Darin legte er Goethes «Märchen von der grünen Schlange und der schönen Lilie» aus. Dieser Aufsatz – so bemerkt er – war «noch wenig esoterisch», aber er befand sich mit ihm «im Vorhof der Esoterik». Im Jahre 1900 nun tritt er endgültig in den Hof der Esoterik ein.

Am 13.9.1900 hält er einen Vortrag über *«Die Persönlichkeit Nietzsches»* im Club der «Kommenden», eine Gedächtnisrede auf den am 25. August verstorbenen Philosophen. Daraufhin wird er gebeten, diesen Vortrag eine Woche später noch einmal zu halten – und zwar in der Wohnung von *Cay Lorenz Graf von Brockdorff* und *Sophie Gräfin von Brockdorff* in der Kaiser-Friedrich-Straße 54a, nahe dem Bahnhof Berlin-Charlottenburg, wo sich die Bibliothek der *Berliner Theosophischen Gesellschaft* befindet. Rudolf Steiner wird dort nun ein regelmäßiger Gast und zwei Jahre darauf sogar Generalsekretär der Deutschen Sektion der Theosophischen Gesellschaft.

Wie ist das zu verstehen, nachdem er sich z.B. 1897 im «Magazin für Literatur» über Theosophen noch folgendermassen geäußert hatte: «Die Art, wie sie von den höchsten Erkenntnissen sprechen, die sie nicht haben, die mystische Weise, in der sie unverstandene fremde Weisheit vorbringen, wirkt verführend auf nicht wenige Zeitgenossen» (Magazin für Literatur 66/1897, 1066)?

Die Erklärung dürfte zunächst darin zu sehen sein, daß Steiner mit manchen Lehren der von Blavatsky geprägten Theosophen, vor allem mit der Art ihres Zugangs zu übersinnlichen Welten, nicht einverstanden ist. Aber dennoch begegnet ihm in der Berliner Theosophischen Gesellschaft erstmals ein Publikum, das sich für Lehren geistiger, übersinnlicher Art aufgeschlossen zeigt, die sich auch Steiner offensichtlich inzwischen innerlich errungen hat. Nur so lassen sich folgende Ausführungen über seine ersten Erfahrungen im Hause Brockdorff erklären:

Beim Vortrag über Nietzsche «bemerkte ich, daß innerhalb der Zuhörerschaft Persönlichkeiten mit großem Interesse für die Geistwelt waren. Ich schlug daher, als man mich aufforderte, einen zweiten Vortrag zu halten, das Thema vor: 'Goethes geheime Offenbarung'. Und in *diesem* Vortrag wurde ich in Anknüpfung an das Märchen ganz esoterisch. Es war ein wichtiges Erlebnis für mich, in Worten, die aus der Geistwelt heraus geprägt waren, sprechen zu können, nachdem ich bisher in meiner Berliner Zeit durch die Verhältnisse gezwungen war, das Geistige nur durch meine Darstellungen leuchten zu lassen ...

Nun waren Brockdorffs die Leiter eines Zweiges der 'Theosophischen Gesellschaft', die von Blavatsky begründet worden war. Was ich in Anknüpfung an das Märchen Goethes gesagt hatte, führte dazu, daß Brockdorffs mich einluden, vor den mit ihnen verbundenen Mitgliedern der 'Theosophischen Gesellschaft' regelmäßig Vorträge zu halten. Ich erklärte, daß ich aber nur über das sprechen könnte, was in mir als Geisteswissenschaft lebt. Ich konnte auch wirklich von nichts anderem sprechen. Denn von der von der 'Theosophischen Gesellschaft' ausgehenden Literatur war mir sehr wenig bekannt» (636, 294).

Und so hält Steiner vom 6.10.1900 bis zum 27.4.1901 insgesamt 27 Vorträge über die abendländische mittelalterliche Mystik in der Brockdorffschen Bibliothek. In der Einleitung zur 1901 besorgten Buchausgabe unter dem Titel «*Die Mystik im Aufgange des neuzeitlichen Geisteslebens und ihr Verhältnis zur modernen Weltanschauung*» bemerkt er: «Diese Ideenwelt ist schon ganz in meiner 'Philosophie der Freiheit' enthalten. Um aber diese Ideenwelt *so* auszusprechen, wie ich es heute tue, und sie so zur Grundlage einer Betrachtung zu machen, wie es in dieser Schrift geschieht, dazu gehört noch etwas ganz anderes, als von ihrer gedanklichen Wahrheit felsenfest überzeugt zu sein. Dazu gehört ein intimer Umgang mit dieser Ideenwelt, wie ihn nur viele Jahre des Lebens bringen können. Erst jetzt, nachdem ich diesen Umgang genossen habe, wage ich, so zu sprechen, wie man es in dieser Schrift wahrnehmen wird» (623, 11).

Neben seiner Ablehnung des gewöhnlichen Spiritismus, wie er ihm bei Blavatsky begegnet, wird die Anknüpfung an das abendländische und auch das christliche Denken für ihn ein Hauptunterschied zu den mehr fernöstlich, vom Buddhismus und Brahmanismus beeinflußten Theosophen bleiben und schließlich zur Trennung von diesen führen. Und so hält er ein Jahr später – vom 5.10.1901 bis zum 22.3.1902 – im Brockdorffschen Kreis 18 Vorträge über das «*Christentum als mystische Tatsache*», die er 1902 zusammengefaßt im Druck erscheinen läßt.

Hat jetzt ein Wandel stattgefunden von dem monistisch-atheistisch argumentierenden Anhänger Haeckels und Nietzsches zum Künder höherer Welten oder gar zum Christen? Steiner selber behauptet immer wieder die *Kontinuität* seiner Ansichten, gesteht allerdings – wie in obigem Zitat – einen *Erkenntnisfortschritt* durchaus zu. Das Wesentliche in seiner Entwicklung ist nach seiner Selbstaussage ein nicht genau datierbares Ereignis, das aber um die Jahrhundertwende herum eingetreten sein muß und das von ihm als das «*geistige Gestandenhaben vor dem Mysterium von Golgatha*» bezeichnet wird. Im berühmten 26. Kapitel seines «Lebensgangs» erwähnt er dies und definiert das Christentum, wie er es versteht. Wegen der Wichtigkeit dieser Aussagen für das Verständnis der «Christosophie» Steiners sei daraus ausführlich zitiert:

«In Widerspruch zu den Darstellungen, die ich später vom Christentum gegeben habe, scheinen einzelne Behauptungen zu stehen, die ich damals (sc. vor der Jahrhundertwende) niedergeschrieben und in Vorträgen ausgesprochen habe. Dabei

kommt das folgende in Betracht. Ich hatte, wenn ich in dieser
Zeit das Wort 'Christentum' schrieb, die Jenseitslehre im Sinne, die in den christlichen Bekenntnissen wirkte. Aller Inhalt
des religiösen Erlebens verwies auf eine Geistwelt, die für den
Menschen in der Entfaltung seiner Geisteskräfte nicht zu erreichen sein soll. Was Religion zu sagen habe, was sie als sittliche
Gebote zu geben habe, stammt aus Offenbarungen, die von
außen zum Menschen kommen. Dagegen wendete sich meine
Geistanschauung, die die Geistwelt genau wie die sinnenfälli-
ge im Wahrnehmbaren am Menschen und in der Natur erleben
wollte. Dagegen wendete sich auch mein ethischer Individualismus, der das sittliche Leben nicht von außen durch Gebote
gehalten, sondern aus der Entfaltung des seelisch-geistigen
Menschenwesens, in dem das Göttliche lebt, hervorgehen lassen wollte.

Was damals im Anschauen des Christentums in meiner Seele
vorging, war eine starke Prüfung für mich. Die Zeit von meinem Abschiede von meiner Weimarer Zeit bis zu der Aus-
arbeitung meines Buches: 'Das Christentum als mystische
Tatsache' ist von dieser Prüfung ausgefüllt ...

Ich fand das Christentum, das ich suchen mußte, nirgends in
den Bekenntnissen vorhanden. Ich mußte mich, nachdem die
Prüfungszeit mich harten Seelenkämpfen ausgesetzt hatte, selber in das Christentum versenken, und zwar in der Welt, in der
das Geistige darüber spricht (...) Was im 'Christentum als mystische Tatsache' an Geist-Erkenntnis gewonnen ist, das ist aus
der Geistwelt selbst unmittelbar herausgeholt (...) Auf das geistige Gestanden-Haben vor dem Mysterium von Golgatha in
innerster ernstester Erkenntnis-Feier kam es bei meiner Seelen-
Entwickelung an» (636, 270ff.).

Welcher Christus ist es nun, den Steiner «bekennt»? Offensichtlich nicht der Christus, wie ihn die in ihrem Literalsinn und
Gesamtzusammenhang verstandene Bibel und die daraus zu-
sammengefaßten kirchlichen Bekenntnisse lehren. *Klaus von
Stieglitz* hat in seiner Dissertation über *«Die Christosophie
Rudolf Steiners»* die Andersartigkeit des Steinerschen Christusverständnisses nachgewiesen:

«Steiner bleibt auch in der erweiterten, vergeistigten Welt Monist. Er holt sich ein Christus-Prinzip in diese Welt herein; daß Glaube an Christus gerade Glaube an eine *andere* Wirklichkeit als die unsere ist, bleibt ihm verschlossen (...) Steiner bildet sich in jenem 'Gestanden-Haben vor dem Mysterium von Golgatha' (...) eine Christus-Anschauung, die sich ihm als Schau des Christus darstellt. Steiner fügt in seine Weltanschauung eine Christus-Anschauung ein, indem er die weltanschaulichen Fragen durch die Verbindung mit dem Christus löst, indem er seine Philosophie in seiner Christosophie historisiert. Der Christus erhält bei Steiner seine Bedeutung und Funktion von den an ihn herangetragenen Fragen her. Steiners Christosophie ist Christus-Anschauung vom Menschen her. Sie trägt nicht die Kennzeichen der Offenbarung» (v. Stieglitz 1955, 238f.)

Auf die Steinersche Christosophie gehe ich näher im Teil über die Lehre ein.

Indem Steiner um die Jahrhundertwende in den «Hof der Esoterik» tritt, vollzieht er den entscheidenden Schritt zur Ausbildung der anthroposophischen Weltanschauung hin, die zunächst unter dem Dach der Theosophischen Gesellschaft erfolgt. Obwohl er immer wieder seine innere Unabhängigkeit von der Theosophie Blavatskys betont, sind doch viele Gemeinsamkeiten vorhanden, die nicht übersehen werden können. Man denke etwa nur an die Lehren von der Kosmogonie, den unsichtbaren Leibern des Menschen, seinen übersinnlichen Fähigkeiten, der Evolution, der Reinkarnation und ähnliches.

Daß sich morgen- und abendländische Esoterik trotz mancher äußerer Unterschiede im Kern doch berühren, beruht auf der Tatsache, daß sie aus der gleichen Wurzel stammen: aus dem Abgrund dämonischer Inspiration. Auch Steiner verschließt sich gegen fernöstliche esoterische Lehren nicht prinzipiell. Er versucht nur, dem westlichen Menschen die Esoterik mit westlichen Mitteln und von westlichen Denkern her nahezubringen, die in der Esoterik zu Hause waren und von denen es mehr als genug gibt. Daneben verwendet er in seinen ersten Schriften als Generalsekretär der Theosophischen Gesellschaft ab 1902 durchaus noch aus dem indischen Sprachraum stammende Anschauungen und Bezeichnungen, z.B. «Deva», «Chakram», «Manas», «Buddhi», «Atma» usw., die er später durch eine deutsche Terminologie ersetzt.

So erfolgt – wie Guenther Wachsmuth richtig feststellt – bereits um die Jahrhundertwende *«die Geburt der Anthroposophie»* – zwei Jahre, bevor Steiner diesen Begriff zum ersten Mal öffentlich benutzt. Wachsmuth schreibt:

«Das Jahr 1900 brachte die Geburt der ‹Anthroposophie› für die Menschheit (...) Drei Strömungen waren es (...), die Rudolf Steiner damals an der Jahrhundertwende aus dem Versinken im Unbewußten des menschlichen Wesens errettete: die Gaben der großen Gestalten des *deutschen Idealismus,* die durch die Jahrhunderte nicht versiegten Quellen eines *esoterischen Christentums,* die geistgesättigte Naturerkenntnis eines vom 19. Jahrhundert durch die Dogmen des Materialismus mit Verdrängung bedrohten und doch die Zukunftskeime in sich tragenden wahren *Goetheanismus»* (Wachsmuth 1951, 12+14).

1902–1912: Generalsekretär der deutschen Theosophischen Gesellschaft

1902: Eintritt in die Theosophische Gesellschaft. «Das Christentum als mystische Tatsache»

Am 17.1.1902 wird Rudolf Steiner *Mitglied* der seit 1894 bestehenden Theosophischen Gesellschaft in Berlin-Charlottenburg, am 20. Oktober *Generalsekretär* der Deutschen Sektion. Seine Mitarbeit macht er von drei Bedingungen abhängig: Erstens, daß er – wie schon erwähnt – nur die Ergebnisse seines «eigenen forschenden Schauens vorbringen werde», auch wenn es – vor allem unter den englischen Theosophen – einiges gab, «an das man würdig anknüpfen durfte» (636, 294+308). Zweitens, daß er die Freiheit erhält, «an den abendländischen Okkultismus und ausschließlich an diesen (...) an Plato, an Goethe und so weiter» anzuknüpfen (zit. nach Wehr 1993, 164). Und drittens, daß ihm ein Mensch zur Seite gestellt wird, der seine Ansichten teilt und ihn unterstützt. Dieser Mensch ist die wohlhabende baltendeutsche Schauspielerin *Marie von Sivers,* seine spätere zweite Frau, die er im Spätherbst 1900 in der Bibliothek des Grafen Brockdorff kennengelernt hat: «Wenn sie mitmacht, kann man es wagen» (zit. nach Wehr 1993, 164).
    Im Juli 1902 fahren Rudolf Steiner und Marie von Sivers zum Kongreß der Internationalen Theosophischen Gesellschaft Adyar nach London, um deren Präsident *Henry Steel Olcott* und seine spätere Nachfolgerin *Annie Besant* kennenzulernen.

Sie benötigen von Olcott eine Stiftungsurkunde, damit die
Deutsche Sektion der Theosophischen Gesellschaft unter in-
ternationaler Anerkennung ihre Arbeit aufnehmen kann. Am
20. Oktober überreicht Annie Besant die von Olcott unter-
schriebene Stiftungs- und Ernennungsurkunde zum Generalsekretär an Rudolf Steiner in Berlin. Marie von Sivers wird seine
Sekretärin. Rund fünfzig Delegierte aus zehn theosophischen
Logen Deutschlands und der Schweiz sind anwesend.

Im Zusammenhang mit dieser Gründungsversammlung der
Deutschen Sektion der Theosophischen Gesellschaft findet
sich ein bemerkenswertes Faktum, auf das z.B. Gerhard Wehr
aufmerksam macht. Es ist die Tatsache, «daß der soeben zum
Generalsekretär berufene Rudolf Steiner die noch im Gang befindliche Gründungsveranstaltung für kurze Zeit verläßt, um
im Klub der 'Kommenden' den ebenfalls für diesen Tag ver-
einbarten dritten Vortrag der Reihe *Von Zarathustra zu Nietzsche* mit dem Untertitel *eine Anthroposophie* zu halten,
während Marie von Sivers die stattliche Anzahl der Gäste in ihrer Wohnung bewirtet (...) durch diesen 'anthroposophischen'
Vortrag ist signalisiert, daß Rudolf Steiner gesonnen ist, aus
dem ihm zugänglichen eigenen Erkenntnisgut zu schöpfen»
(Wehr 1993, 170).

Dennoch lassen sich Rudolf Steiner und Marie von Sivers
von Annie Besant in die von Helena Petrovna Blavatsky ge-
gründete *Esoterische Schule* der Adyar Theosophischen Gesellschaft einführen. Es ist der enge Kreis derer, die – wie Wehr
es formuliert – an ihrer «Selbstverwirklichung» arbeiten und
sich in den Dienst der «großen spirituellen Menschheitsaufgabe» stellen – eine Art Geheimbund nach freimaurerischem
Vorbild. Ab 1904 wird Steiner selber eine leitende Funktion
innerhalb der «Esoterischen Schule» einnehmen und ab 1905
«esoterische Stunden» halten (vgl. Wehr 1993, 171). Der *Auf-
nahme-Eid,* den neue Mitglieder zu leisten haben, lautet wie
folgt (in der von Annie Besant formulierten Fassung):

«1. Ich beherzige die 3 Zwecke der Theosophischen Gesell-
    schaft (siehe das unter dem Jahr 1888 Ausgeführte; L. G.).

2. Ich bin überzeugt von der Wahrheit der Hauptlehren der esoterischen Philosophie, d.h. der Existenz einer Einheit, von der alles abstammt, dem Gesetz der Periodizität, der Identität des Geistes im Menschen mit dem universellen Geist, der Reinkarnation, des Karma, der Existenz einer Großen Bruderschaft.

3. Ich wünsche Mitglied der Esoterischen Schule zu werden, um mein Leben zu reinigen und zu vergeistigen, um ein nützlicher Diener der Menschheit zu werden.

4. Ich halte es für erwiesen, daß Helena Petrovna Blavatsky im Besitz eines Wissens ist, welches ihre Mission als Abgesandter der Großen Bruderschaft bescheinigt, und daß diese Schule, die sie gegründet hat, daher unter dem Schutz der Großen Bruderschaft steht.

5. Ich anerkenne Annie Besant als ihren Nachfolger als Chef dieser Schule unter der Leitung der Meister und als ihren Abgesandten, den sie ernannt haben, um die Ziele zu erreichen» (Miers 1986, 135).

Die Mitglieder der *«Großen Bruderschaft»,* die *«Meister»* oder *«Mahatmas»,* deren «Schutz» sich auch Steiner nun unterstellt, sind laut dem Lexikon des Geheimwissens «die unbekannten und anonymen Autoritäten, auf die sich okkulte Bewegungen seit Gründung der Adyar-T(heosophischen) G(esellschaft) beziehen, um ihre Lehren zu rechtfertigen (...) Zur Zeit von H. P. Blavatsky wurde behauptet, die Meister wohnten in Shigatse in Tibet; dorthin gerichtete Expeditionen hatten jedoch keinen Erfolg. Danach wurde erklärt, die Meister hätten normalerweise ja nicht den Körper eines Menschen und wären außerdem nur dem hellsichtigen Auge zu erkennen. Höchstes Ziel des Theosophen, der der E(soterischen) S(chule) angehört, ist es, mit einem Meister in mentalen oder gar persönlichen Kontakt zu kommen und als Schüler angenommen zu werden ...

Nach Blavatskys Erklärungen haben die M(eister) eine fast göttl(iche) Einsicht und Macht; sie können die Gedanken aller Menschen lesen und sie in jeder beliebigen Entfernung beeinflussen, können materielle Gegenstände in ihre Bestandteile auflösen und an anderen Orten die Gegenstände wieder herstellen, Naturerscheinungen willkürlich hervorrufen, ihre Seele kann den Körper verlassen und mit Blitzesschnelle an jedem Ort auf der Erde oder außerhalb unseres Planeten einige Zeit verweilen» (Miers 1986, 274ff.).

Daß es sich bei solchen «Meistern» – soweit kein Betrug vorliegt – um *Dämonen* oder *dämonisch inspirierte Menschen* handelt, geht aus der Bibel deutlich hervor. Sie beschreibt die Dämonen als Geister, die unter Leitung Satans im Luftraum unter dem Himmel herrschen und eine Vielzahl von übernatürlichen Erscheinungen hervorbringen können. So heißt es in Epheser 2,2: *«Ihr habt früher gelebt nach der Art dieser Welt unter dem Mächtigen, der in der Luft herrscht, nämlich dem Geist, der zu dieser Zeit am Werk ist unter den Kindern des Ungehorsams.»* In Epheser 6,12 wird betont: *«Wir haben nicht mit Fleisch und Blut zu kämpfen, sondern mit Mächtigen und Gewaltigen, nämlich mit den Herren der Welt, die in dieser Finsternis herrschen, mit den bösen Geistern unter dem Himmel.»* Und Jesus Christus warnt seine Gemeinde: *«Es werden viele falsche Christusse und falsche Propheten auftreten und große Zeichen und Wunder tun, so daß sie, wenn es möglich wäre, auch die Auserwählten verführen»* (Matth. 24,24).

Doch Steiner geht den Weg in die Finsternis hinein unbeirrt weiter. Bereits einige Tage vor der Gründungsversammlung der Deutschen Sektion bekennt er sich öffentlich vor einem nicht-theosophischen Publikum zu seiner neuen Weltanschauung. Ausgerechnet auf Einladung des mit Ernst Haeckel sympathisierenden *Giordano-Bruno-Bundes* hält er am 8.10.1902 in Berlin einen Vortrag über das Thema *«Monismus und Theosophie»*. In diesem Vortrag, der – wie er später sagt – «der Ausgangspunkt meiner anthroposophischen Tätigkeit geworden ist» (636, 289), entwickelt er seine Vorstellung eines auf spiritueller Grundlage beruhenden Monismus. Über die Reaktionen auf seine Ausführungen berichtet Johannes Hemleben:

«Dieser Vortrag wirkte gleich einer Explosion. Das war für die guten Leute, die aus Haeckels ʽWelträtselnʼ sich einen gutbürgerlichen Monismus als Weltanschauung zurechtgezimmert hatten, in dem die Einheit auf Kosten des geistigen Reichtums der Welt gewonnen war, zu viel. Ein Monismus, der die materielle *und* geistige Seite der Welt gleichermaßen anerkannte, ging über den Horizont der meisten Hörer. Diesem 'Sprengstoff' der Idee waren sie nicht gewachsen. Da stand nun Rudolf Steiner im Kreise so vieler ihm menschlich verbundener Freunde wieder völlig allein» (Hemleben 1983, 76).

Noch im gleichen Jahr 1902 läßt Steiner die bereits erwähnten Vorträge zum Thema *«Das Christentum als mystische Tatsache und die Mysterien des Altertums»* zusammengefaßt in Buchform erscheinen. An anderer Stelle bin ich ausführlich auf dieses Werk eingegangen und habe eine Beurteilung vorgenommen (Gassmann 1993, 130ff.+190ff.). Hier sei nur so viel gesagt:

Steiner versucht, das Christentum, wie er es interpretiert, und altheidnische Mysterienreligionen miteinander zu verbinden. In dem «Christus Jesus» sei das, was sich jahrtausendelang in den Mysterientempeln zugetragen habe, nämlich das Eindringen in die übersinnlichen Welten, in einzigartiger Weise historisches Ereignis geworden. *Das Leben Jesu sei eine Wiederholung der Tempelrituale* (z.B. des «Stirb und werde») *in verkürzter Gestalt.* «Etwas, was also Mysterienvorgang in der alten Weisheitsentwicklung war: das wird durch das Christentum zur historischen Tatsache. Dadurch wurde das Christentum die Erfüllung nicht nur dessen, was die jüdischen Propheten vorhergesagt hatten; sondern es wurde auch die Erfüllung dessen, was die Mysterien vorhergebildet hatten. Das Kreuz auf Golgatha ist der in eine Tatsache zusammengezogene Mysterienkult des Altertums» (619, 164f.).

Aber gerade das ist es <u>*nicht!*</u> In der Heiligen Schrift findet sich durchgehend die radikale Abgrenzung des jüdisch-christlichen Gottesglaubens von fremdreligiösen, heidnischen Systemen, Praktiken und Einweihungswegen, wie jeder unbefangene Bibelleser leicht feststellen kann. Es sei nur an 2. Mose 20,2f., 5. Mose 18,9ff., 2. Kön. 23,24f., Röm. 1,21ff., 1. Kor. 10,20f., 2. Kor. 6,14ff. und viele ähnliche Stellen erinnert.

Das Kreuz von Golgatha ist nicht der Gipfelpunkt heidnischer Mysterienweisheit, sondern der schroffe Gegensatz dazu! Nicht umsonst betont der Apostel Paulus: *«Das Wort vom Kreuz ist eine Torheit denen, die verloren gehen; uns aber, die wir selig werden, ist es eine Gotteskraft»* (1. Kor. 1,18).

1903: «Lucifer-Gnosis»

Im Juni 1903 gibt Rudolf Steiner die erste Nummer der Monatsschrift «Luzifer» heraus, die – ab Januar 1904 mit dem von Wiener Theosophen initiierten Blatt «Gnosis» zu einer *«Lucifer-Gnosis»* vereinigt – bis Mai 1908 erscheint. In ihr druckt er seine späteren Bücher «Wie erlangt man Erkenntnisse der höheren Welten?» und «Aus der Akasha-Chronik» in Fortsetzungen ab. Obwohl es bereits vor «Luzifer» eine deutsche theosophische Zeitschrift, nämlich den in Leipzig erschienenen «Vâhan», gab, sieht Steiner die Herausgabe eines eigenen Blattes für notwendig an, um seine besonderen Erkenntnisse darzustellen. Als seine Vortragstätigkeit jedoch immer größere Ausmaße erreicht, muß er das Erscheinen der «Lucifer-Gnosis» einstellen, da die Herstellung – vom Schreiben bis zur Auslieferung – im wesentlichen von ihm selbst gemeinsam mit Marie von Sivers besorgt wurde.

Daß Steiner für seine theosophische Zeitschrift den Titel «Luzifer» wählt, läßt jeden bibelkundigen Christen aufmerken und erschrecken, ist doch «Luzifer» nichts anderes als eine Bezeichnung für den von Gott abgefallenen «Engel des Lichts»: *Satan.* In 2. Korinther 11,14 lesen wir: «Er selbst, der Satan, verstellt sich als Engel des Lichts. Darum ist es nichts Großes, wenn sich auch seine Diener verstellen als Diener der Gerechtigkeit.»

Steiner wehrt sich gegen diese Deutung. Für ihn ist «Luzifer» nichts anderes als ein Symbol der Weisheit: «Das bedeutsame Symbol der Weisheit, die uns durch Forschung gegeben wird, ist Luzifer, zu deutsch der Träger des Lichtes. Kinder des Luzifer sind alle, die nach Erkenntnis, nach Weisheit streben», schreibt er in der ersten Nummer seiner neuen Zeitschrift im Juni 1903 (zit. nach Wachsmuth 1951, 31). Von daher erklärt sich auch die Zusammenstellung mit «Gnosis», dem Streben nach übersinnlicher Erkenntnis.

Ist aber wirklich alles so harmlos, wie Steiner es darstellt? Keineswegs! Zunächst ist festzuhalten, daß Steiner den Begriff «Luzifer» nur deshalb in seiner eigenwilligen Deutung benutzen kann, weil er gar nicht an die Existenz eines wirklichen Satans im biblischen Sinne glaubt! So geht er rein von der grammatikalischen Bedeutung «Lichtträger» aus, ohne die biblischen inhaltlichen Implikationen dieses Wortes zu berücksichtigen. Das jedoch stellt eine Verharmlosung der satanischen Wirklichkeit dar.

Diese Verharmlosung zeigt sich auch später bei Steiner, als er seine Lehre von *«Luzifer»* und *«Ahriman»* als den zwei polaren Gegensätzen (Luzifer als lichtvolles, geistiges Prinzip – Ahriman als verhärtendes, materielles Prinzip) entwickelt, zwischen die «der Christus-Sonnengeist» als *«Menschheitsrepräsentant»* ausgleichend und verbindend eintritt (vgl. etwa die von Steiner modellierte Statue im Goetheanum Dornach). Hier begegnet eine ins Okkulte getriebene Überhöhung der Hegelschen Dialektik, des Dreischrittes These – Antithese – Synthese, aber keine biblische Theologie, die nur das unvereinbare Gegenüber von Gott und Satan kennt. Ich erinnere in diesem Zusammenhang an die Feststellung von Klaus von Stieglitz, daß Steiner «seine Philosophie in seiner Christosophie historisiert». Das gilt auch für seine Dämonologie, die mit der biblischen Lehre nur einzelne Begriffe, aber nichts Inhaltliches gemeinsam hat.

Ja, noch mehr: *Steiner verkehrt die biblische Dämonologie in ihr Gegenteil!* So wertet er die Sündenfall-Erzählung in ihrer Tendenz positiv. «Luzifer» ist ihm der Garant des evolutionären Fortschritts, der die Menschheit zur Erleuchtung führen soll. Nur sei er leider zu früh gekommen. Im Teil über die «Lehre» werde ich darauf eingehen. An kaum einer Stelle wird der antichristliche Charakter von Steiners Denken deutlicher als hier.

1904–1906: Eintritt in eine Freimaurer-Loge. «Theosophie» und «Erkenntnisse höherer Welten». Edouard Schuré

Steiners Weg in den Abgrund setzt sich weiter fort in Gestalt eines Ereignisses, das von anthroposophischen Kreisen gerne heruntergespielt wird, aber unleugbar bezeugt ist: der Aufnahme Rudolf Steiners in einen *Freimaurer-Orden*. Ein indirektes Indiz stellen verschiedene Vorträge Steiners aus den Jahren 1904–06 dar, in denen er Traditionen der Hochgradfreimaurerei behandelt. So spricht er z.B. am 24.1.1906 in Weimar vor Freimaurern über *«Die Bedeutung der Freimaurerei»* (Wachsmuth 1951, 85). Im Lexikon des Geheimwissens findet sich folgender Hinweis:

«Seit 1905 stand S(teiner) auch mit den 'echten' Rosenkreuzern, d.h. mit dem deutschen Ableger der SRIA (Societas Rosicruciana in Anglia, eine englische Rosenkreuzer-Gesellschaft, die nur Freimaurer vom 3. Grad an aufnimmt; L. G.) kurze Zeit in Verbindung; 1906 wurde er von Reuß zum Rex Summus, d.h. Großmeister des OTO (Ordo Templi Orientis; L. G.) und seines Zweiges Mysteria Mystica Aeterna gemacht; der Bruch mit Reuß erfolgte ca. 1918. In diesem Zusammenhang gründete S(teiner) einen neuen 'Inneren Kreis' nach Freimaurer-Gesichtspunkten, d.h. mit 3 Graden, deren Eingeweihte aus seiner Hand ein goldenes Kreuz erhielten. Der Text der Rituale soll (...) aus Werken von Eliphas Lévi, den S(teiner) hoch schätzte, zusammengestellt sein» (Miers 1986, 386).

Steiner selber erwähnt den Beitritt zur Freimaurerei in seinem «Lebensgang», versucht aber im nachhinein aufgrund der erlittenen «Verleumdungen», sie als bloße «Formsache» hinzustellen:

«Ich nahm (...) das Diplom der angedeuteten Gesellschaft, die in der von Yarker vertretenen Strömung lag. Sie hatte die freimaurerischen Formen der sogenannten Hochgrade. Ich nahm nichts, aber auch gar nichts aus dieser Gesellschaft mit als die rein formelle Berechtigung, in historischer Anknüpfung selbst eine symbolisch-kultische Betätigung einzurichten. Alles was in den 'Handlungen' inhaltlich dargestellt wurde, die innerhalb der von mir gemachten Einrichtung gepflogen wurden, war *ohne historische Anlehnung* an irgend eine Tradition. Im Besitze der formellen Diplomierung wurde *nur* solches gepflegt, das sich als Verbildlichung der anthroposophischen Erkenntnis ergab (...) Unsere (sc. Steiners und Marie von Sivers') Unterschriften waren unter 'Formeln' gegeben» (636, 335ff.).

Man fragt sich, warum Steiner und seine Mitarbeiterin überhaupt unterschrieben haben, wenn es sich nur um «Formeln» gehandelt haben soll. Trotz aller späteren Distanzierungen muß doch eine *innere Beziehung zur Freimaurerei* vorliegen. Und wenn man sich die Frage stellt, warum sich Rudolf Steiner im «Lebensgang» so vehement von den damals geleisteten Unterschriften abgrenzt bzw. diese als bloße Formeln hinzustellen sucht, so gelangt man mit Gerhard Wehr zu folgendem Ergebnis:

«Die Gründe sind freilich schwerwiegend, denn aus der 'singulären' Verbindung mit Reuß als dem Bevollmächtigten von Hochgrad-Logen innerhalb des O.T.O. (Ordo Templi Orientis, Östlicher Templerorden) erwuchsen Rudolf Steiner später Schwierigkeiten. Als er, der österreichische Staatsbürger, sich in der Schweiz naturalisieren lassen wollte, versagte man ihm die Staatsbürgerschaft. Einerseits war der persönliche Lebenswandel von Theodor Reuß anstoßerregend; andererseits führte man dies auf rituelle Praktiken im O.T.O. zurück, in der (sic) tantrische (Sexual-)Symbolik, ja Sexualmagie im Spiele war» (Wehr 1993, 206).

Was Wehr hier nur andeutet, findet seine Bestätigung im Lexikon des Geheimwissens. Dort steht über *Theodor Reuß,* von dem Rudolf Steiner das Zertifikat des O.T.O. erhielt, zu lesen:

Er experimentierte «mit dem Memphis-Misraim-Ritus, dem Swedenborg Ritus, dem Cerneau System, dem OTO und sogar mit einer Art Sexual-Yoga (...) R(euß) hat Rudolf Steiner der Freimaurerei zugeführt und mit Franz Hartmann zusammen den AASR ('Alter und Angenommener Schottischer Ritus'; das am weitesten verbreitete und vollkommenste Hochgradsystem der Freimaurerei; L. G.) in Deutschland praktiziert (...)

R(euß) ist auch der Gründer des Theosophical Publishing House der Adyar-T(heosophischen) G(esellschaft). An Rudolf Steiner verkaufte R(euß) ein selbstgemachtes (daher also wertloses) Patent zur Gründung eines Großrates 'Mystica Aeterna' für 1500 Mark» (Miers 1986, 343). Mit dem letzten Satz stimmt sehr gut Gerhard Wehrs Information überein, daß Steiner «das 1906 erworbene Zertifikat zerrissen» habe (Wehr 1993, 206).

Versucht man, die dunklen und verworrenen Informationen über Steiners Verhältnis zur Freimaurerei zu sortieren, dann ergibt sich folgendes Bild: Nach der Jahrhundertwende sucht Rudolf Steiner zu freimaurerischen Gruppen Kontakt. Diese Tatsache wird auch von ihm selber nicht bestritten. Er gerät offensichtlich an Theodor Reuß als deutschen Vertreter des englischen Hochgradfreimaurers und Ehrenmitglieds der Theosophischen Gesellschaft John Yarker (vgl. Miers 1986, 438f.). Den Namen Yarker erwähnt er im «Lebensgang», den Namen Reuß verschweigt er – vermutlich wegen dessen schlechtem Ruf und – falls die entsprechende Angabe stimmt – weil ihm dieser ein ungültiges Patent verkauft hat. Aber trotz solcher Abgrenzungen knüpft Steiner an freimaurerische Strukturen an und führt, wie Wehr erwähnt, mindestens bis 1914 zusammen mit Marie von Sivers «kultische Arbeit (...) am Altar der Loge» (wohl «Mystica Aeterna») aus (Miers 1993, 206).

Auch wenn es somit schwierig ist, Steiner einfach als «Freimaurer» zu bezeichnen und ihn einer bestimmten freimaurerischen Richtung zuzuordnen, so ist seine *Nähe* zu freimaurerischem Denken zweifellos gegeben. Er will an gewisse *Ideale* und *Rituale* dieser Richtung anknüpfen, wird dabei von Vertretern wie Theodor Reuß jedoch enttäuscht. So führt er – zumindest eine Zeitlang – seinen eigenen freimaurerisch inspirierten Kultus durch. Das Ideal des *Tempelbaus der Menschheitsbruderschaft,* das sowohl in der Freimaurerei als auch in der Zielsetzung der von den Freimaurern (!) Olcott und Blavatsky initiierten «Theosophischen Gesellschaft» begegnet, dürfte übrigens für das spätere *«Goetheanum»* Pate gestanden haben. So erwähnt Wehr zu Recht: «Der Goetheanum-Bau, zunächst durchaus als Tempelbau aufgefaßt, kann als Manifestation dieser frühen (sc. freimaurerischen) Intentionen verstanden werden» (Wehr 1993, 207).

In diesem Rahmen kann nun keine detaillierte Beurteilung der Freimaurerei vorgenommen werden. Ich verweise den Interessierten z.b. auf das Buch «Die Freimaurer» von Hermann Neuer (Neuer 1992). Er analysiert die Freimaurerei als eine *synkretistische, deistische, evolutionistische, gnostische, antitrinitarische, autonom-humanistische und okkulte Religion,* die in Widerspruch zum christlichen Glauben tritt. Daß Steiner eine Nähe zu diesem Denken sieht, liegt nach dem bisher über seine Entwicklung Herausgearbeiteten auf der Hand.

Im Jahr 1904 erscheint Steiners Buch «*Theosophie*». 1904 und 1905 werden die später unter dem Buchtitel «*Wie erlangt man Erkenntnisse höherer Welten?*» herausgegebenen Aufsätze erstmals in der Zeitschrift «Lucifer-Gnosis» veröffentlicht. Im Buch «Theosophie», dessen Titel auch nach Steiners Ausschluß aus der Theosophischen Gesellschaft unverändert beibehalten wird, entfaltet er in deutlicher Anknüpfung an Blavatsky und mit in den ersten Auflagen noch weithin benutzter Sanskrit-Terminologie seine Vorstellungen von den verschiedenen Leibern des Menschen, den nachtodlichen Erlebnissen im Geisterland, Reinkarnation und Karma und ähnlichem. In «Wie erlangt man Erkenntnisse der höheren Welten?», dem meistgekauften Buch Steiners, möchte er dem Geistesschüler methodisch zeigen, wie er zum Hellseher werden kann.

Dabei ist es aufschlußreich zu sehen, daß Steiner etwas von den *Gefahren* ahnt, die beim Eindringen in übersinnliche Bereiche auftreten können. So beschreibt er etwa die «Spaltung der Persönlichkeit bei der Geistesschulung» als eine – freilich seiner Meinung nach – notwendige Stufe (600, 128ff.). Andererseits warnt er vor den «drei Irrpfaden, auf welche der Geheimschüler geraten kann: das Gewaltmenschentum, die Gefühlsschwelgerei, das kalte lieblose Weisheitsstreben. Für eine äußerliche Betrachtungsweise – auch für die materialistische der Schulmedizin – unterscheidet sich das Bild eines solchen auf Abwegen befindlichen Menschen, vor allen Dingen dem

Grade nach, nicht viel von demjenigen eines Irrsinnigen oder wenigstens einer schwer 'nervenkranken Person'. Ihnen darf natürlich der Geheimschüler nicht gleichen» (600, 135).

Bei seiner nur allzu berechtigten Warnung übersieht Steiner, daß auch der von ihm gelehrte Weg in übersinnliche Bereiche führt, die Gott dem Menschen aus gutem Grund verwehrt hat. Er kommt dabei nicht in Kontakt mit «Christus», sondern mit *Dämonen,* die sich als «Engel des Lichts» tarnen. Etwas davon wird aus Steiners Schilderung des «kleinen Hüters der Schwelle» deutlich, den Steiner so charakterisiert:

«Der 'kleinere Hüter der Schwelle' ist ein selbständiges Wesen (...) Ein allerdings schreckliches, gespenstisches Wesen steht vor dem Schüler. Dieser hat alle Geistesgegenwart und alles Vertrauen in die Sicherheit seines Erkenntnisweges notwendig, die er sich während seiner bisherigen Geheimschülerschaft aber hinlänglich aneignen konnte» (600, 137).

Dann schildert Steiner, was der «kleine Hüter der Schwelle» zum Geheimschüler sagt. In dessen Rede heißt es u.a.: «Wenn du meine Schwelle überschritten haben wirst, so betrittst du die Reiche, die du sonst nach dem physischen Tode betreten hast. Du betrittst sie mit vollem Wissen und wirst fortan, indem du äußerlich sichtbar auf Erden wandelst, zugleich im Reiche des Todes, das ist aber im Reiche des ewigen Lebens, wandeln. Ich bin wirklich auch dein Todesengel; aber ich, ich bin zugleich der Bringer eines nie versiegenden höheren Lebens. Bei lebendigem Leibe wirst du durch mich sterben, um die Wiedergeburt zum unzerstörbaren Dasein zu erleben. Das Reich, das du nunmehr betrittst, wird dich bekannt machen mit Wesen übersinnlicher Art» (600, 139f.).

Im Juni 1906 besucht Steiner den Dritten Kongreß Europäischer Föderationen der Theosophischen Gesellschaft in Paris. Dabei lernt er den französischen Okkultisten *Edouard Schuré,* Autor des Dramas *«Die Kinder des Luzifer»,* kennen, zu dem sich bis zum Ersten Weltkrieg ein freundschaftliches Verhältnis ergibt. Während des Ersten Weltkriegs wird dieses Verhältnis zeitweilig durch die Feindschaft zwischen Deutschen und Franzosen getrübt, die auch vor Steiner und Schuré nicht Halt macht. Dennoch ist Schuré als Biograph und Übersetzer von Werken Steiners bekannt geworden. Steiner seinerseits brachte in Deutschland Schurés Neufassung der Eleusinischen Mysterien sowie seine «Kinder des Luzifer» zur Aufführung. Über seine erste Begegnung mit Steiner im Jahr 1906 berichtet er: «Zum ersten Mal war ich gewiß, einen Eingeweihten vor mir zu haben» (zit. nach Wehr 1993, 211). Über Jahre hinweg betrachtete er den zwanzig Jahre jüngeren Steiner als seinen spirituellen Meister.

1907: Der Münchner Kongreß. Beginn der Evangelien-Zyklen

Vom 18.–21. Mai findet der Vierte Jahreskongreß der Föderation Europäischer Sektionen der Theosophischen Gesellschaft in München statt. Die Organisation hat die Deutsche Sektion unter Leitung Rudolf Steiners übernommen. In München ist manches anders als bei früheren Theosophischen Kongressen. Wehr zeigt einige Unterschiede auf:

«Vor rund 600 Teilnehmern aus zahlreichen Ländern eröffnet Rudolf Steiner in der Tonhalle, Türkenstraße 5, den Kongreß mit einem Vortrag über *Die Einweihung des Rosenkreuzers.* Der Saal ist mit roten Stoffen ausgekleidet. Vor der Bühne sind die Büsten von Schelling, Hegel und Fichte aufgestellt. Annie Besant, die 'stattliche alte Frau im weißen Seidengewande und silbernen Haaren' (L. Kleeberg) gibt wohl ihrer Genugtuung Ausdruck, diesmal in einem Lande großer Denker und Künstler, großer Dichter und Mystiker zusammengekommen zu sein. Beobachtern aber ist aufgefallen, daß die nunmehrige Präsidentin – Olcott war kurz zuvor gestorben – an H. P. Blavatsky anknüpfte, während Rudolf Steiner mit einem Hegel-Wort begann und mit einem Goethe-Wort schloß. Und nicht nur das: Um den rosenkreuzerischen Akzent noch mehr zu betonen, läßt er den Kongreß zu einem 14teiligen Zyklus über die *Theosophie des Rosenkreuzers* überleiten» (Wehr 1993, 195).

Auch hier wird Steiners Absicht deutlich, in erster Linie an die abendländische Esoterik anzuknüpfen. Dementsprechend gelangt das *«Heilige Drama von Eleusis»* von Edouard Schuré zur Aufführung, Marie von Sivers rezitiert Stellen aus *Goethes «Faust II»,* und zwischen auf Karton gemalten Säulen, die an den freimaurerischen Tempelbau erinnern, finden sich Darstellungen der sieben Siegel aus der *Johannes-Offenbarung,* mit astrologischen Tierkreiszeichen vermischt – in Analogie zu ihrer Interpretation in Eliphas Lévis «Lehre und Ritual der hohen Magie».

Diese Betonung der abendländischen Traditionen aus Philosophie, Mystik und einem esoterisch gedeuteten Christentum führen zu einer wachsenden *Polarisierung* zwischen Steiner und Besant mit ihren jeweiligen Anhängern, die schließlich zur Trennung führt. So läßt Steiner seine unvollendet gebliebene Autobiographie mit einem Rückblick auf den Münchner Kongreß ausklingen, in dem er feststellt:

«Ein großer Teil der alten Mitglieder der Theosophischen Gesellschaft aus England, Frankreich, namentlich aus Holland waren innerlich unzufrieden mit den Erneuerungen, die ihnen mit dem Münchner Kongreß gebracht worden sind. – Was gut gewesen wäre, zu verstehen, was aber damals von den wenigsten ins Auge gefaßt wurde, war, daß mit der anthroposophischen Strömung etwas von einer ganz andern inneren Haltung gegeben war, als sie die bisherige Theosophische Gesellschaft hatte. In dieser inneren Haltung lag der wahre Grund, warum die Anthroposophische Gesellschaft nicht als ein Teil der Theosophischen weiterbestehen konnte. Die meisten legten aber den Hauptwert auf die Absurditäten, die im Laufe der Zeit in der Theosophischen Gesellschaft sich herausgebildet haben und die zu endlosen Zänkereien geführt haben» (636, 349).

Mit den «Absurditäten» ist vor allem die Präsentation des Hinduknaben Krishnamurti als des «wiedergekommenen Christus» durch Besant in den Folgejahren gemeint. Ich komme darauf noch zurück.

1907 ist das Jahr, in dem sich Steiner selber detailliert mit den *Evangelien des Neuen Testaments* zu beschäftigen beginnt und seine Christus-Vorstellung noch spezifischer herausarbeitet.

Vom 16.–25.11.1907 hält er seinen ersten «Evangelien-Zyklus» in Basel mit dem Titel *Das Johannes-Evangelium».* Zyklen über das Lukas-, Markus- und Matthäus-Evangelium folgen. Diese Vorträge sind zunächst nur für Mitglieder der Theosophischen Gesellschaft und nicht für die Öffentlichkeit bestimmt. Da sie jedoch mitstenographiert werden und immer mehr Privatkopien in Umlauf kommen, werden sie ab den 20er Jahren schließlich offiziell in einer von Marie Steiner-von Sivers besorgten Fassung zur Veröffentlichung freigegeben.

Steiner deutet in diesen Zyklen die biblischen Bücher nach esoterischen Gesichtspunkten. Ja, man muß sagen: er deutet sie nicht nur, sondern *er deutet sie um.* Die Steinerschen Interpretationen sind in der Regel so weit vom Wortsinn und Gesamtzusammenhang der biblischen Aussagen entfernt, daß diese kaum noch zu erkennen sind. Zur Illustration sei hier nur ein Beispiel wiedergegeben. Es stammt aus einem Vortrag vom 26.5.1908 innerhalb des Hamburger «Johannes-Zyklus» und bezieht sich auf das *«Mysterium von Golgatha».* Steiner sagt:

«Wir leben heute auf unserer Erde wie auf einer Insel im Weltenraume, die sich herausgegliedert hat aus Sonne und Mond. Aber es wird eine Zeit kommen, da wird unsere Erde sich wieder vereinigen mit der Sonne und *einen* Körper mit ihr bilden. Da werden die Menschen dann so weit vergeistigt sein, dass sie die stärkeren Kräfte der Sonne wieder ertragen, in sich aufnehmen und mit sich vereinigen können. Dann werden die Menschen und die Elohim (= «Götter» im Sinne von höheren Geistern; L. G.) auf *einem* Schauplatz wohnen. Welche Kraft wird dies bewirken?

Wäre das Ereignis von Golgatha nicht vor sich gegangen, so würde niemals eintreten können, dass Erde und Sonne sich vereinigen. Denn durch das Ereignis von Golgatha, durch das die Kraft der Elohim in der Sonne oder die Kraft des Logos sich mit der Erde verband, wurde der Impuls gegeben, der Logoskraft zu Logoskraft wiederum hintreibt und die beiden – Sonne und Erde – zuletzt wieder zusammenbringen wird. Seit dem Ereignis von Golgatha hat die Erde, geistig betrachtet, die Kraft wieder in sich, die sie mit der Sonne wieder zusammenführen wird.

Deshalb sagen wir: In das geistige Dasein der Erde wurde aufgenommen, was ihr vorher von außen zuströmte, die Kraft des
Logos, durch das Ereignis von Golgatha. Was lebte vorher in
der Erde? Die Kraft, die von der Sonne auf die Erde nieder-
strahlt. Was lebt seither in der Erde? Der Logos selbst, der
durch Golgatha der Geist der Erde wurde» (103, 131f.).

Soweit Rudolf Steiner. Er teilt dem «Logos» bzw. «Christus», wie er ihn versteht, eine zentrale Bedeutung im Weltgeschehen zu – im Gegensatz zu den Theosophen um Annie Besant, die mit solchen Deutungen nicht viel anfangen können.
Vor allem hier wird der Graben zwischen abend- und morgen-
ländischer Theosophie sichtbar.

Dennoch darf diese starke Betonung des «Christus» und des
«Mysteriums von Golgatha» durch Steiner nicht darüber hin-
wegtäuschen, daß hier *eine völlig neue Deutung* gegeben ist,
die sich aus *mythologischen* und *philosophischen,* aber nicht
aus biblisch-christlichen Quellen nährt. Steiner übernimmt aus
der Bibel kaum mehr als die Begriffe, die er dann mit esoterischer Deutung in sein – angeblich einer hellseherisch geschau-
ten «Akasha-Chronik» entstammendes – fertiges Weltbild ein-
preßt. Damit tut er jedoch den biblischen Aussagen Gewalt an
und verfällt Irrtümern, wie sie sich in Vorformen bereits in gnostischen und anderen esoterischen Systemen finden (vgl. ausführlich hierzu: Gassmann 1993).

Im Blick auf das Jahr 1907 bleibt noch zu erwähnen, daß sich
Ende Februar Rudolf Steiner und der junge Schweizer Student
Albert Steffen zum ersten Mal bei einem Vortrag Steiners im
Berliner Architektenhaus begegnen. Diese Begegnung ist vor
allem deshalb von Bedeutung, weil Albert Steffen nach dem
Tod Steiners dessen Nachfolger als Erster Vorsitzender der Allgemeinen Anthroposophischen Gesellschaft wird. Bereits vorher – im Jahre 1921 – wird er Schriftleiter der anthroposophischen Zeitschrift *«Goetheanum»,* die er bis zu seinem Tod im
Jahre 1963 betreut. Von Steffen stammen zahlreiche Romane
und Gedichte sowie die Mysteriendramen *«Adonis-Spiel»* und
«Das Todeserlebnis des Manes», die sich auf Einweihungs-
wege im alten Griechenland und Ägypten beziehen.

1908: Verlagsgründung

Im Mai 1908 muß – wie schon erwähnt – das Erscheinen der Zeitschrift «Lucifer-Gnosis» eingestellt werden. Schuld daran ist die Arbeitsüberlastung Rudolf Steiners, die sich vor allem in einer ständigen Steigerung der Vortragstätigkeit zeigt. Diese wird sich bis zu seinem Krankenlager im Herbst 1924 noch verstärken.

Die Rudolf-Steiner-Nachlaßverwaltung geht von *fast 6000 Vorträgen* aus, die der Begründer der Anthroposophie gehalten hat und von denen der größte Teil in der Rudolf Steiner Gesamtausgabe aufgrund von Zusammenfassungen oder Stenogrammen festgehalten ist. So erreicht das Steinersche Gesamtwerk vor allem aufgrund der Vorträge den Rekord-Umfang von *354* oft voluminösen *Bänden,* die zum Teil noch in Teilbände untergliedert sind.

Zieht man die Vorträge, Briefe und Zeitschriftenartikel ab, dann bleiben allerdings «nur» *28 Bücher* übrig, die Rudolf Steiner selber geschrieben hat – dennoch eine beachtliche Leistung. In den Vorträgen freilich findet sich nicht immer wieder etwas Neues, sondern die Grundlehren, die konzentriert z.B. in seiner «Geheimwissenschaft im Umriß» zusammengefaßt sind, werden lediglich in immer neuen Variationen auf die verschiedenen Wissensgebiete übertragen.

Je esoterischer Rudolf Steiners Schriften werden, desto größere Probleme hat er, einen Verleger dafür zu finden. So entschließen sich er und Marie von Sivers im Jahre 1908, einen eigenen *«Philosophisch-Theosophischen Verlag»* (ab 1913: «Philosophisch-Anthroposophischer Verlag») in Berlin zu gründen. Dieser Selbstverlag gibt in der Folgezeit alle wichtigen Schriften und bald auch Vorträge Rudolf Steiners heraus.

1909: Der Budapester Kongreß. Die zwei Jesusknaben

Ende Mai 1909 findet der Fünfte Kongreß der Föderation der Europäischen Sektionen der Theosophischen Gesellschaft in Budapest statt. Diesmal sind die von Besant geprägten Theosophen die Veranstalter. Rudolf Steiner vermißt das künstlerische Element, das zwei Jahre zuvor in München so wesentlich war. Aber das ist nur ein Teil seiner inneren Distanzierung.

Obwohl ihm in der Eröffnungssitzung vom 30. Mai Annie Besant die goldene Suba-Row-Medaille für seine Verdienste überreicht und damit nach außen hin noch einmal Harmonie vorgespiegelt wird, sind doch die *inneren Gräben* unüberbrückbar. Geradezu provokativ für die fernöstlich orientierten Theosophen – Besant sagte einmal: «Viele von uns, und ich selbst, sind keine Christen» (Miers 1986, 68) – hält Steiner seinen Kongreßvortrag am 31. Mai über das Thema *«Von Buddha zu Christus»*. Darin stellt er den «Christus» als das Mittelpunktswesen des Weltalls dar, auf das sich die anderen Religionen – und namentlich der von Blavatsky und Olcott so sehr geschätzte Buddhismus – evolutionär zubewegen. Offensichtlich stößt dieser Vortrag bei den Besantschen Theosophen auf scharfen Protest. Denn Marie Steiner-von Sivers meint rückblickend:

«Annie Besant wurde zum Werkzeug einer gegenchristlichen Strömung. Im Sommer 1909 in Budapest mußte Rudolf Steiner ihr sagen, daß ihre Wege sich innerlich geschieden hätten. Ein Kampf für und gegen Christus hat auch hier stattgefunden. 'Eine Theosophie, welche nicht die Mittel hat, das Christentum zu begreifen, ist für die gegenwärtige Kultur völlig wertlos.' 1910 hat Rudolf Steiner dies Wort gesprochen» (zit. nach Wachsmuth 1951, 140).

An dieser Stelle zeigt sich übrigens, warum die Anthroposophie für den im «christlichen Abendland» lebenden Menschen weit verführerischer und gefährlicher ist als die buddhistische oder brahmanistische Theosophie. *Die Anthroposophie greift christlich-abendländische Begriffe auf und füllt diese mit neuen, unbiblischen Inhalten.* Diese Vorgehensweise ist viel schwerer zu durchschauen als eine klare Ablehnung des Christentums, wie sie sich bei Blavatsky findet.

Wie oft muß ich es daher erleben, daß mir Anthroposophen bei Diskussionen erwidern: «Was wollen Sie denn? Ich bin doch auch Christ!» Darauf antworte ich: *Christ* im biblischen Sinn ist nur derjenige, der an Jesus Christus als den leibhaft für uns gekreuzigten, auferstandenen und wiederkommenden Sohn Gottes glaubt und durch seinen Heiligen Geist wiedergeboren ist zum neuen Leben in Gott. *Christ* ist nur, wer sich der völligen Vergebung aller seiner Sünden durch den stellvertretenden Sühnetod Jesu Christi gewiß ist – aber nicht derjenige, der von einem kosmischen «Christus-Sonnengeist» einen «Impuls» für seine eigene Höherentwicklung im Verlauf von Wiederverkörperungen erwartet. Reinkarnation oder Auferstehung, endloses Abarbeiten-Müssen schlechten Karmas mit Hilfe eines kosmischen «Christus-Impulsus» oder Gewißheit der total vergebenen Schuld durch den Kreuzestod Jesu Christi – das sind unvereinbare Gegensätze.

Steiner hat eine eigene, unbiblische «Christosophie» entwickelt, auf die ich ausführlicher im Teil über die Lehre eingehe. Hier nur soviel: Entscheidend ist für ihn, daß der «Christus-Sonnengeist», nachdem er sich früher durchaus mehrmals in Eingeweihten verkörpert hat, beim «Mysterium von Golgatha» zum hellseherisch wahrnehmbaren und durch seine kosmischen «Impulse» die Evolution fördernden «Geist der Erde» wird. Das schließt weitere Verkörperungen aus.

Nun wird aber gerade eine solche weitere *«Verkörperung des Christus»* von *Annie Besant* behauptet. In der zweiten Hälfte des Jahres 1909 geschieht nämlich im Hauptquartier der Theosophischen Gesellschaft in Adyar folgendes: *Charles Webster Leadbeater,* ein englischer Theosoph und später Begründer der «Liberal-Katholischen Kirche», 1906 wegen sexuellen Mißbrauchs Minderjähriger zeitweilig aus der Theosophischen Gesellschaft ausgeschlossen, kehrt 1909 nach Indien zurück. Im Adyar-Hauptquartier wird er mit den Jungen Krishna und Nitya bekannt. Er erforscht hellsichtig deren «Aura» und ihre vergangenen Inkarnationen und «entdeckt», daß der 14jährige Krishna (später *Krishnamurti*) der kommende «Lord Maitreya», «Weltenlehrer» oder «Christus» sei. Gegen den Willen der Eltern übernimmt Leadbeater die «Erziehung» des Jungen. Annie Besant gibt dazu ihr Einverständnis. Über die Hintergründe dieses Geschehens und das weitere Schicksal Krishnamurtis berichtet das Lexikon des Geheimwissens:

«Die Wahl des Jungen für den vorgesehenen Zweck entsprach auch der Praxis der Lama-Priester in Tibet, die ebenfalls einen Knaben auswählen, um ihn zum künftigen Dalai Lama (eine Erlöserfigur des Buddhismus; L. G.) zu erziehen. In Europa wurde K(rishnamurti) als der wiedergekommene Christus, in Asien als der Lord Maitreya oder Boddhisattva ausgegeben (...) Im J(ahr) 1910 fand die erste Einweihung des Jungen statt (...) 1912 klagte der Vater gerichtlich gegen Annie Besant auf Rückgabe des Knaben und Aufhebung der Adoption, da bekannt geworden war, daß Leadbeater dem Knaben Praktiken beigebracht hatte, die nach allgemeiner Auffassung als verwerflich und unsittlich gelten. In erster Instanz siegte der Vater, in zweiter wurde das Urteil jedoch aufgehoben. Um das Auftreten des neuen Heilands (...) vorzubereiten, hatte Annie Besant 1910 den 'Orden des Sterns im Osten', später einfach 'Orden des Sterns' genannt, gegründet. Ab etwa 1928 trat Krishnamurti dann selbständig in der Öffentlichkeit auf, verkündete jedoch überhaupt nichts Neues, so daß seine große Anhängerschaft mehr und mehr enttäuscht wurde. 1929 löste K(rishnamurti) selbst den Orden des Sterns auf und distanzierte sich von dem Rummel um seine Person» (Miers 1986, 240).

Im Februar 1986 ist Jiddu Krihnamurti im Alter von 90 Jahren gestorben. Er hat der Welt nicht die Erlösung gebracht, sondern lediglich eine Reihe verführerischer esoterischer Schriften. Insofern hat Rudolf Steiner recht behalten, wenn er ihn von Anfang an als den wiedergekommenen «Christus» ablehnte. Das Auftreten Krishnamurtis bildete für ihn den letzten Anstoß zur inneren und äußeren Trennung von der Adyar Theosophischen Gesellschaft in den Jahren nach 1909 und zur Gründung der eigenen Anthroposophischen Gesellschaft um die Jahreswende 1912/13.

Die Lehre von Krishnamurti als dem wiedergekommenen Weltheiland ist absurd und unbiblisch (vgl. Matth. 24,23ff.!). Aber nicht weniger absurd und unbiblisch ist die Behauptung, die Rudolf Steiner etwa um die gleiche Zeit, als Leadbeater in Indien die Aura von Krishnamurti erforscht, in Basel vor die Welt hinstellt: nämlich daß sich der «Christus-Sonnengeist» bei der Jordantaufe in die miteinander verschmolzenen Leiber von ursprünglich *zwei Jesusknaben* hineinbegeben habe. Diese Ansicht vertritt er zum ersten Mal vor Mitgliedern der Theosophischen Gesellschaft im Basler Zyklus über das «Lukas-Evangelium» im September 1909. Dort führt er aus, daß der eine Jesusknabe die Buddha-Strömung, der andere die Zarathustra-Strömung verkörpere. Und er fährt fort:

«So sehen wir im Konkreten den Zusammenfluß des Buddhismus und des Zarathustrismus. Denn jener Leib, in dem die reife Ich-Seele des Zarathustra war, konnte das in sich aufnehmen und mit sich vereinigen, was dadurch geworden war, daß der Nirmanakaya (= ein übersinnlicher Leib; L. G.) des Buddha die abgegebene astralische Mutterhülle des nathanischen Jesus aufgenommen hatte. So sehen wir jetzt eine Individualität heranwachsen in dem 'Jesus von Nazareth', die in sich trägt die Ichheit des Zarathustra, welche bestrahlt und durchgeistigt ist von dem verjüngten Nirmanakaya des Buddha. Was der Zusammenfluß des Buddhismus und des Zarathustrismus ist, das sehen wir in der Seele des Jesus von Nazareth auf diese Art leben» (114, 17f.).

Mit Steiners eigenartiger Lehre von den zwei Jesusknaben habe ich mich an anderer Stelle ausführlich auseinandergesetzt und ihre theologische Unhaltbarkeit nachgewiesen (Gassmann 1993, 166ff.). Hier sei nur vermerkt, daß kaum eine Lehre Steiners größere *Verwunderung* ausgelöst hat – und zwar bis in anthroposophische Kreise hinein! So muß selbst der Steiner-Schüler und zweite Erzoberlenker der «Christengemeinschaft» Emil Bock gestehen, daß er diese Folgerung aus gewissen Unterschieden in den biblischen Geburtsgeschichten nicht gezogen hätte, «wenn nicht Rudolf Steiner als Ergebnis übersinnlicher Forschung dasjenige ausgesprochen hätte, was die Evangelien durch die schweigende Sprache ihrer Widersprüche sagen. Ohne Rudolf Steiner würden wir hilf- und ratlos vor der Unvereinbarkeit der beiden Berichte stehengeblieben sein; die zu ziehende Schlußfolgerung wäre zu sehr allen Denkgewohnheiten widersprechend, ihr Sinn so schwer einzusehen, daß wir den Gedanken zweier Jesusknaben wohl schwerlich allein zu denken gewagt hätten» (Bock 1982, 51f.).

1910: «Die Geheimwissenschaft im Umriß». Beginn der Mysteriendramen

Im Jahre 1910 legt Steiner das umfangreiche Buch *«Die Geheimwissenschaft im Umriß»* vor, das man getrost als sein Hauptwerk bezeichnen kann. Denn nirgends sonst wird eine so umfassende Übersicht über die Weltentstehung, die Leiber des Menschen und den Erkenntnisweg aus anthroposophischem Blickwinkel vermittelt wie hier. Im Teil über die Lehre habe ich die wichtigsten Gedanken daraus zusammengefaßt, und im Anhang ist eine schematische Übersicht abgedruckt, welche die Entwicklung von Erde und Mensch sowie Weg und Werk des Christus aufgrund der Schriften Steiners – vor allem der «Geheimwissenschaft» – darstellt.

Im Jahr 1910 wird auch das *erste Mysteriendrama* verfaßt und in München aufgeführt. Es trägt den Titel *«Die Pforte der Einweihung»* und will in bühnengerechter Form den Weg in die übersinnlichen Welten beschreiben. Im Jahr 1911 wird «Die Prüfung der Seele», 1912 «Der Hüter der Schwelle» und 1913 «Der Seelen Erwachen» folgen. Ein für 1914 geplantes Stück kann wegen des ausgebrochenen Krieges nicht mehr realisiert werden. Im dritten Drama wird zum ersten Mal die Eurythmie, eine Wiederbelebung der alten Tempel-Tanzkunst, eingesetzt (siehe unter 1912). Daß die Mysteriendramen mehr als bloßes Schauspiel sein wollen, wird aus dem Bericht von Guenther Wachsmuth deutlich:

«Er (sc. Rudolf Steiner) betonte, daß es sich in diesen Mysteriendramen nicht um irgendwelche Allegorie, Symbolik oder dergleichen handeln könne, sondern um eine 'realistische' Schilderung konkreter geistiger Vorgänge, realistisch in dem Sinne, daß die geistigen Wesenheiten, welche im Kosmos und im Menschen am Werke sind, als reale Gestalten handelnd, hemmend und fördernd, vor die Augen der Zuschauer treten, ihr Wesen, ihre geistige Macht und ihre Pläne enthüllend» (Wachsmuth 1951, 161).

Aufschlußreich ist, wie Rudolf Steiner die Verfasserschaft dieser Dramen angibt: «Die Pforte der Einweihung (Initiation). Ein Rosenkreuzermysterium durch Rudolf Steiner» (607, 9). Also nicht *«von»*, sondern *«durch»* Rudolf Steiner. Offensichtlich betrachtet er sich als *Medium,* dem von übersinnlichen Wesenheiten diese Mysteriendramen eingegeben werden. Auch Gerhard Wehr fragt: «Soll damit nicht zum Ausdruck gebracht werden, daß sich durch ihn eine bestimmte Spiritualität manifestieren will und daß er nur in einem äußeren Sinne Autor dieser Dichtungen ist» (Wehr 1993, 234).

Wir haben hier ein weiteres Indiz dafür, daß Rudolf Steiner ein getriebener, von einem fremden Geist besessener *Visionär* ist. Erinnern wir uns an sein hellseherisches Erlebnis in Pottschach in seinem achten Lebensjahr? Dort beauftragte ihn der dämonische Geist, soviel für ihn zu tun, wie er kann. Und leider müssen wir feststellen, daß Steiner diesen Auftrag aus dem Abgrund in einer meisterhaften Weise erfüllt.

1911: Johannesbau-Verein. «Von Jesus zu Christus». Friedrich Rittelmeyer

Im Jahr 1911 spitzt sich der Konflikt mit Annie Besant und den mit ihr verbundenen Theosophen weiter zu. Am 11. Januar wird der *Orden des Sterns im Osten* zur Propagierung Krishnamurtis als Weltheiland von ihr sowie dem Theosophen und Freimaurer George Arundale offiziell proklamiert. Dann sagt sie den für September in Genua geplanten Sechsten Kongreß der Europäischen Föderation der Theosophischen Gesellschaften kurzerhand ab, der nach dem Willen Steiners unter dem Thema «Von Buddha zu Christus» durchgeführt hätte werden sollen. Steiner sieht sich nun gezwungen, nach selbständigeren Arbeits- und Organisationsformen zu suchen. Am 16. Dezember wird bei der Generalversammlung der Deutschen Sektion der Theosophischen Gesellschaft in Berlin der *Bund für anthroposophische Arbeit* gegründet – eine sich zunächst noch innerhalb der Theosophischen Gesellschaft befindliche Vorstufe der sich etwa ein Jahr später verselbständigenden Anthroposophischen Gesellschaft.

Mit der größeren Selbständigkeit nimmt auch der Gedanke an ein eigenes Zentrum immer deutlichere Konturen an. Es wird an ein großes Gebäude, eine Art Tempel nach freimaurerischem Ideal gedacht, der einen Kristallisationspunkt der Bewegung darstellen und vor allem einen passenden Rahmen für die Steinerschen Mysteriendramen bilden soll. Mit dem Ziel, einen solchen «Johannesbau» zu errichten, konstituiert sich im April 1911 in München der *«Johannesbau-Verein»* – benannt nach der zentralen Figur aus Steiners Mysteriendramen, dem Geistsucher Johannes.

Im Sommer 1911 lernen Rudolf Steiner und *Friedrich Rittelmeyer* einander bei Vorträgen kennen. Rittelmeyer, damals noch evangelischer Pfarrer und ein bekannter Prediger, wird später der erste Erzoberlenker der anthroposophisch inspirierten «Christengemeinschaft» sein. Aus seiner Schrift *«Meine Lebensbegegnung mit Rudolf Steiner»* geht hervor, daß er anfangs starke intellektuelle und gefühlsmäßige Bedenken gegen Steiner hat, aber sich überzeugen läßt, als ihm dieser okkulte Ratschläge zur Wiederherstellung seiner angeschlagenen Gesundheit erteilt. Typisch hierfür ist folgende Szene:

«Wir kamen auf die Wiederverkörperungslehre zu sprechen. Ich sagte, es sei mir gar kein Zweifel, daß der Mensch nach dem Tode weiterlebe und sich weiterentwickle; aber ob er dazu auf die Erde kommen müsse, sei mir mindestens recht fraglich. Auch finde sich in der Bibel jedenfalls nichts davon. 'Nein', sagte Rudolf Steiner, 'eine Lehre des Christentums ist die Wiederverkörperung nicht. Sie ist eine Tatsache, die sich eben aus der okkulten Forschung ergibt. Das muß man hinnehmen, wie es ist.' Wieder dieselbe lässige Abwehr. Plötzlich fing er an: 'Warum sagen Sie eigentlich, daß Sie für okkulte Dinge nicht begabt seien; ich wollte es vorhin schon sagen: Sie sind ganz gut dafür begabt.' Und dann kamen gleich vier Ratschläge für okkulte Übungen ...» (Rittelmeyer 1983, 37).

Vom 5.–14.10.1911 hält Steiner in Karlsruhe einen Vortragszyklus unter der Überschrift «*Von Jesus zu Christus*», nämlich vom Jesus der Leben-Jesu-Forschung zum Christus der Mysterien. In einem vorausgehenden Vortrag am 4.10. stellt er seine christosophischen Sonderlehren auch öffentlich vor. Unter anderem behauptet er, daß das Christentum «ein Zusammenfluß von Mithra- und Dionysos-Kult» sei (131, 24). Solche Ausführungen nehmen nicht alle Zuhörer widerspruchslos hin. So registriert Wachsmuth, daß «seit jenen Vorträgen im Jahre 1911 die Gegnerschaft gegen ihn und sein Werk anwuchs» – und ich meine: nicht ohne Grund!

1912: Eurythmie. Trennung von der Theosophischen Gesellschaft

Am 24.8.1912 findet in München die Uraufführung des dritten Mysteriendramas Steiners «*Der Hüter der Schwelle*» statt. Es enthält zum ersten Mal ein künstlerisches Element, das den Kern der in den Monaten darauf ausgebildeten *Eurythmie* (griech.: «guter Rhythmus») bildet: den Tanz der Geister. Betrachten wir die betreffende Stelle im sechsten Bild dieses Dramas:

«LUCIFER (mit breitem Tone jedes Wort hervorhebend): In deinem Willen wirken Weltenwesen. (Von der Seite des Lucifer bewegen sich Wesen heran, welche Gedanken darstellen. In tanzartiger Weise führen diese Bewegungen aus, welche Gedankenformen, den Worten Lucifers entsprechend, darstellen.)

AHRIMAN (auch breit sprechend, doch rauh): Die Weltenwesen, sie verwirren dich. (Nach diesen Worten bewegen sich

von Ahrimans Seite die Gedankenwesen und führen Tanzbe-
wegungen, seinen Worten als Formen entsprechend, aus. Nach
diesen werden die Bewegungen von beiden Gruppen zusammen ausgeführt.)» (608, 79).

Zur Erklärung sei an die Worte Steiners in der Einleitung zu
seinem Drama erinnert: «Die geistigen Wesenheiten, welche
im 'Hüter der Schwelle' spielen, sind durchaus nicht allego-
risch gedacht (...) Hielte der Schreiber dieser 'Seelenvorgänge
in szenischen Bildern' diese Wesen für Allegorien, so würde er
sie nicht so darstellen, wie er es tut» (608, 13). Es handelt sich
nach der Absicht Steiners also um *wirkliche Geistwesen, die –
verkörpert in den Darstellern – auf der Bühne ihren Tanz auf-
führen.*

Dies wird auch deutlich, wenn man die Definition betrachtet, die Steiner der im Sommer 1912 von ihm und Marie von Sivers entwickelten Eurythmie gibt. Der Leser möge sich dabei
bewußt sein, daß Eurythmie Pflichtfach in den Rudolf-Steiner-
bzw. Waldorfschulen ist sowie – zu «Heilzwecken» – als «Heil-
eurythmie» angewandt wird! Steiner sagt:

«Wir denken uns unter dieser eurythmischen Kunst etwas,
ich möchte sagen wie eine Erneuerung, aber in durchaus moderner Form, der alten Tempel-Tanzkunst (...) Bei dieser handelt es sich nicht darum, irgend etwas Willkürliches rein aus der
Phantasie heraus zu schaffen, sondern darum, etwas hineinzu-
stellen in die Welt, das aus dem Geistigen, aus den spirituellen
Gesetzen des Weltendaseins selbst entnommen ist» (642, 13f.).

Eurythmie wird verstanden als *«sichtbare Sprache»* oder
«sichtbarer Gesang», der die Realität übersinnlicher Welten
auf Erden abbilden, ja, noch mehr: *vergegenwärtigen* will:
«Wenn wir aber übergehen zu dem Eurythmischen, wenn wir
diese sichtbare Sprache der Eurythmie schaffen, dann stellt sich
der Mensch gewissermaßen unbewußt (...) hinein auf den Plan
der Erzengel, und er führt die Bewegungen aus, die in der
Erzengelwelt die Sprache bedeuten (...) Die Eurythmie ist das
irdische Abbild der Erzengelsprache» (642, 124).

Durch der Bibel entlehnte Begriffe («Engel», «Erzengel»
usw.) bei Steiner darf man sich nicht täuschen lassen, denn er

meint damit etwas völlig anderes als im christlichen Sinne: nämlich höherentwickelte Menschen, welche die «Engelstufe» erreicht haben und die noch im Erdenzustand lebenden Menschen angeblich geistig beschenken, damit auch diese sich zur «Engelstufe», «Erzengelstufe» usw. emporarbeiten können (vgl. 601, 120f.; 613, 37f.88). In Wirklichkeit kommen aber nicht die Engel Gottes und auch keine «höherentwickelten Menschen», sondern nur die gefallenen Engel, die Dämonen, dem Bestreben des Menschen entgegen, zu übersinnlichen Welten zu gelangen, was die Bibel unmißverständlich deutlich macht und wovor sie warnt (vgl. 1. Mose 3,1ff.; 1. Kor. 10,20; 2. Kor. 11,14; Jud. 6; Hebr. 1,4ff.; Off. 12,8f. u.a.).

Eurythmie kann von ihren Wurzeln in der *heidnischen Tempeltanzkunst* her und gemäß ihrem Selbstanspruch, dem Menschen unzugängliche übersinnliche Welten auf Erden zu vergegenwärtigen, aus christlicher Sicht nur als *dämonisch inspirierte und Dämonen herbeirufende Kunst* verstanden werden. Betrachtet man die mit Geheimsymbolen gefüllten Bühnenbilder und seltsamen Bewegungsformen bei eurythmischen Aufführungen (einige sind in Steiners Buch «Eurythmie» fotografisch dokumentiert), dann ergibt sich für den unbefangenen Beobachter ein unheimlicher und finsterer Eindruck. Viele Menschen, die eurythmische Aufführungen besucht oder denen ich die Bilder gezeigt habe, haben diesen Eindruck bestätigt.

Ab dem Jahr 1919 wird die Eurythmie auch Kindern in den Waldorfschulen nahegebracht werden. Daß es mehr als eine harmlose Bewegungskunst oder ein «Turnen» ist, geht aus Äußerungen Steiners wie der folgenden hervor:

«Da kommen gewöhnlich die Lehrer der Stuttgarter Waldorfschule zu mir und sagen: Dieses Kind hat diesen oder jenen seelischen oder körperlichen Fehler. – In solchem Falle ist es nur notwendig, mit einer gewissen übersinnlichen Kraft des Sehens, mit einer gewissen Kraft des Schauens intuitiv zu erkennen, was man nun für eurythmische Übungen gerade diesem Kinde angibt, eurythmische oder Eurythmie-ähnliche Übungen. Und in der Tat, wir haben manchmal überraschende Resultate erreicht ... » (642, 94).

Interessanterweise wird im Lexikon des Geheimwissens auf die Ähnlichkeit zwischen der Steinerschen Eurythmie und dem brasilianischen *Macumba-Spiritismus* hingewiesen: «Nachdem von der Theosophie praktisch alle Religionen, der Okkultismus, die Magie und der Spiritismus bearbeitet worden waren, suchte Steiner auch die Kunst in den Dienst der anthroposophischen Theosophie zu stellen (...) Es handelt sich dabei (sc. bei der Steinerschen Eurythmie) besonders um Bewegungen, die das gesprochene Wort besser zum Ausdruck bringen sollen, ähnlich der Macumba, einem magischen Tanz der südamerikanischen Eingeborenen» (Miers 1986, 138). Steiner bestätigt dies indirekt, wenn er sagt: «Der Rhythmus des Tanzes führt zu den Urzeiten der Welt. Die Tänze unserer Zeit sind eine Degeneration der uralten Tempeltänze, durch welche die tiefsten Weltgeheimnisse erkannt werden» (642, 186).

Der Jahreswechsel 1912 führt zur endgültigen, auch äußeren *Trennung* von der Theosophischen und zur Begründung der eigenen Anthroposophischen Gesellschaft. Der Graben zwischen Steiner und Besant war immer breiter geworden, eine Einigung war nicht möglich. Bereits Anfang September 1912 finden interne Verhandlungen zwischen den zu Rudolf Steiner loyalen Mitgliedern statt, die zum Entschluß führen, sich von Besant zu trennen. Die Trennung selbst wird dann folgendermaßen vollzogen:

«Im Dezember 1912, nachdem also die Anthroposophische Gesellschaft bereits beschlossen war, stellten diejenigen, die damals formal noch zur Theosophischen Gesellschaft gehörten, auf Grund eines Beschlusses des Vorstandes der deutschen Sektion vom 8. Dezember 1912, an die Mitglieder, die weiterhin mit ihnen zusammenarbeiten wollten, die Aufforderung, aus dem sogenannten 'Stern des Ostens' der Mrs. Besant auszutreten, andernfalls würde der Vorstand der deutschen Sektion, da er die Zugehörigkeit zu beiden Institutionen als unvereinbar betrachtete, 'sich gezwungen sehen, Mitglieder, welche dieser Bitte nicht entsprechen, aus der Sektion auszuschließen'. Die Wirkung war völlig eindeutig, da mit ganz wenigen Ausnahmen fast alle Mitglieder, die mit Rudolf Steiner arbeiteten, jenem 'Stern des Ostens' überhaupt nicht beigetreten waren und die wenigen unklaren und kompromißgeneigten Mitläufer (...) den Austritt vollzogen. Gleichzeitig war auf Grund des genannten Beschlusses am 11. Dezember 1912 ein Telegramm nach Adyar, dem Wirkungszentrum Mrs. Besants, gesandt worden, das ihren Rücktritt forderte. Diese zog ihrerseits mit Brief vom 14. Januar 1913 die sogenannte Stiftungsurkunde der deutschen Sektion zurück, was die ja bereits bestehende Trennung formal zum Abschluß brachte. Sie hatte aber vorher noch versucht, durch sinnlose Verleumdungen Rudolf Steiners die Mitglieder zu beeinflussen, so z.B. durch die groteske Behauptung, daß Dr. Steiner ein Jesuitenzögling sei, und ähnliches mehr» (Wachsmuth 1951, 206).

Ungefähr *90 Prozent* der deutschen Theosophen – man schätzt ihre Zahl im Jahr 1912 auf ca. 2500 Personen – schließen sich Steiner an. Die restlichen versucht der Besant-Anhänger Wilhelm Hübbe-Schleiden in einer neugegründeten Adyar Theosophischen Gesellschaft in Deutschland zu sammeln, hat aber im Vergleich zu Steiner wenig Erfolg. In den deutschsprachigen Ländern lebt die Theosophie von nun an in ihrer von Steiner verwestlichten Gestalt weiter. Auch in anderen Ländern schließen sich ehemalige Theosophen der von Steiner inaugurierten Bewegung an.

1913–1925: Anthroposophische Gesellschaft

1913: Konstituierung der Anthroposophischen Gesellschaft. Grundsteinlegung des Johannesbaus

Am 28.12.1912 wird die *Anthroposophische Gesellschaft* beschlossen und gegründet, am 2. und 3. Februar 1913 findet die Urversammlung und konstituierende Generalversammlung in Berlin statt. Nochmals wird ein klarer Trennungsstrich gegenüber Besant gezogen, alle organisatorischen Verbindungen zur Adyar Theosophischen Gesellschaft werden per Beschluß abgebrochen. Dann geht es um den Aufbau der eigenen Organisation. Als grundlegend werden die Weltdeutung und das Werk Rudolf Steiners angesehen. Er wird gebeten, der Gesellschaft als Lehrer und Berater zur Seite zu stehen, also eine Art «Ehrenpräsident» zu sein. Den Vorsitz übernimmt er – zunächst – selber nicht. Diese Aufgabe teilen sich drei Personen: Marie von Sivers sowie die Okkultisten Michael Bauer und Carl Unger.

Am 20.9.1913 findet die Grundsteinlegung des Dornacher *Johannesbaus* statt. Nachdem ein zunächst vorgesehener Standort in München – unter anderem wegen des Widerstands einer benachbarten Kirchengemeinde! – nicht zustande gekommen war, hatte sich ab Mai 1913 ein großes Hügelgrundstück im Schweizer Jura bei Basel herauskristallisiert. Das von Rudolf Steiner beschriftete *Grundstein-Dokument* des «Tempels von Dornach» enthält eine für sein Denken typische Ver-

mischung von esoterisch gedeutetem «Christentum» und ba-
bylonisch-heidnischer Astrologie:

«Gelegt vom J(ohannes)-B(au)-V(erein) für die anthroposophische Arbeit, am 10. Tage des Septembermonats 1880 n(ach)
d(em) M(ysterium) v(on) G(olgatha), d.i. 1913 nach Chr., da
Merkur als Abendstern in der Waage stand» (zit. nach Wehr
1993, 239).

Bis zur Fertigstellung dieses – ab 1917 «Goetheanum» genannten – Bauwerkes werden sieben Jahre vergehen. Und weitere zwei Jahre später wird es bereits ein Raub der Flammen
sein. Ich komme darauf noch zurück.

1914–1916: Erster Weltkrieg und wachsende Probleme. Ehe mit Marie von Sivers

Im Juni 1914 bricht der *Erste Weltkrieg* aus. Die Folgen bekommt auch Rudolf Steiner zu spüren. Seine ausgedehnte Rei-
setätigkeit wird erschwert, die Geldmittel für den Johannesbau
gehen zurück, und manche Freundschaften – etwa jene mit
Edouard Schuré – zerbrechen. In den Kriegsjahren pendelt
Steiner, wenn er nicht gerade zu Vorträgen unterwegs ist, zwischen *Berlin* (er hat dort seit Jahren eine Wohnung in der Motz-
straße 17) und *Dornach* (wo er in die «Villa Hansi» einzieht)
hin und her. Und kaum ist die Anthroposophische Gesellschaft
gegründet, wird er schon mit ihren *Problemen* konfrontiert: den
Generationsunterschieden, den Konflikten zwischen mystisch
und politisch gesonnenen Anthroposophen, der Spaltung nach
Nationalitäten, die in den Kriegsjahren die Arbeit am Johannesbau zeitweise fast zum Erliegen bringt, und anderes mehr.
Der Russe Andrej Belyj berichtet aus eigenem Erleben:

«... zum ersten Mal wurde Steiner von anthroposophischen
Spießbürgern angegriffen; er gab ihnen Anlaß auch durch seine uneingeschränkte Sympathie für die aller äußeren Devotion
abgeneigte demokratische Jugend jener Zeit, die ihm heiße Liebe entgegenbrachte; bei den Dornacher Konflikten stand er immer auf der Seite der Habenichtse gegen die reichen 'Schein-

heiligen'; die reichen Rentnerinnen, die sich damals in komfortablen Häusern um das Goetheanum angesiedelt hatten, schwelgten beim Kaffee in mystischem und weniger mystischem Tratsch; die Jugend arbeitete, lärmte, lachte, verliebte sich und machte sich nichts aus Mystik; man wollte Steiner nicht verzeihen, daß er diesen 'Zigeunern' warme Zustimmung entgegenbrachte» (zit. nach Wehr 1993, 250).

Belyj zählt auch die zahlreichen *«Fronten»* auf, denen sich Steiner – insbesondere im Jahr 1915 – gegenübergestellt sieht: «... er kämpfte gegen unsere äußere Trägheit, und er unternahm viele Schritte, damit die Schweizer Regierung entgegen der beharrlichen Forderung gewisser Geheimdienste uns nicht des Landes verwiese; er kämpfte gegen verschiedene okkulte Strömungen, die durch offene und maskierte Verleumdungen 'sein' Dornach unterminierten (Jesuiten, Protestanten, verschiedene okkulte Gesellschaften); er kämpfte mit dem ihn einkreisenden Spießbürgertum und mit den spezifischen Krankheiten der Anthroposophischen Gesellschaft; er kämpfte mit dem Mangel an Geld und an Menschen, die fähig waren, den Bau zu vollenden; er kämpfte für die Jugend gegen die Alten; und er mäßigte unsere herausfordernde Haltung 'den Alten zum Trotz'!» (zit. nach Wehr 1993, 252).

Hinzu kommen *Verleumdungen* – außer den von Besant vorgebrachten auch die von manchen Kreisen genährte Behauptung, Steiner sei ein Hochverräter: Er habe bei seinem vertraulichen Gespräch am 27.8.1914 mit dem Chef des deutschen Generalstabs, Generaloberst *Helmuth von Moltke,* diesen falsch und womöglich sogar «okkult» beeinflußt, so daß er die entscheidende Marne-Schlacht verloren habe. Steiner sei somit sogar indirekt mitschuldig am mangelnden Kriegsglück der Deutschen. Man kann sich denken, wie solche Gerüchte in der Kriegszeit auf ihre Hörer wirken.

Inmitten einer solchen düsteren Lage gibt es für Steiner doch einen Lichtblick, der freilich seinerseits auch Anlaß zu manchen Verdächtigungen liefert bzw. diese bestätigt: Am 24.12.1914 heiratet er standesamtlich seine langjährige Mitarbeiterin *Marie von Sivers.* Daß die Freundschaft mit dieser weit bis in seine erste Ehe mit Anna Steiner, verwitwete Eunike, zurückreicht, wurde schon gesagt. Jetzt, drei Jahre nach Anna Steiners Tod, wird die Beziehung zu Marie von Sivers offiziell besiegelt.

1917–1918: Goetheanismus und Goetheanum. Der Dreigliederungsgedanke

Im Oktober 1917 gelingt Rudolf Steiner ein genialer Kunstgriff: Er entschließt sich, seine anthroposophische Weltanschauung *«Goetheanismus»* und seinen Dornacher Tempel *«Goetheanum»* zu nennen. Damit hofft er, die Herzen des deutschen Bildungsbürgertums zu gewinnen, das – bis heute – sehr an Goethe hängt. Und man muß feststellen: Das ist ihm teilweise gelungen. Wer denkt schon an finsteren Okkultismus, wenn er den Namen des «größten deutschen Dichters» hört? Und doch findet man diesen, wenn man tiefer nachgräbt, bei Goethe fast genauso ausgeprägt wie bei Steiner.

Wenn Steiner seinen Dornacher Bau «Goetheanum» nennt, dann assoziiert er dabei die *Metamorphosen-Lehre* des Dichters, die Lehre von der ständigen Verwandlung aller Dinge. Und diese soll ja auch in der anthroposophischen Baukunst zum Ausdruck gebracht werden. Weil alle Dinge ständig in der Verwandlung, «im Fließen» (Heraklit) sind, sollen sie auch entsprechende Formen erhalten. So erklärt sich z.B. die auffallende Tatsache, daß anthroposophische Häuser in der Regel kaum rechte Winkel besitzen, sondern fließende, sich wandelnde Formen. In der Vorstellung vom «Fließen» wirkt sich übrigens auch Steiners relativistische, keine vorgegebenen Werte anerkennende Philosophie seines ethischen Individualismus aus.

Seine Freiheitsphilosophie steht auch Pate in der Konzeption einer *«Dreigliederung des sozialen Organismus»*, die er ab dem Jahre 1917 entwirft. Ausgelöst wird diese durch die Frage eines hochgestellten Mitglieds der Anthroposophischen Gesellschaft, den Münchner Reichsrat Otto Graf Lerchenfeld. Er bittet Steiner im Juni 1917, dem deutschen Volk einen Ausweg

aus der verfahrenen politisch-gesellschaftlichen Situation – das
Kriegsglück hatte sich gegen das Deutsche Reich gewendet –
zu zeigen. Und schon im Juli des gleichen Jahres stellt Steiner
in zwei Memoranden seine ersten Grundgedanken über eine
«Dreigliederung des sozialen Organismus» dar. Diese Memoranden werden von Freunden Steiners an einflußreiche Politiker weitergeleitet, jedoch ohne Erfolg. Eine ausführlichere
Darlegung wird 1919 in dem Buch «Die Kernpunkte der sozialen Frage» entwickelt, das eine weite Verbreitung erfährt,
aber in der politischen Praxis auch so gut wie nichts bewegt –
genausowenig wie der nach dem verlorenen Krieg von Steiner
verfaßte Aufruf «An das deutsche Volk und an die Kulturwelt»,
auf den ich noch zurückkommen werde.

Worum geht es bei Steiners «Dreigliederungsidee»? Kurz gesagt um folgendes: «So wie die menschliche Wesenheit durch
drei Funktionssysteme gegliedert ist – durch das Nerven-Sinnes-System (Denken), das Rhythmische System (Fühlen) und
durch das Gliedmaßen-Stoffwechsel-System (Wollen) –, sei
die Dreigliederung auch im sozialen Organismus zu verwirkli-
chen, nämlich die Freiheit im geistigen Leben, die Gleichheit
der Menschen in rechtlicher Hinsicht und die Brüderlichkeit in
den Prozessen der Wirtschaft» (Wehr 1993, 257).

Steiner fordert also eine *Entflechtung von Geistesleben* (Kultur, Wissenschaft, Religion und Erziehung), *Rechtsleben* (Ju-
risdiktion und Politik) *und Wirtschaftsleben.* Bisher sind diese
drei Bereiche miteinander verbunden, woraus sich eine Reihe
von Problemen ergibt, z.B. die Bevormundung von Wirtschaft,
Kunst und Erziehung durch den Staat, die Abhängigkeit der Politiker von Wirtschaftsunternehmen, der Mißbrauch von Wirtschaftsunternehmen zu Kriegszwecken und ähnliches. Wir sehen, wie aktuell die Beobachtungen Steiners auch heute noch
sind. Was aber schlägt er konkret vor?

Walter Kugler faßt Steiners Gedanken folgendermaßen zusammen: «Hinter der Chiffre *Dreigliederung des sozialen Organismus* verbirgt sich letztlich die Auflösung des Einheits-
staates. An seine Stelle (...) haben in Zukunft zu treten ein vom
Staat unabhängiges Wirtschaftsleben und Geistesleben. Das

dritte Gebiet ist das Rechtsleben, das sich einzig auf die Regelung der öffentlich-rechtlichen Belange konzentriert. Jeder dieser drei Funktionsbereiche gibt sich seine eigene Struktur, seine eigene Verwaltung. Sie 'sollen nicht in einer abstrakten, theoretischen Reichstags- oder sonstigen Einheit zusammengefügt und zentralisiert sein', sondern 'jeder Mensch als solcher wird ein Verbindendes' der drei Glieder des Organismus sein» (606, 6).

Diese Ansichten im Detail zu beurteilen, muß ich den Politologen und Ökonomen überlassen. Manches dürfte bedenkenswert sein. Allerdings scheint es mir, daß Steiner auch hier von einem *optimistischen Menschenbild* ausgeht, indem er die «volle Selbstverwaltung» letztlich soweit individualisiert, daß sie in jedem einzelnen Menschen zu liegen kommt. Hier dürfte das Gedankengut des *«anarchistischen Individualismus»* eines John Henry Mackay noch nachwirken. So kann Steiner etwa im Blick auf das Wirtschaftsleben ausführen:

«Diesem Organisieren, das die Menschen zur Produktion von außen zusammenschließen will, steht diejenige wirtschaftliche Organisation, die auf dem freien Assoziieren beruht, gegenüber. Durch das Assoziieren verbindet sich der Mensch mit einem andern; und das Planmäßige des Ganzen entsteht durch die Vernunft des einzelnen» (606, 18).

Es ist kritisch zu fragen, ob Steiners Konzeption nicht im *Chaos* endet. Er wendet sich zu Recht gegen einen absoluten Zentralismus und Dirigismus auf politischem, wirtschaftlichem und geistigem Gebiet mit ihren Auswüchsen. Das andere Extrem, dem Steiner zu verfallen droht, sieht freilich so aus, daß bei der immer weiteren Herunterstufung von Kompetenzen – letztlich bis zum Individuum – am Ende zu viele Individuen mitreden wollen und überhaupt keine konsensfähige und sinnvolle Entscheidung mehr zustande kommt eine Erscheinung, die wir heute übrigens bei vielen Kongressen der *«Grünen»* im Parteimaßstab erleben, die maßgeblich von Anthroposophen (etwa aus dem der Dreigliederungsidee verbundenen *«Achberger Kreis»*) mitbegründet wurden und bis heute mitgetragen werden (vgl. hierzu Gassmann 1994).

1919: Aufruf «An das deutsche Volk und an die Kulturwelt». Waldorfschule

Am 27.1.1919 treffen sich drei in der Wirtschaft tätige Anthroposophen, nämlich der Jurist *Roman Boos,* der Kaufmann *Hans Kühn* und der Direktor der Stuttgarter Waldorf-Astoria-Zigarettenfabrik, *Emil Molt,* mit Rudolf Steiner zu einer Besprechung. Dabei werden zwei wichtige Beschlüsse gefaßt:

Erstens, sich nach dem verlorenen Krieg mit einem *Aufruf «An das deutsche Volk und an die Kulturwelt»* zu wenden, den Rudolf Steiner ausarbeiten soll und in dem er den Dreigliederungsgedanken als Mittel zur Genesung der Völker einer breiten Öffentlichkeit vorstellt. Und zweitens, eine eigene *staatsunabhängige Schulform* zu begründen.

Bereits am 2. Februar kann Steiner seinen Freunden den fertigen Aufruf überreichen, die damit auf Unterschriftensammlung bei prominenten Persönlichkeiten gehen. Davon verspricht man sich eine größere Wirkung als mit einer bloßen Weitergabe Steinerscher Memoranden an einflußreiche Politiker, wie dies in den Jahren 1917 und 1918 erfolglos geschehen ist. Zu sehr ist Steiner bereits als Esoteriker bekannt, dem man auf politischem Gebiet nichts zutraut. So sucht man «Verstärkung».

Viele der Angefragten verweigern ihre Unterschrift unter den Aufruf. Die Enttäuschung der Initiatoren ist groß. Aber sie geben nicht auf, und so kommt innerhalb weniger Wochen doch eine Reihe von Unterschriften zusammen. Neben bekannten Anthroposophen wie Friedrich Rittelmeyer und Emil Bock oder dem fernöstlichen Denken zugeneigten Persönlichkeiten wie Hermann Beckh und Hermann Hesse unterzeichnen auch Männer, die ansonsten zum anthroposophischen Denken keine Beziehung haben, z.B. der liberale Theologe Martin Rade und der Naturforscher Hans Driesch.

Um die Steinersche Reformidee weiter voranzutreiben, wird im Mai 1919 in Stuttgart der *«Bund für Dreigliederung des sozialen Organismus»* gegründet, und am 8. Juli kommt in der gleichen Stadt die erste Nummer der *Wochenschrift* «Dreigliederung des sozialen Organismus» unter der Schriftleitung von Ernst Uehli heraus. Bis heute werden diese Gedanken in anthroposophischen Kreisen weiter bewegt und diskutiert. Manches davon ist in Programmforderungen der deutschen *«Grünen»* in die Politik gelangt, die zum Teil eine eigenartige Mischung aus goetheanisch-organischen, anthroposophischen und marxistischen Forderungen darstellen. So heißt es z.B. im «Bundesprogramm» der Grünen von 1989 (S. 7):

«Eine grundsätzliche Neuorientierung des kurzfristig bestimmten wirtschaftlichen Zweckdenkens, die mit einschneidenden wirtschaftlichen, politischen und kulturellen Veränderungen einhergehen muß, ist notwendig, um ein ökologisches und soziales Wirtschaften sicherzustellen. Die GRÜNEN unterstützen alle Bewegungen, die sich für dezentrale und überschaubare Produktionseinheiten sowie eine demokratisch kontrollierbare veränderte Anwendung der Technik einsetzen. Die Großkonzerne sind in überschaubare Betriebe zu entflechten, die von den dort Arbeitenden selbstverwaltet werden.»

Der Zusammenhang zwischen anthroposophischer und grüner Bewegung (es gibt viele persönliche und ideologische Querverbindungen) wird auch in der Forderung nach Gleichberechtigung der Schulen in freier Trägerschaft deutlich: «Gleichberechtigung aller Schulen in freier Trägerschaft bzw. Alternativschulen (Waldorfschulen, Glocksee-Schule, Tvind usw.), um die positiven Erfahrungen dieser Schulen zu nutzen» (Bundesprogramm, S. 40). Interessanterweise werden an erster Stelle die anthroposophischen Waldorfschulen genannt, während z.B. Freie Christliche Bekenntnisschulen keine Erwähnung finden. Letztere werden vielmehr in Ländern, in denen die Grünen mitregieren, immer wieder bekämpft.

Aber gehen wir zurück in das Jahr 1919. Wie kommt es zur Entstehung der ersten *Waldorfschule?* Es kommt dazu durch die Initiative des Besitzers der Stuttgarter Waldorf-Astoria-Zigarettenfabrik, *Emil Molt.* Er sucht nicht nur seinen Arbeitern, sondern auch deren Kindern eine Ausbildung auf spiritueller Grundlage zu vermitteln, und so reift Anfang 1919 der Plan, eine – wie im Dreigliederungsdenken vorgesehen – «staatsfreie,

auf ganzheitliche Menschenbildung hin ausgerichtete Schule»
zu schaffen (Wehr 1993, 280).

Es ist übrigens eine bemerkenswerte Paradoxie darin enthalten, daß die Schulen, die heute geradezu mit der «Gesundheits-
und Lebensreform-Bewegung» identifiziert werden, ausgerechnet durch einen *Zigarettenfabrikanten* initiiert wurden!
Und der Anthroposoph Adolf Baumann erwähnt, daß Steiner,
der vielen geradezu als «Guru der Gesundheitsapostel» gilt (zu
denen ich mich selber übrigens auch viele Jahre zählte), «ge-
raucht und starken Kaffee geliebt» habe (Baumann 1986, 86).

Bei der Gründung der ersten Waldorfschule ist zunächst daran gedacht, nur Kinder aus der Belegschaft der Waldorf-Astoria-Zigarettenfabrik aufzunehmen, doch wird diese Beschrän-
kung bald verworfen. Die Waldorfschule soll allen offenstehen.
Es soll nach der Aussage Steiners auch keine Anthroposophie
gelehrt werden, vielmehr soll die Anthroposophie in der Erziehung selbst zur *Tat* werden. So sagt er bei der Eröffnung der
ersten Waldorfschule mit 200 Kindern und 15 Lehrern am
7.9.1919 in Stuttgart:

«Jedenfalls soll sie nicht werden eine Weltanschauungsschu-
le. Derjenige, der da sagen wird, die anthroposophisch orien-
tierte Geisteswissenschaft gründe die Waldorfschule und wolle nun ihre Weltanschauung hineintragen in diese Schule – ich
sage das jetzt am Eröffnungstage –, der wird nicht die Wahrheit sagen. Uns liegt gar nichts daran, unsere 'Dogmen', unsere Prinzipien, den Inhalt unserer Weltanschauung dem werdenden Menschen beizubringen. Wir streben nicht danach, eine dogmatische Erziehung zu bewirken. Wir streben danach,
daß dasjenige, was wir gewinnen können durch die Geisteswissenschaft, lebendige Erziehungstat werde» (zit. nach
Wachsmuth 1951, 387).

Die Anthroposophie soll also nicht explizit gelehrt werden –
das kann sie auch nicht, weil nach Steinerscher Theorie der
Mensch die Anthroposophie erst ab der Ausbildung des «Ich-
Leibes» im 21. Lebensjahr verstehen kann –, aber sie soll durch
die – in der Regel anthroposophische – «Lehrerpersönlichkeit»,
durch die Eurythmie, durch den Baustil, durch die ganze

Atmosphäre an der Schule zur «Tat» werden. Ich halte allerdings diese *indirekte Wirkung* der Anthroposophie für viel gefährlicher als ein direktes, offenes Lehren ihrer Inhalte, weil das
Kind so unbewußt in die ganze Atmosphäre des Steinerschen
Okkultismus hineinwächst. Insbesondere durch die Eurythmie,
die durchgehendes Pflichtfach ist, findet – wie schon angedeutet – eine Öffnung für okkulte Mächte statt.

Ferner ist der *«Lehrplan der Freien Waldorfschule»* – und
demzufolge der Unterricht – *keineswegs so «neutral»*, wie Steiner es hinstellen möchte. Einige Beispiele lassen die anthroposophische Färbung der Unterrichtsinhalte deutlich erkennen:

«Die *Pflanzenlehre* wird immer im Zusammenhang mit dem
Leben der Erde als eines lebendigen, einheitlichen Organismus
behandelt» (S. 27). Hier klingt die Steinersche Spekulation von
der Erde als einem «geistigen Organismus» bzw. Träger des
«Christus-Geistes» durch. – Ferner soll der Schüler aus dem
Naturkunde-Unterricht «ein Bild des Menschen mit sich nehmen, das ihm den Menschen als Zusammenfassung der Natur-
reiche, als Mikrokosmos zeigt» (S. 36) – eine Vorstellung der
mittelalterlichen Esoterik, etwa bei Paracelsus. – Die *Evolutionslehre* wird in ihrer Steinerschen Form gelehrt: «Jedes Tier
erscheint als ein verselbständigtes Organ oder Organglied des
Menschen, die Tierwelt als der in seine Teile zerspaltene
Mensch» (S. 53) – ein Gedanke, mit der ein Schüler an einer
staatlichen Schule die Abschlußprüfung wohl kaum bestehen
dürfte. – Als Beispiel, das den Einfluß der *Astrologie* in den
Waldorfschulen dokumentiert, sei auf den «Planetentanz» in
der Eurythmie hingewiesen (S. 25). – In einer Orientierungshilfe der Landessynode der Evangelischen Kirche von Würt-
temberg unter dem Thema «Die Waldorfschule in evangelischer Sicht» wird zusammenfassend festgestellt:

«Die weltanschauliche Durchdringung der gesamten Wal-
dorferziehung und damit auch des Unterrichts ist ein zentrales
Prinzip. Steiners Wissenschaftsbegriff setzt sich nachdrücklich
ab vom modernen Wissenschaftsverständnis. Vorwissen-
schaftliche und außerwissenschaftliche Denkweisen und Über-
lieferungen haben in Steiners 'Erziehungskunst' einen bedeu-

tenden Platz. So werden zum Beispiel alte Sagen und Mythen in wissenschaftliche Schulfächer eingebaut und 'unkritisch' dem Schüler als Lernpensum aufgetragen. In der Physik und Mathematik der Waldorfschule finden sich Elemente aus der Astrologie, im Geschichtsunterricht der Mythos vom untergegangenen Atlantis (samt Jahreszahlen und kulturellen Detailbeschreibungen, vermittelt als historische Fakten), in der Tier- und Menschenkunde anthropomorphe symbolistische Parallelen (z.B. zwischen dem Kopffüßler und dem Kopf des Menschen)» (S. 30f.).

Es ist somit zwar richtig, daß das Steinersche Weltanschauungssystem in den Waldorfschulen nicht als Ganzes gelehrt wird, aber während des «normalen» Unterrichts kommen Elemente daraus immer wieder zum Tragen. Neben dem konfessionellen Religionsunterricht für die Mitglieder der großen Kirchen werden übrigens ein anthroposophischer «Freier christlicher Religionsunterricht» sowie ein Religionsunterricht der «Christengemeinschaft» angeboten, der z.B. ausführlich die *Steinersche Christosophie* entfaltet. Aber verpflichtend ist die Teilnahme an den letztgenannten Fächern nicht.

Betrachtet man die genannten Beispiele, dann kann man dem Pädagogen Wolfgang Schneider nur zustimmen, der fordert, die weltanschauliche Komponente der Waldorfpädagogik endlich offen zuzugeben:

«Im übrigen zeigt Steiners Sprache eindeutig, daß es ihm um eine weltanschauliche Schule geht, wenn er etwa betont, daß der Lehrplan von dem bestimmt ist, 'was als Menschenkenntnis vorhanden ist', wenn er die Lehrer auffordert, *im Auftrag und in Verbindung mit geistigen Mächten* zu arbeiten bzw. 'vom Standpunkt einer wirklichen Weltanschauung' zu erziehen, und wenn er ein *Eindringen ins übersinnliche Leben* als Voraussetzung für die Erziehung ansieht. Waldorfschulen sind deshalb Weltanschauungsschulen. Dies zuzugestehen, würde der sachlichen Diskussion um deren Inhalte nur nützlich sein. Sonst wird man zu Recht den Vorwurf des Etikettenschwindels erheben dürfen» (Vierteljahresschrift für wissenschaftliche Pädagogik 4/92, S. 463).

Auch die Nordelbische Evangelisch-Lutherische Kirche
stellt im Blick auf die Waldorfpädagogik in einer «Orientierungshilfe» fest: «Anthroposophie wird im Unterricht zwar
nicht gelehrt, ist aber die Grundlage allen pädagogischen Tuns»
(«Die Waldorfschulen und ihr weltanschaulicher Hintergrund», S. 13).

Nun bleibt zu fragen: Was macht Waldorf- bzw. Rudolf Steiner-Schulen auch für Nichtanthroposophen so attraktiv? Im-
merhin gibt es allein in Deutschland über 125 Waldorfschulen
und über 300 Waldorf-Kindergärten. Was bewegt so viele Eltern, ihre Kinder in eine solche Einrichtung zu schicken?
Sicherlich die Tatsache, daß sie – zumindest vordergründig gesehen – in rein *pädagogischer* Hinsicht manche Vorteile gegenüber anderen Schulen und Kindergärten aufweist. So gibt es
nicht den starken Leistungsdruck wie in staatlichen Schulen,
man kann nicht «sitzen bleiben», das musische und handwerkliche Element wird stärker gefördert. Freilich kann sich der ge-
ringere Leistungsdruck auch negativ auswirken – dann nämlich, wenn das Kind in den harten Berufsalltag kommt und
nicht gewohnt ist, sich auf besondere Leistungsanforderungen
einzustellen.

Es würde an dieser Stelle zu weit führen, auf die Diskussion
einzugehen, die zwischen der anthroposophischen Pädagogik
und anderen pädagogischen Modellen heute geführt wird.
Hierzu gibt es inzwischen eine Fülle von Literatur (vgl. z.B.
Prange 1987; Rudolph 1987; Ullrich 1986). Gewiß weisen sowohl staatliche als auch anthroposophische Schulsysteme jeweils spezifische Stärken und Schwächen auf. Es sei allerdings
darauf hingewiesen, daß das, was die Waldorfeinrichtungen für
viele Menschen so attraktiv macht, zum größten Teil nicht von
Rudolf Steiner selber entwickelt, sondern aus anderen zu seiner Zeit im Raume stehenden pädagogischen Konzeptionen
übernommen wurde. Ich sage das nicht, um die Leistung und
Originalität Rudolf Steiners herabzuwürdigen, sondern einfach
als Tatsache. Die oben erwähnte «Orientierungshilfe» der
Nordelbischen Evangelisch-Lutherischen Kirche nennt folgende *«pädagogische Anleihen in Steiners System»:*

«1. Die *'Ganzheitsschule' (Hugo Gaudig)* möchte den jungen Menschen in seiner Ganzheit von Leib, Seele und Geist bilden. Der Schüler soll zu 'freier geistiger Selbsttätigkeit' kommen ...

2. Aus der *'Arbeitsschule' Georg Kerschensteiners* wurde das handwerkliche Arbeiten in der Schule von Steiner weiterentwickelt. Auch der Epochenunterricht wurde aufgenommen ...

3. Aus der *'Lebensgemeinschaftsschule' (Peter Petersen)* kommt der Gedanke der Schulelterngemeinde» (S. 12ff.).

Was *Steiner* in die Waldorfpädagogik eingebracht hat, sind vor allem das spezifisch anthroposophische Menschenbild und die Aufteilung des Unterrichts nach Sieben-Jahres-Rhythmen. Im Teil über die Lehre gehe ich noch einmal auf die Waldorfpädagogik ein. Hier sei abschließend eindrücklich an die okkulten Elemente erinnert, die untrennbar mit der Anthroposophie – auch in Gestalt der Waldorfpädagogik – verbunden sind. Der Warnung der Nordelbischen Kirche in ihrer «Orientierungshilfe» kann ich mich nur anschließen:

«Jedenfalls sollen evangelische Eltern sich darüber nicht täuschen lassen, daß der gesamte Waldorfunterricht auf fundamentalen Inhalten aufbaut, die mit den Inhalten, die einem biblisch orientierten Unterricht zugrunde liegen, nicht in Übereinstimmung zu bringen sind» (S. 18).

1920: Erste Hochschulkurse. «Geisteswissenschaft und Medizin»

Auch das Jahr 1920 bringt einige Neuerungen mit sich. Am 13. März wird in Stuttgart das Wirtschaftsunternehmen *«Der kommende Tag»* auf Anfrage einiger Anhänger Steiners gegründet. Es soll ein Dachverband für wirtschaftliche Betriebe im Bereich der anthroposophischen Bewegung (Verlag, Heilmittelproduktion, Landwirtschaft u.a.) sein, muß jedoch wegen finanzieller und unternehmerischer Schwierigkeiten bereits Mitte der zwanziger Jahre wieder aufgelöst werden.

Nicht viel besser wird es dem ersten *Goetheanum-Bau* ergehen, der am 26. September in einer feierlichen Kulthandlung von Steiner vor rund 1000 Anwesenden seiner Bestimmung übergeben wird. Bereits zwei Jahre später wird der Bau ein Raub der Flammen sein.

Eine dauerhaftere Einrichtung werden die *Hochschulkurse,* die erstmals im Herbst 1920 im Goetheanum abgehalten werden. Nach der Gründung einer Schulbewegung bahnt sich nun auch eine Hochschulbewegung an, die ihrerseits ganz offen dem anthroposophischen Gedankengut hingegeben ist. So beschwört Steiner beim einführenden Vortrag, der ersten Veranstaltung im großen Kuppelbau des Goetheanums, die uralte, spätestens in der Aufklärungszeit verlorengegangene *Einheit von Kunst, Wissenschaft und Religion in den heidnischen Mysterien* und verheißt ihre Wiederbelebung durch die anthroposophische Geisteswissenschaft. Die Grenzen der Erkenntnis sollen überschritten werden:

«Es gab Zeiten der Menschheitsentwicklung, da waren nicht abgesonderte Unterrichtsanstalten, nicht abgesonderte Kirchen, nicht abgesonderte Kunstanstalten, da war ein einheitliches Wirken, das ein künstlerisch erkennendes und zu gleicher Zeit religiös geartetes war: Stätten, die man Mysterien nennen kann, in denen gepflegt wurde eine Kunst, die zu gleicher Zeit Religion und Wissenschaft war, in denen gepflegt wurde eine Religion, die in ihren Kulten das Kunststreben der damaligen Zeit aussprach, in denen gepflegt wurde eine Wissenschaft, die aus jener Geistigkeit, aus der heraus sie entsprang, unmittelbar hinführte zu den göttlichen Quellen des Menschen- und Weltendaseins, die im religiösen Empfinden erlebt werden sollen (...) Drei neue Kräfte möchten wir aus geistigen Quellen heraus schöpferisch zur Offenbarung bringen: eine schauende Kunst wiederum, ein Erkennen des Übersinnlichen zur Wiedergeburt der Seele und des Geistes in jener Religion, deren Stimmung sich herausgestalten muß aus dieser Kunst und aus dieser Wissenschaft» (zit. nach Wachsmuth 1951, 412f.).

Altes Mysteriendenken wird auch in der anthroposophischen *Medizin* wiederbelebt, die von Steiner in mehreren Stufen – zuletzt zusammen mit der jungen holländischen Ärztin *Ita Wegman* – entwickelt wird. Bereits 1911 hat er in Prag einen Vortragszyklus über *«Okkulte Physiologie»* gehalten. Vom 21.3. bis 9.4.1920 spricht er in Dornach vor etwa 35 Ärzten und Medizinstudenten über *«Geisteswissenschaft und Medizin»*. 1925 wird schließlich posthum sein zusammen mit Ita Wegman verfaßtes Buch *«Grundlegendes für eine Erweiterung der Heilkunst»* erscheinen.

Worum geht es in der anthroposophisch geprägten Medizin? Sie beruht auf der Ansicht, daß der Mensch aus *vier Leibern* (physischer Leib, Ätherleib, Astralleib und Ichleib) besteht. Daneben wird eine Aufteilung des Menschen in *drei «Systeme»* vertreten: das Nerven-Sinnes-System, in dem das Geistige in Bewußtsein und Denken vorherrscht; das Stoffwechsel-Gliedmaßen-System, in dem das Leiblich-Vegetative und der Wille dominieren; und das rhythmische System mit dem Schwerpunkt auf dem Seelisch-Gefühlsmäßigen in Atmung und Herztätigkeit. Das rhythmische System stellt den Ausgleich zwischen den beiden anderen Systemen her, die einander polar gegenüberstehen.

Diese *Polarität* begegnet in der Esoterik immer wieder, so etwa bei Steiner im Gegensatz von Luzifer (Geistiges) und Ahriman (Materielles), zwischen die der zum «Erdgeist» werdende «Christus-Sonnengeist» ausgleichend eintritt. In seinem «Menschheitsrepräsentanten», den man im Goetheanum besichtigen kann, hat Steiner diese Idee der Polarität augenfällig demonstriert. Und dieses polare Weltbild, das einen Vorläufer z.B. in Gestalt des chinesischen Taoismus besitzt (die Lebensenergie «Chi» entfaltet sich in der Polarität von «Yin» und «Yang»), hat auch bei der anthroposophischen Medizin Pate gestanden. Denn Krankheit entsteht nach Steiner als eine Störung dieses polaren Gleichgewichts, und Gesundheit kann erreicht werden, wenn das Gleichgewicht zwischen den verschiedenen Leibern oder Systemen wiederhergestellt wird.

Die anthroposophische Heilkunst findet heute – im *«Zeital-*

ter des alternativen Denkens» – viel Anklang. Die Menschen suchen nach Medikamenten und Therapieformen ohne Nebenwirkungen und auf «natürlicher» Basis. Außerdem wurde in der *psychosomatischen Medizin* zunehmend die Einheit von Leib, Seele und Geist erkannt. Sicherlich hat in dieser Hinsicht die Alternativmedizin vor der Schulmedizin, die sich lange Zeit nur auf einzelne Körperteile spezialisiert hat, einiges voraus.

Aber ist die anthroposophische Medizin wirklich nur als harmlose Alternativmethode ohne schädliche Nebenwirkungen zu betrachten? Oder können sich hier «Nebenwirkungen» auf einer ganz anderen Ebene – nämlich in Gestalt einer okkulten Belastung – ergeben?

Nach allem, was wir bisher über die Anthroposophie und ihren Begründer herausgefunden haben, liegt dieser Verdacht nahe. Und in der Tat ist es deutlich, daß die anthroposophische Medizin in ihren spezifischen Erkenntnissen auf okkulten (im Sinne von heidnisch-magischen) Prinzipien beruht.

In der *Diagnostik* ist – neben den allgemein üblichen Untersuchungen – ein *«intuitives Erkennen»* der Krankheit gebräuchlich. Viele anthroposophische Ärzte orientieren sich hier am Vorbild von Rudolf Steiner, der auf diesem Gebiet augenscheinlich ganz besondere Fähigkeiten aufwies. Eine der ersten Ärztinnen am Klinisch-Therapeutischen Institut in Arlesheim, Grete Kirchner-Bockholt, beschreibt Steiners Vorgehen bei den dortigen Krankenbesuchen:

«Für jeden seiner Besuche bereiteten wir sorgfältig alles vor. Analysen und Untersuchungsbefunde lagen bereit; er sah sich alles genauestens an. Dann aber, als die Patienten vor ihm standen, war seine Methode völlig verschieden von der hergebrachten. In scharfer Konzentration schaute er auf den Patienten, sein Blick wandte sich den (übersinnlichen) Wesensgliedern dieses Menschen zu; ihm war es möglich, mit exaktem Hellsehen die Ursache der Krankheit zu erforschen (...) So konnte er einmal bei einem Patienten, der jahrelang an Ekzemen gelitten hatte, sagen, die Ursache liege in einer Vergiftung, die er sich als Kind zugezogen habe. Der Patient konnte sich zunächst an nichts erinnern, dann aber fiel ihm ein, daß er etwa

in seinem neunten Schuljahr versehentlich im Physiksaal Salz-
säure getrunken habe. Die jahrzehntelang zurückliegende Ursache der Erkrankung hatte Rudolf Steiner in dem heute vor
ihm stehenden Menschen wahrgenommen» (zit. nach Wehr
1993, 305).

Hier handelt es sich, wie auch offen gesagt wird, um nichts
anderes als um *Hellsehen*. An dieser Stelle sei eindringlich an
die biblische Warnung erinnert: *«Es soll niemand unter dir
gefunden werden, der seinen Sohn oder seine Tochter durchs
Feuer gehen läßt oder Wahrsagerei, Hellseherei, geheime Künste oder Zauberei treibt oder Bannungen oder Geister-
beschwörungen oder Zeichendeuterei vornimmt oder die Toten
befragt. Denn wer das tut, der ist dem Herrn ein Greuel»*
(5. Mose 18,10–12).

Um zu zeigen, wie sehr Diagnose und Therapie in der an-
throposophischen Medizin von der Steinerschen *esoterischen
Weltanschauung* (z.B. Vier-Leiber-Lehre) bestimmt sind, wäh-
le ich ein Beispiel aus Steiners und Wegmans gemeinsamem
Werk «Grundlegendes für eine Erweiterung der Heilkunst».
Eine 26jährige, labile Patientin klagt über Rückenschmerzen.
Als «Diagnose» ergibt sich ein Ungleichgewicht der verschiedenen Leiber: «Die übermäßige Eigentätigkeit des Astralleibes
bewirkt, daß zu wenig Kräfte von diesem in den physischen
Leib und Ätherleib überströmen.» Als «Therapie» wird eine
Dämpfung des Astralleibes empfohlen: «Die übermäßige Eigentätigkeit des Astralleibes läßt sich bekämpfen durch klein-
ste Dosen von Blei, innerlich genommen. Blei zieht den Astralleib zusammen und weckt in ihm die Kräfte, durch die er sich
stärker mit dem physischen Leib und dem Ätherleib verbindet»
(701, 100f.).

Die anthroposophischen *Heilmittel* werden auf der Basis der
Homöopathie Samuel Hahnemanns hergestellt. Adolf Baumann schildert den Vorgang:

«Als Trägersubstanz ('Medium'), mit der der Heilstoff ver-
dünnt wird, dienen in der Regel Wasser oder Alkohol und
Milchzucker, wenn es sich um eine Verarbeitung von fester
Substanz handelt. Was für die Befreiung der Heilkräfte aus den

Substanzen eine Rolle spielt, ist dabei nicht der Vorgang der Verdünnung, sondern die Aufschließung der materiellen Substanz durch gründliches Verschütteln bzw. Verreiben bei jedem Verdünnungsschritt. Höhere und hohe Potenzen wie beispielsweise D 12 (1 : 1 Billion) oder gar D 30 sind so gewaltige Verdünnungen, daß nach mathematischer Berechnung eine medizinisch angewandte Qualität eines Heilmittels mit größter Wahrscheinlichkeit kein einziges Atom der potenzierten Heilsubstanz mehr enthält. Aus seiner geisteswissenschaftlichen Forschung bestätigt Steiner jedoch, daß besonders in so hohen Potenzen starke geistige Kraftwirkungen der verdünnten physischen Substanz freigesetzt sind. Er erklärt sie als eine Art geistige Essenz der materiellen Substanzen, welche ihrerseits wieder nichts anderes als in einem langen Prozeß der Erdentwicklung zu irdischer Dichte geronnene geistige Kräfte sind» (Baumann 1986, 126).

Die Homöopathie ist – selbst in christlichen Kreisen – sehr verbreitet. Es handelt sich hierbei aber nicht – wie etwa bei der Pflanzenheilkunde (Phytotherapie), mit der die Homöopathie manchmal verwechselt wird – um eine natürliche, pflanzliche Heilweise, sondern um eine Form der übersinnlichen *Geistheilung,* der eine Trägersubstanz zugrunde liegt. Das geht auch aus der obigen Beschreibung deutlich hervor. Die homöopathische – und damit auch anthroposophische – Wirkung erfolgt nicht substantiell, etwa durch Pflanzenwirkstoffe, sondern *geistig* – aufgrund einer bei der «Potenzierung» eingefangenen *«Kraft»,* vergleichbar mit dem spiritistischen Mesmerismus. Der christliche Mediziner Georg Müller, der über die weltanschaulichen Hintergründe der Homöopathie promoviert, meint in seinem Buch «Heilkraft durch Verdünnen?»:

«Wenn nun die hintergründigen Vorstellungen über Simileregel, Lebenskraft und Potenzenlehre bekannt sind, überrascht es nicht, daß Hahnemann der Heilkraft des animalischen Magnetismus beinahe das gleiche Vertrauen schenkte wie der selbstentwickelten homöopathischen Heilkunst. Dies bestärkt die Annahme, daß letztlich der sogenannte Geist der Homöopathie aus ähnlichem okkulten Wissen gespeist wird, wie es of-

fensichtlich für den Mesmerismus gilt (...) Sowohl die Ähn-
lichkeitsregel (Simileregel) als auch die Potenzenlehre (Dyna-
misation) entspringen beide magisch-kosmischen Religions-
vorstellungen (...) Die Homöopathie ist kein Naturheilverfah-
ren, sondern eine übernatürliche Heilkunst! (...) Wenn Gott auf
übernatürliche Weise das Leben des Menschen beeinflußt, bedient Er sich Seiner unmittelbaren geistlichen Macht. Andere
Mächte, welchen Namen sie auch tragen, wirken außerhalb und
somit in Opposition zu Gottes Geist» (Müller 1992, 61.63.69).

Auf weitere Fragen im Blick auf die anthroposophische
Medizin gehe ich im Teil über Steiners Lehre ein.

1921: Klinisch-Therapeutisches Institut Arlesheim. Weleda. Erste Theologenkurse

Am 6.6.1921 wird in Arlesheim, einem Nachbarort von Dornach, auf Initiative von Ita Wegman das *Klinisch-Therapeuti-
sche Institut* gegründet, das nach anthroposophischen Richtli-
nien arbeitet. Es ist Krankenhaus und Forschungsstätte zugleich. 1971 erhält es zu Ehren der Initiatorin den Namen *«Ita
Wegman-Klinik»*. Mit der Gründung des Klinisch-Therapeutischen Instituts wird auch die Herstellung von *Heilmitteln* auf
anthroposophischer Grundlage in großem Maßstab in Angriff
genommen. Nachdem diese bisher in bescheidenem Rahmen
im Dornacher Labor des Chemikers Oskar Schmiedel erfolgt
war, widmet sich die 1924 ins Leben gerufene *WELEDA AG*
und später auch die Firma *WALA* der Massenproduktion.

Rudolf Steiner selbst schlug den Namen *«Weleda»* vor. Wer
war Weleda? Es handelt sich um eine germanische Heilpieste-
rin am Oberlauf der Lippe, die bald nach ihrem Tod als Göttin
verehrt wurde. Daneben begegnet der Name als Rangbezeich-
nung für die Hohepriesterin an keltischen Druidenstätten, die
dort magische Rituale vollführte. Es ist sicherlich kein Zufall,
daß Rudolf Steiner gerade diesen Namen für die Trägersub-
stanzen seiner «geistigen Heilkraft» gewählt hat. Stellte doch
schon Ita Wegman fest: «Es war stets das Bestreben Rudolf

Steiners – und ich brachte ihm hierin vollstes Verständnis entgegen –, das alte Mysterien-Wesen zu erneuern und in die Medizin einfließen zu lassen» (701, 136).

Doch Rudolf Steiners Tätigkeit beschränkt sich nicht auf
Kunst, Politik, Pädagogik und Medizin. Auch auf dem Gebiet
der *Theologie* hat er sich immer wieder versucht. Seine Bi-
bel(um)deutungen habe ich bereits erwähnt. Im Juni und September 1921 nun finden erstmals *«Theologenkurse»* statt, bei
denen Steiner seine Gedanken für eine kultisch-religiöse Erneuerung weitergibt.

Die Initiative dazu ist von Theologen wie dem bekannten
evangelischen Pfarrer Friedrich Rittelmeyer ausgegangen, vor
allem aber von jungen Theologiestudenten, z.B. Emil Bock und
Rudolf Frieling, die mit der Situation in Kirche und Pfarrer-
ausbildung nach dem Ersten Weltkrieg unzufrieden sind.
Während am Juni-Kurs in Stuttgart nur 18 junge Menschen teil-
nehmen, sind es beim Dornacher September-Kurs über 100,
darunter aber viele «Zaungäste», etwa der Nürnberger Pfarrer
und Freund Rittelmeyers, Christian Geyer, und der bereits damals bekannte Theologe und Philosoph Paul Tillich, die aus
Neugierde gekommen sind und den Weg zur «Christengemeinschaft» nachher nicht mitgehen. Tillich etwa sieht hier –
trotz gewisser Sympathien für die auch Steiner wichtige Schel-
lingsche Naturphilosophie und Mystik – sein Streben nach einem symbolischen Sakramentalismus nicht erfüllt.

1922: Die Christengemeinschaft. Biologisch-
dynamische Präparate. Goetheanum-Brand

Der entscheidende *dritte Theologenkurs* findet vom 7. bis
22.9.1922 in Dornach statt. Während dieses Kurses wird am 16.
September von Friedrich Rittelmeyer die erste *«Menschenweihehandlung»* zelebriert, die *«Priesterweihe»* an den über 40
Teilnehmern vollzogen und damit die *«Christengemeinschaft»*,
die sich auch «Bewegung für religiöse Erneuerung» nennt, gegründet. Rudolf Steiner fungiert als Berater und Helfer. Und

doch ist er mehr! Gerhard Wehr berichtet etwa, wie er nach der «Priesterweihe» durch die Reihen geht und jedem der Neuge-weihten die Hände auflegt (Wehr 1993, 316). Und einer der er-sten «Priester», Kurt von Wistinghausen, erinnert sich:

«Unauslöschlich hat sich uns das Bild eingeprägt, wie er (sc. Rudolf Steiner) schlicht in seinem schwarzen Gehrock unter uns war und neben dem Altar stand, als Friedrich Rittelmeyer in tiefer Andacht die erste Weihehandlung hielt. Mit mehr als wacher Aufmerksamkeit ruhte sein Blick auf dem Geschehen. Wie ein Pate höherer Ordnung trug er das hier geborene Gei-steskind liebevoll auf die Welt und übergab es uns zu treuen Händen» (zit. nach Wehr 1993, 317).

Im Bericht des Anthroposophen Gottfried Husemann wird deutlich, daß zwar Friedrich Rittelmeyer die erste Menschen-weihehandlung – eine Art anthroposophischer «Gottesdienst» mit der «Kommunion» als Mitte – zelebriert, aber Steiner als der eigentliche geistige Schöpfer, ja, man könnte fast sagen: *Spender* zu gelten hat:

«Nun führte er (sc. Steiner) uns unmittelbar in den Geist der Kultushandlung ein. 'Die Gegenwart des Christus muß herbei-geführt werden'. Im entscheidenden Augenblick erhob er sich von seinem Stuhl und trat, das Angesicht uns allen zugewen-det, neben den Altar (...) 'Nehmt es hin', sagte er, 'aus geistigen Welten herunter erbeten – nehmt es hin und vollbringt es kraft eurer eigenen Weihehandlung.' Auf uraltes Mysterienwissen wurde zurückgegriffen (...) Damit war die Christengemein-schaft als Bewegung für religiöse Erneuerung inauguriert, un-ter Dr. Steiners Leitung und Anweisung. Er brachte die Sub-stanz der Weihe» (zit. nach Badewien 1985, 165).

Aus dem letzten Bericht geht bereits hervor, was die Chri-stengemeinschaft sein möchte: *eine kultische Bewegung, die «Christentum», wie sie es versteht, mit «uraltem Mysterien-wissen» vereinigt.* Dieses wird – wie Wachsmuth erwähnt – vor allem realisiert in einem *«neuen Sakramentalismus»* auf der Grundlage der anthroposophischen *«Geist-Erkenntnis».* Wenn von «Gott» oder «Christus» die Rede ist, dann sind darunter kosmische Mächte zu verstehen, mit denen der Mensch kultisch oder hellseherisch in Kontakt treten kann und die ihn bei seiner evolutionären Höherentwicklung fördern. So gab Steiner «am Michaeli-Tag, dem 29. September (...) eine bedeutsame Vorschau über die Notwendigkeit der neuen Einführung von Kultushandlungen, einer aus Geist-Erkenntnis vollzogenen Anrufung der im Kosmos wirkenden geistigen Mächte, wie sie dem Bewußtsein unserer Zeit entspricht und als reale geistige Kraft und Substanz in der Erdenstruktur die zukünftigen Evolutionsstufen vorbereiten soll» (Wachsmuth 1951, 501f.).

Die Lehren und Rituale der Christengemeinschaft sind eine eigenartige Mischung aus katholischen, protestantischen, anthroposophischen und naturreligiösen Elementen. Äußerlich ähnelt die Christengemeinschaft dem *Katholizismus* (Priester- und Wandlungsgedanke, reiche Liturgie, Weihrauch usw.), innerlich eher einem *liberalen Protestantismus* (Freiheitsphilosophie, Dogmenfeindlichkeit, Evolutionismus, Frauenpriestertum), inhaltlich aber entspricht sie dem Denken der *Anthroposophie* in starker Betonung naturreligiöser Komponenten.

So hat sie von Rudolf Steiner – um nur einige Beispiele zu nennen – die Anschauung von den vier Leibern sowie von Reinkarnation und Karma übernommen, weshalb etwa die Säuglingstaufe als Hilfe zur Inkarnation des physischen Leibes gedeutet wird. Ihr Verständnis der bei der «Menschenweihehandlung» erfolgenden «Kommunion» beruht auf der Steinerschen Lehre von der Erde als Leib des «Christus-Sonnengeistes», der zum «Erdgeist» geworden sei und als solcher in Brot und Wein empfangen werde, um den Menschen durch einen «Impuls» in der Evolution weiterzubringen. Und die «Gemeinschaft mit den Verstorbenen», wie sie die Christengemeinschaft versteht, beruht auf Steiners wissenschaftlich verbrämtem Spiritismus in seinen «Erkenntnissen höherer Welten».

Als Beispiel für die anthroposophische Umdeutung biblischer Begriffe sei das von Steiner für die Christengemeinschaft formulierte *«Neue Bekenntnis»* betrachtet, das sich formal an das bekannte Apostolische Bekenntnis aus altkirchlicher Zeit anlehnt:

«Ein allmächtiges, geistig-physisches Gotteswesen ist der

Daseinsgrund der Himmel und der Erde, das väterlich seinen Geschöpfen vorangeht.

Christus, durch den die Menschen die Wiederbelebung des ersterbenden Erdendaseins erlangen, ist zu diesem Gotteswesen wie der in Ewigkeit geborene Sohn. In Jesus trat der Christus als Mensch in die Erdenwelt. Jesu Geburt auf Erden ist eine Wirkung des Heiligen Geistes, der, um die Sündenkrankheit an dem Leiblichen der Menschheit geistig zu heilen, den Sohn der Maria zur Hülle des Christus bereitete. Der Christus Jesus hat unter Pontius Pilatus den Kreuzestod erlitten und ist in das Grab der Erde versenkt worden. Im Tode wurde er der Beistand der verstorbenen Seelen, die ihr göttliches Sein verloren hatten. Dann überwand er den Tod nach drei Tagen. Er ist seit dieser Zeit der Herr der Himmelskräfte auf Erden und lebt als der Vollführer der väterlichen Taten des Weltengrundes mit denen, die er durch ihr Verhalten dem Tod der Materie entreißen kann.

Durch ihn kann der heilende Geist wirken. Gemeinschaften, deren Glieder den Christus in sich fühlen, dürfen sich vereinigt fühlen in einer Kirche, der alle angehören, die die heilbringende Macht des Christus empfinden. Sie dürfen hoffen auf die Überwindung der Sündenkrankheit, auf das Fortbestehen des Menschenwesens und auf ein Erhalten ihres für die Ewigkeit bestimmten Lebens. Ja, so ist es» (zit. nach v. Stieglitz 1955, 324).

Die *Unterschiede zum Apostolikum* springen sofort ins Auge: Aus «Gott dem *Vater*» ist ein unpersönliches «Gotteswesen» und ein «*Weltengrund*» – ähnlich dem hinduistischen Brahman – geworden. Aus «Jesus Christus, Gottes Sohn» wurde «*der Christus*», der sich «zu diesem Gotteswesen *wie* der in Ewigkeit geborene Sohn» verhält – eine reine Allegorie. Ferner werden aus «Jesus» und «Christus» *zwei Personen* gemacht, obwohl «Christus» in der Bibel keine zweite Person, sondern lediglich ein Würdetitel («Messias», «Gesalbter») für Jesus ist. Im Reden von einer «*Hülle* des Christus» begegnet die alte gnostische Irrlehre des *Doketismus* (Christus habe nur einen «Scheinleib» getragen), die in ihren Konsequenzen der Erlösung im biblischen Sinne widerspricht.

Ebenso taucht in der «geistigen Heilung» einer «Sündenkrankheit» – gemeint ist der *Materialismus* – uraltes *gnostisches* Gedankengut auf (Geist–Materie–Antagonismus), das etwas völlig anderes meint als die persönlich-existentielle Sünde und Erlösung des Menschen durch das Kreuzesopfer Jesu Christi. Weitere unbiblische Lehren, die in Steiners «Neuem Bekenntnis» begegnen, sind z.B.: die Vorstellung vom *Karma* (Erlösung durch das eigene «Verhalten») und der *Göttlichkeit der Menschen* («die ihr göttliches Sein verloren hatten»).

Mit der Gründung der Christengemeinschaft im Jahre 1922 entsteht innerhalb der anthroposophischen Bewegung ein *kultischer Zugang* zu den übersinnlichen Welten, der anders ist als der, den Steiner bisher gelehrt hat. Denn bisher war von ihm gesagt worden, daß ein rein innerlich-meditativer «Erkenntnisweg», eine Art *«geistiger Kommunion»* genüge, um Einblick in übersinnliche Bereiche zu erlangen. Viele Anthroposophen sind verunsichert und fragen ihn an, wie er das Verhältnis zwischen der Christengemeinschaft und der (restlichen) anthroposophischen Bewegung sieht. Am 30.12.1922 gibt er eine – vieles offen lassende – Erklärung ab. Gerhard Wehr faßt sie so zusammen:

«Gäbe es schon eine genügend große Anzahl von Menschen, die den Weg zur Anthroposophie fänden, dann wäre eine zusätzliche Bewegung für religiöse Erneuerung samt ihrem Kultus gar nicht nötig, denn 'für diese anthroposophische Bewegung ist, wenn nur dieser Weg richtig verstanden wird, kein anderer notwendig'. Unter dem Hinweis darauf, daß er lediglich Ratschläge gebe, aber 'niemals irgendeine Kultushandlung' ausgeführt habe, wolle und könne er auch nicht als der Gründer der Christengemeinschaft gelten. Was er getan habe, 'hat nichts zu tun mit der anthroposophischen Bewegung. Ich habe es ihnen (sc. den Priestern) gegeben als Privatmann (...).' Um des Gedeihens von anthroposophischer Bewegung und Christengemeinschaft willen müsse diese darauf verzichten, 'ihre Proselyten innerhalb der Reihe der Anthroposophen' zu machen» (Wehr 1993, 317).

Es ist klar, daß diese Stellungnahme Steiners die frischgeweihten und voll jugendlichem Elan an ihre Aufgabe gegangenen «Priester» der Christengemeinschaft tief enttäuscht. Ihr kultischer Zugang zu den übersinnlichen Welten gilt faktisch als niedrigere «sinnliche» Stufe, die unter der unmittelbaren intuitiven Geisterkenntnis steht. So muß Steiner «Anfang 1923 eigens nach Stuttgart, um vor der vollzählig versammelten Priesterschaft 'viel zu trösten, zu ermutigen und zu ordnen'. Es war zu den bereits bestehenden Spannungen hinzu noch eine weitere entstanden. Und mit einem Male ließ sie sich nicht auflösen, wenn man sich klarmacht, daß der Kultusvollzug tiefere Wesensschichten anzusprechen vermag als das argumentierende Wort» (a.a.O., 320).

Außer der «Christengemeinschaft», bringt das Jahr 1922 weitere Neuerungen. So bahnt sich der 1924 weiter ausgebaute *«biologisch-dynamische Landbau»* bereits an. Wachsmuth bezeichnet den Herbst 1922 als «die Geburtsstunde der landwirtschaftlichen Bewegung». Was geschieht? Rudolf Steiner gibt seinen Mitarbeitern Anweisungen zur Herstellung der ersten biologisch-dynamischen Präparate. Wie stark hier astrologische und magische Vorstellungen eine Rolle spielen (die «kosmische Kraft» soll durch bestimmte Sternkonstellationen, Rühr- und Schüttelbewegungen auf das Präparat übertragen werden), geht aus Wachsmuths Schilderung deutlich hervor:

«Präparate aus der Pflanzen- und Tierwelt (...) sollten in einer bestimmten Weise den Rhythmen der kosmischen und irdischen Kräfte im Sommer und Winter derart ausgesetzt werden, daß darin lebenfördernde Kräfte konzentriert bzw. angereichert würden, die dann in sehr feiner Verteilung, aber mit hoher dynamischer Wirkung (siehe das unter 1920 zur Homöopathie Gesagte; L. G.) in der landwirtschaftlichen Praxis gesundend angewandt werden können (...) So erinnere ich mich noch lebhaft jener ersten starken Verblüffung, als uns Rudolf Steiner den Rat gab, z.B. Kuhhörner zu beschaffen, diese mit bestimmten Substanzen zu füllen, sie dann irgendwo in der Nähe in die Erde einzugraben und dort unter dem Erdboden überwintern zu lassen ...»

Die im Herbst 1922 vergrabenen Präparate werden im Frühjahr 1923 ausgegraben. Rudolf Steiner «ordnete an, Eimer mit Wasser bringen zu lassen, in die er die überwinterten Substanzen hineinschüttete und in Wirbelbewegungen kräftig im Wasser zu verrühren begann. Landwirte in allen Ländern haben seither diesen recht anstrengenden Rührprozeß alljährlich durchgeführt, doch war es ein ganz besonderes Erlebnis, als hier der über 61jährige Schöpfer dieser Methode zum ersten Male mit kräftiger Hand den Rührstecken in der Flüssigkeit rhythmisch hin- und herbewegte und dadurch *das erste Präparat der biologisch-dynamischen Landwirtschaftsmethode* eigenhändig herstellte. Wir wechselten dann im Verrührungsprozeß miteinander ab, und er erklärte uns dabei eingehend, wie lange und in welcher Art das Mischen und Rühren durchzuführen sei» (Wachsmuth 1951, 504ff.).

Nicht nur solche «Fortschritte» für die anthroposophische Bewegung bringt das Jahr 1922, sondern auch große Rückschläge. So kommt es, als eine Konzertagentur zwei große öffentliche Vortragsreihen mit Rudolf Steiner im Januar und Mai quer durch Deutschland veranstaltet, in verschiedenen Städten zu Tumulten und zum Teil sogar zu tätlichen *Angriffen* auf den Begründer der Anthroposophie. Es ist die Zeit der aufgebrochenen Saalkämpfe und Straßenschlachten in Deutschland. Gravierender aber ist das Ereignis am Silvesterabend des gleichen Jahres: Kaum hat Rudolf Steiner seinen Vortrag über die «Geistige Kommunion der Menschheit» im großen Kuppelsaal des Goetheanums beendet und die letzten Besucher den «Tempel von Dornach» verlassen, da meldet der angestellte Wächter Rauch:

«Die Meldung lautete: Rauch im Weißen Saal. Sofort wurden im Südflügel des Baues sämtliche Räume geöffnet und durchsucht. In keinem der Räume war Feuer zu bemerken. Aus der westlichen Außenwand des Südflügels drang Rauch in einen der äußeren Eckräume. Diese Wand wurde sofort durchschlagen, und es ergab sich, daß die Konstruktion im Inneren der Außenwand in Flammen stand (...) Wir stürzten ins Innere, mit essiggetränkten Tüchern das Atmen im Qualm des Treppenhauses ermöglichend. Im großen Kuppelsaal angelangt, empfing uns jetzt schon das Dröhnen der Flammen, die sich zwischen den Wänden hindurchfraßen. Was noch tragbar war, wurde gerettet. Aber bald war der Rauch so dicht, daß der Atem stockte. Eine Stimme rief uns die Anordnung Rudolf Steiners zu, den Bau zu verlassen. Die Gewalt des Feuers hatte über Menschenwillen gesiegt (...) Rudolf Steiner umschritt in dieser Nacht den Bau, schweigsam. Nur einmal hörte man ihn sagen: 'Viele Arbeit und lange Jahre'» (Wachsmuth 1951, 511f.).

Es gilt als sicher, daß das Goetheanum durch *Brandstiftung* zerstört wurde, doch wurde der Name des Brandstifters nie bekannt oder genannt. Zwei Indizien weisen jedoch darauf hin, daß er möglicherweise *aus esoterischen Kreisen* gekommen ist.

Da ist zum ersten die *Drohung* in einem astrologischen (!) Jahrbuch mit dem Titel «Ein Blick in die Zukunft», herausgegeben 1921 von E. Ebertin, die Rudolf Steiner bei einer Studentenversammlung in Dornach am 9.4.1921 zitiert hat: «Geistige Feuerfunken, die Blitzen gleich nach der hölzernen Mausefalle (gemeint ist der Doppelkuppelbau des ersten Goetheanums) zischen, sind also genügend vorhanden, und es wird schon einiger Klugheit Steiners bedürfen, versöhnend zu wirken, damit nicht eines Tages ein richtiger Feuerfunke der Dornacher Herrlichkeit ein unrühmliches Ende bereitet» (zit. nach Wehr 1993, 326).

Da ist zum zweiten ein ominöser *Skelettfund,* über den Steiner aus bestimmten Gründen schweigen möchte: «Andererseits taucht in den Ascheresten unter der Kuppel ein männliches Skelett auf. 'Durch die Zahnuntersuchung konnte festgestellt werden, daß es sich um eine Persönlichkeit aus Dornach handelte, die seit jenem Tage verschwunden war. Man vermutete, daß es sich um den Brandstifter handelte (...).' René Maikowski, der sich dieses Mannes erinnert hat, besprach mit Rudolf Steiner die Angelegenheit. Doch er riet, man solle darüber nichts weiter verlauten lassen. Die Feindschaft würde nur noch größer, ohne daß der Sache in irgendeiner Weise gedient wäre» (Wehr 1993, 334).

War also Steiner der Name des Brandstifters bekannt? Aus dieser Notiz Wehrs, der die Erinnerungen René Maikowskis wiedergibt, könnte man es folgern. Warum aber wird er verheimlicht? Doch wohl kaum, wenn es sich um einen gewöhnlichen Gegner gehandelt hätte. Die Tatsache, daß Maikowski den betreffenden Mann kannte, könnte darauf hinweisen, daß sich dieser in anthroposophischen Kreisen bewegt hatte. War es also ein enttäuschter Anthroposoph? Die Tatsache, daß Steiner und Maikowski nichts weiter darüber verlauten lassen möchten, weil sonst «die Feindschaft (...) nur noch größer» würde, könnte darauf hinweisen. Denn wenn ein enttäuschter Anthroposoph das Goetheanum angezündet hätte, wäre das Wasser auf die Mühlen der Gegner gewesen.

Trotz allem bleibt festzuhalten: Die Decke des Schweigens hat sich über den Goetheanum-Brand, aus welchen Gründen auch immer, gebreitet. Etwas Sicheres über die Ursache seiner Zerstörung läßt sich nicht sagen.

1923: Grundsteinlegung der Allgemeinen Anthroposophischen Gesellschaft

Im Januar 1923 steht Rudolf Steiner vor *drei Trümmerhaufen:* vor den Trümmern des ersten Goetheanums, vor den Trümmern des Berliner Philosophisch-Anthroposophischen Verlages und vor den Trümmern der Anthroposophischen Gesellschaft. Und er beschließt, so weit es geht, die Schäden zu beheben.

So entwirft er das Modell für ein zweites, nicht so leicht zerstörbares *Goetheanum,* einen eher eckigen Stahlbetonbau. Er veranlaßt noch im gleichen Jahr seine Errichtung, wird aber die Vollendung dieses Bauwerks im Jahre 1929 nicht mehr erleben. Die Vorträge und Aufführungen in Dornach werden vorerst in der Schreinerei neben der Ruine des Goetheanums fortgesetzt.

Der *Philosophisch-Anthroposophische Verlag* wird aus dem unsicheren und von Inflation geschüttelten Deutschland in die Schweiz nach Dornach geholt und unter der Leitung von Marie Steiner weitergeführt.

Am schwersten zu beheben ist aber der «Trümmerhaufen» in der *Mitgliedschaft* der Anthroposophischen Gesellschaft. Wie dieser zu Beginn des Jahres 1923 aussieht, beschreibt Wehr fol-

gendermaßen: «In den führenden Kreisen, und zwar bis in den
Vorstand der Gesellschaft hinein, fehlte es an dem nötigen Bewußtsein, wie eine aus dem Spirituellen heraus wirkende, sich
an die Kulturwelt wendende Anthroposophische Gesellschaft
zu führen sei (...) Das Gros in Leitung und Mitgliedschaft war
den hohen spirituellen wie moralisch-sachlichen Anforderun-
gen, die Steiner stellen mußte, letztlich nicht gewachsen.» Im
sogenannten Stuttgarter Kreis der «Dreißig» hört man «von
endlosen Verhandlungen, von ermüdenden Nachtsitzungen, die
an Steiners Kräften offensichtlich stärker zehrten als die eigentliche produktive Tätigkeit, denn für Konfliktstoffe, die bis
zu menschlich-allzumenschlichen Rivalitäten und Eifersüchte-
leien unter den Mitgliedern dieses 'Aktiv'-Kreises reichten,
war ständig gesorgt». Hinzu kommt die «sich noch verstärken-
de Spannung zwischen junger und älterer Generation». Die Lage spitzt sich schließlich so weit zu, daß Steiner ernstlich daran denkt, «sich zusammen mit Marie Steiner von dieser Anthroposophischen Gesellschaft zu trennen, um gegebenenfalls
in einem ordensähnlichen Zusammenhang die ihm verbleiben-
den Kräfte für die Pflege der anthroposophischen Esoterik ein-
zusetzen» (Wehr 1993, 337ff.).

Doch das geschieht nicht. Vielmehr kommt es zu einer Neu-
strukturierung der anthroposophischen Bewegung, die sich in
der Gründung der *«Allgemeinen Anthroposophischen Gesellschaft»* an Weihnachten 1923 in der Dornacher Schreinerei manifestiert. Rudolf Steiner, der in der bisherigen Anthroposophischen Gesellschaft nur als Berater und spiritueller Lehrer
fungiert hatte, übernimmt nun selbst den *Vorsitz* und verbindet
somit seine Person ganz mit dieser Organisation. Die *Gründungsversammlung,* die nun tatsächlich einen freimaurerisch-
ordensähnlichen Charakter trägt, hat Wehr wie folgt dokumentiert:

«Pünktlich um 10 Uhr werden auf Steiners Veranlassung hin
die Türen zur Schreinerei abgeschlossen. Die Handlung soll
durch später Hinzukommende nicht gestört werden. Erwar-
tungsvolle Stille herrscht, als Rudolf Steiner den Saal betritt,
zum Rednerpult geht und mit drei symbolischen Hammer-

schlägen seine Grundsteinansprache eröffnet. Damit ist zumindest den alten Mitgliedern, die einst dem inneren Kreis der Esoterischen Schule bzw. der Mystica Aeterna angehört haben, klar, daß Steiner bis in den rituellen Vollzug hinein gewillt ist, die einst hergestellte Kontinuität mit älteren esoterischen Traditionen fortzusetzen.

In eben diesem Zusammenhang ist auch die Begründung der Freien Hochschule für Geisteswissenschaft zu sehen, die eben nicht als bloßes Gegenstück oder als Abklatsch herkömmlicher akademischer Bildungsstätten angesehen werden will (...) Ihr Spezifikum besteht gerade darin, daß in ihrem Rahmen die Bildung von drei Klassen vorgesehen ist, analog zu den drei Graden etwa in freimaurerischen oder Mysterien-Zusammenhängen (...) Daß er (sc. Steiner) (...) gewillt war, die früher genannte Mysterienströmung von John Yarker, d.h. der Hochgradlogen des östlichen Templerordens (Ordo Templi Orientis, O.T.O.) fortzuführen, geht aus mancherlei Hinweisen hervor, die gesprächsweise überliefert sind» (Wehr 1993, 351f.).

Analog zur Grundsteinlegung für den Bau des ersten Goetheanums im Jahre 1913 erfolgt nun eine «geistige Grundsteinlegung» durch einen an die rosenkreuzerische Esoterik anknüpfenden Spruch: «Dieser sprachliche 'Grundstein' (auch 'Grundsteinspruch' genannt) ist eine der tiefsten und dichtesten Spruchdichtungen Steiners. Indem er durch das mantrische Gedicht das delphische 'Erkenne dich selbst!' von der äußeren Tempelfront gleichsam in die Seele hereinholte, legte er den Grund für eine neue, von innen kommende Mysterienkultur in der zeitgemäßen Form trinitarischen Wissens des Menschen von sich selbst. Der 'nach Geist, Seele und Leib' (...) gegliederte Mensch (...) wird zu der göttlichen Trinität und den drei Hierarchien in Beziehung gesetzt. Diese neue Mysterienkultur hat ihren Hauptsitz am Goetheanum. Wie die Flammen beim Brand des Artemistempels in Ephesus den Zerfall des alten Mysterienwesens anzeigten, beleuchteten die Flammen des brennenden ersten Goetheanums den neuen christlichen Mysterienweg, der gewissermaßen durch das zweite Goetheanum in die Zukunft führt» (Baumann 1986, 112f.).

Es ist ein weiteres Indiz für den – trotz christlicher Terminologie – zutiefst *heidnischen* Charakter der Anthroposophie, daß
Baumann in Anknüpfung an Steiner den Brand des Goetheanums mit dem brennenden Artemistempel in Ephesus ver-
gleicht. Die griechische Artemis war eine Fruchtbarkeitsgöttin.
Im späteren griechisch-römischen Synkretismus (interpretatio
latina) wurde sie mit Diana, der Göttin der Jagd, identifiziert.
Mit dem Artemis-Diana-Kult war viel Magie und Zauberei verbunden. Die Apostel Jesu Christi haben gegen dieses Heiden-
tum gekämpft und wurden deswegen verfolgt (Apg. 19). Die
Anthroposophie aber möchte an das alte Mysterienwesen positiv anknüpfen. Welcher Gegensatz!

Der von Steiner für die Konstituierung der Allgemeinen Anthroposophischen Gesellschaft formulierte *Grundsteinspruch*
beginnt mit den Worten: «Menschenseele!/ Du lebest in den
Gliedern,/ Die dich durch die Raumeswelt/ Im Geistesmeeres-
wesen tragen:/ Übe Geist-Erinnern,/ In Seelentiefen,/ Wo in
waltendem/ Weltenschöpfer-Sein/ Das eigne Ich/ Im Gottes-
Ich/ Erweset;/ Und du wirst wahrhaft leben/ Im Menschen-
Welten-Wesen» (zit. nach Baumann 1986, 114). Hier ist rein-
ster Pantheismus ausgesprochen.

Für die Grundsteinlegung der Allgemeinen Anthroposophischen Gesellschaft bei der Weihnachtstagung 1923 hat Steiner
selber feste Statuten formuliert, die ich auszugsweise – zum
Teil mit kurzen Kommentaren in Klammern versehen – wie-
dergebe (sie finden sich z.B. in: 260, 43ff.):

1. «Die Anthroposophische Gesellschaft soll eine Vereinigung von Menschen sein, die das seelische Leben im einzelnen Menschen und in der menschlichen Gesellschaft auf
   der Grundlage einer wahren Erkenntnis der geistigen Welt
   pflegen wollen.» (Diese «wahre Erkenntnis der geistigen
   Welt» ermöglicht angeblich der Steinersche Erkenntnisweg, wie in Punkt 3 noch deutlicher wird.)

2. «Den Grundstock dieser Gesellschaft bilden die in der
   Weihnachtstagung 1923 am Goetheanum in Dornach versammelten Persönlichkeiten, sowohl die einzelnen, wie

auch die Gruppen, die sie vertreten ließen ...» (Ungefähr 800 Besucher sind bei der Weihnachtstagung zugegen.)

3. Diese «erkennen zustimmend die Anschauung der Goetheanum-Leitung in bezug auf das folgende an: 'Die im Goetheanum gepflegte Anthroposophie führt zu Ergebnissen, die jedem Menschen ohne Unterschied der Nation, des Standes, der Religion, als Anregung für das geistige Leben dienen können' (...) Ihre Forschung und die sachgemäße Beurteilung ihrer Forschungsergebnisse unterliegt aber der geisteswissenschaftlichen Schulung, die stufenweise zu erlangen ist. Diese Ergebnisse sind auf ihre Art so exakt wie die Ergebnisse der wahren Naturwissenschaft.» (Mit der Behauptung der wissenschaftlichen Exaktheit setze ich mich im Teil über die «Lehre» auseinander. Interessant ist der interreligiöse Anspruch Steiners, der stark den Statuten der Theosophischen Gesellschaft Blavatskys ähnelt.)

4. «Die Anthroposophische Gesellschaft ist keine Geheimgesellschaft, sondern eine durchaus öffentliche (...) Die Gesellschaft lehnt jedes sektiererische Bestreben ab. Die Politik betrachtet sie nicht als in ihren Aufgaben liegend.» (Den Sektencharakter will Steiner etwa im Gegenüber zur Theosophischen Gesellschaft, deren Denken zum Teil auch in die erste Anthroposophische Gesellschaft hinübergewandert ist, vermeiden. Sein Spezifikum im Unterschied zu anderen Esoterikern ist zudem die «Mysterienveröffentlichung». Insofern ist Steiner kein «Esoteriker» im wörtlichen Sinn mehr.)

5. «Die Anthroposophische Gesellschaft sieht ein Zentrum ihres Wirkens in der Freien Hochschule für Geisteswissenschaft in Dornach. Diese wird in drei Klassen bestehen ... » (Damit erklärt Steiner das – wieder zu erbauende – Goetheanum mit seiner Hochschule zum Mittelpunkt der anthroposophischen Bewegung.)

6. «Jedes Mitglied der Anthroposophischen Gesellschaft hat das Recht, an allen von ihr veranstalteten Vorträgen, sonstigen Darbietungen und Versammlungen unter dem vom Vorstande bekanntzugebenden Bedingungen teilzuneh-

men.» (Man beachte, welche zentrale Rolle der Vorstand unter der Leitung Steiners nun spielt! Siehe auch Punkt 7.)

7. «Die Einrichtung der Freien Hochschule für Geisteswissenschaft obliegt zunächst Rudolf Steiner, der seine Mitarbeiter und seinen eventuellen Nachfolger zu ernennen hat.»

8. «Alle Publikationen der Gesellschaft werden öffentlich in der Art wie diejenigen anderer öffentlicher Gesellschaften sein. Von dieser Öffentlichkeit werden auch die Publikationen der Freien Hochschule für Geisteswissenschaft keine Ausnahme machen, doch nimmt die Leitung der Schule für sich in Anspruch, daß sie von vorneherein jedem Urteil über *d i e s e* Schriften die Berechtigung bestreitet, das nicht auf die Schulung gestützt ist, aus der sie hervorgegangen sind (...) Es wird niemand für diese Schriften ein kompetentes Urteil zugestanden, der nicht die von dieser Schule geltend gemachte Vor-Erkenntnis durch sie oder auf eine andere von ihr selbst als gleichbedeutend erkannte Weise erworben hat. Andere Beurteilungen werden insofern abgelehnt, als die Verfasser der entsprechenden Schriften sich in keine Diskussionen über dieselben einlassen.» (Da die Veröffentlichung der für Außenstehende besonders anstößigen internen Vorträge nicht mehr zu verhindern ist, werden sie nun freigegeben und im seit 1923 in Dornach befindlichen Philosophisch-Anthroposophischen Verlag unter Leitung Marie Steiners veröffentlicht. Obige Regelung soll zumindest einen «moralischen Schutz» gegen Kritiker bieten, wenn der «physische Schutz» nicht mehr zu gewährleisten ist. Die Ablehnung jeglicher Diskussion mit Außenstehenden spricht aber jedem Anspruch auf Wissenschaftlichkeit Hohn.)

9. «Das Ziel der Anthroposophischen Gesellschaft wird die Förderung der Forschung auf geistigem Gebiete, das der Freien Hochschule für Geisteswissenschaft diese Forschung selbst sein. Eine Dogmatik auf irgendeinem Gebiete soll von der Anthroposophischen Gesellschaft ausgeschlossen sein.» (Wird dieser Punkt nicht durch den vorausgegangenen äußerst unglaubwürdig?)

Die weiteren Statuten befassen sich mit organisatorischen Fragen. Der neugewählte *Vorstand,* in dem Steiner als Vorsitzender fungiert, setzt sich aus folgenden Personen zusammen, denen jeweils noch die Leitung einer Sektion an der Freien Hochschule für Geisteswissenschaft anvertraut ist:

Albert Steffen (stellvertretender Vorsitzender, Sektion für schöne Wissenschaften); Marie Steiner (Sektion für redende und musikalische Künste); Ita Wegman (medizinische Sektion); Elisabeth Vreede (mathematisch-astronomische Sektion); Guenther Wachsmuth (Sekretär und Schatzmeister; naturwissenschaftliche Sektion). Nach Steiners Tod wird Albert Steffen erster Vorsitzender werden. Zwischen einzelnen Vorstandsmitgliedern – vor allem zwischen Marie Steiner und Ita Wegman – wird es zu schweren Konflikten kommen.

Doch zunächst scheint die anthroposophische Bewegung gerettet. Die Besucher der Weihnachtstagung sind von einer *Aufbruchstimmung* erfüllt, die Rudolf Steiner in seinem Eröffnungsvortrag mit geradezu beschwörenden Worten gefordert hat: «Und wir werden die rechte Stimmung finden, meine lieben Freunde, für diese Weihnachtstagung, wenn wir regsam machen können in unserem Herzen die Empfindung, daß der Trümmerhaufen, vor dem wir stehen, Maja, Illusion ist, daß vieles von dem, was uns unmittelbar hier umgibt, Maja, Illusion ist.» Und dazu gehört ganz konkret die schlecht isolierte Holzbaracke, in der die Teilnehmer eine Woche lang frierend ausharren müssen. «Aber auch diesen Frost (...) wollen wir hinzurechnen zu dem, was Maja, was Illusion ist» (260, 28f.), meint Steiner.

Doch die scheinbare Illusion weicht nur zu bald der bitteren Wirklichkeit.

1924: Letzte Steigerung der Tätigkeit. Landwirtschaftlicher Kurs. Krankenlager

Bereits am 1. Januar des neuen Jahres, am letzten Tag der Weihnachtstagung, geschieht etwas, das die letzte Wegstrecke Steiners ankündigt, worüber es aber die unterschiedlichsten Interpretationen gibt: Er wird ganz plötzlich *krank.* Und auch über diese Krankheit wird von seinen Anhängern – wie über so vieles in seinem Leben – der Schleier des Geheimnisses gelegt, so daß man bis heute nicht sicher weiß, um was für eine Krankheit es sich gehandelt hat. Marie Steiner z.B. spricht von einer Vergiftung, während Guenther Wachsmuth dies energisch bestreitet. Betrachten wir die unterschiedlichen Versionen.

Nach Lidia Gentilli-Barattos Aufzeichnungen habe sich Marie Steiner ihr gegenüber so geäußert: «Ja, Rudolf Steiner wurde vergiftet, am letzten Tag der Weihnachtstagung, bei dem Rout, der in der Schreinerei stattfand (...) Ich war in ein Gespräch mit Dr. Wachsmuth vertieft, als der Doktor plötzlich hereinkam, grün wie dieses Blatt. Er lehnte sich an den Türpfosten, schaute uns verzweifelt an und sagte: 'Wir sind vergiftet!' Ich war vom Schrecken wie gelähmt. Er fragte uns sofort, ob wir etwas getrunken hätten, und als ich verneinte und er bemerkte, daß Dr. Wachsmuth nichts widerfahren war, atmete er erleichtert auf (...) Dr. Wachsmuth wollte sofort eilen und einen Arzt rufen, aber Dr. Steiner verbot es ihm mit allem Nachdruck. Dr. Wachsmuth entfernte sich mit dem Versprechen, daß kein Mensch davon erfahren dürfte, daß kein Arzt gerufen werden dürfte. Der Doktor ließ sich dann alle Milch geben, die im Raume vorhanden war, und unternahm damit selber eine Magenspülung (...) Er war seitdem dem Tode geweiht» (zit. nach Wehr 1993, 356f.).

Der in diesem Bericht vorkommende Dr. Guenther Wachsmuth gibt die gegenteilige Version ab: «Obwohl Rudolf Steiner die hie und da während seiner Krankheit auftauchenden Irrtümer selbst richtigstellte, sind doch damals und auch später falsche Vermutungen verbreitet worden. So ist sogar die Legende aufgetaucht, seine Krankheit sei durch Vergiftung verursacht worden, die Krankheit habe Ende des Jahres 1923 begonnen und andere unreale Vermutungen mehr. Für diejenigen, welche in den letzten Lebensjahren in Rudolf Steiners nächster Umgebung waren und ihn auf seinen Reisen begleiteten, waren die ersten Symptome der Krankheit jedoch schon vorher mit

Sorge zu erleben. Es sei aus obigen Gründen hier auch ausgesprochen, daß beim Tode Rudolf Steiners eine ärztliche Untersuchung, bei der drei Ärzte, Dr. I. Wegman, Dr. L. Noll, Dr. H. Walter und ich anwesend waren, die bisherige Diagnose bestätigte, so daß die mancherorts geäußerte Vermutung einer Vergiftung in keiner Weise zutreffend ist» (Wachsmuth 1951, 619).

Wachsmuth führt Erkrankung und Tod Rudolf Steiners auf die Arbeitsüberlastung und die schweren Schicksalsschläge in den letzten Lebensjahren zurück. Er spricht von einer «Erkrankung des Stoffwechselsystems», die ihm zunehmende Schmerzen bereitet habe (a.a.O., 605). Weitere Symptome wie Appetitlosigkeit und die Abmagerung bis zum «Skelett» (Wehr 1993, 381ff.) könnten Hinweis darauf sein, daß das Zentrum der Krankheit im Magen liegt. Dies wiederum würde sich zwar mit einer *Vergiftung* erklären lassen, doch bleibt dann die ungeheure Arbeitsleistung, die Steiner in den neun Monaten zwischen dieser «Vergiftung» und seinem Krankenlager vollbringt, schwer verständlich. Oder verlief die Vergiftung so langsam und chronisch, daß sie erst neun Monate später den Körper ihres Opfers niederstreckte? Wir wissen es nicht. – Eine andere Vermutung, die in der Literatur verschiedentlich geäußert wird und die meines Erachtens größere Wahrscheinlichkeit für sich hat, ist der Verdacht auf *Magenkrebs*. Etwas Sicheres läßt sich aber auch hier nicht sagen.

Trotz seiner angeschlagenen Gesundheit führt Steiner seine Tätigkeit im Jahre 1924 weiter, ja, er intensiviert sie sogar in fast übermenschlicher – und im Blick auf seinen Gesundheitszustand unverantwortlicher – Weise bis zu seinem Krankenlager, das am 26. September eintritt und von dem er sich nur noch einmal kurz zu einer Ansprache am 28. September erhebt. So hat er in der Zeit vom 1. Januar bis zum 25. September 1924, also in ungefähr 270 Tagen, 338 Vorträge und 68 Ansprachen gehalten! Hinzu kommt eine Vielzahl von Einzelgesprächen, die ihn die letzte Kraft kosten. «Er selbst hat uns wiederholt gesagt, daß das, was ihn aufs Lager niederstreckte, die vielen Privatbesprechungen waren (...) Vierhundert Besucher zählte der

Torwächter in der Zeit, wo er täglich vier Vorträge gab», berichtet Wachsmuth (1951, 611f.).

Unter den letzten Aktivitäten findet sich der «*Landwirt-
schaftliche Kurs*» auf dem Schloßgut Koberwitz des Grafen
Keyserling bei Breslau vom 7.–16. Juni. Hier stellt er dar, wie
okkulte Prinzipien – insbesondere astrologische, alchemisti-
sche und magische Prozesse – auch in einer «*biologisch-dynamischen Landwirtschaft*» zum Einsatz kommen können. Einige Beispiele für solche Rezepte habe ich im Teil über Steiners
Lehre genannt. Die Wirkungsweise ist ganz ähnlich wie in der
anthroposophischen Medizin; daher verzichte ich hier auf eine
detaillierte Darstellung. Der Anthroposoph Adolf Baumann
meint offenherzig zu Steiners Landbau-Rezepten: «Es mutet
teilweise fast wie mittelalterlicher Aberglaube und alberner
Hokuspokus für Leichtgläubige an, was Steiner seinen Zuhö-
rern über die Zubereitung der erwähnten Präparate wie über
Unkraut- und Ungezieferbekämpfung zumutete, doch hat ihm
der Erfolg offensichtlich recht gegeben» (Baumann 1986, 157).

Im September 1924 tritt – wie schon erwähnt – das Unvermeidliche ein: Die Kräfte des erst 63jährigen Steiner versiegen.
Er muß am 26. September zum ersten Mal seine Vorträge ab-
sagen. Nur eine kurze Ansprache zwei Tage darauf ist ihm noch
möglich, dann hält ihn das *Krankenlager,* das in der Schreinerei neben dem Goetheanum eingerichtet wird, fest. Von den
Ärzten Ita Wegman und Ludwig Noll wird er in seinen letzten
Lebensmonaten betreut – bis in den März 1925 hinein an seinem «Lebensgang» und dem Buch «Grundlegendes für eine
Erweiterung der Heilkunst» arbeitend.

1925: Tod. Konflikte und Steiner-Kult der Nachfolger

Am 30.3.1925 stirbt Rudolf Steiner. Im Krematorium von Basel wird sein Leichnam eingeäschert. Die junge Allgemeine
Anthroposophische Gesellschaft hat ihren geistigen Führer
verloren.

Das führt zu manchen *Konflikten und Spaltungen* der Anthroposophischen Bewegung in der Folgezeit. Wehr notiert: «Spätestens mit Steiners Tod nahmen die zwischenmenschlichen Probleme katastrophale Züge an. Wenn es einmal möglich werden sollte, die jahrzehntelang anhaltende Krise innerhalb der Anthroposophischen Gesellschaft und Bewegung von einem relativ neutralen Standort aus zu betrachten, wird man sehen, daß den hohen geistig-moralischen Ansprüchen ihrer mit der Leitung betrauten Persönlichkeiten deren tatsächliches Verhalten nicht im entferntesten entsprach» (Wehr 1993, 404). Ich kann an dieser Stelle nicht näher darauf eingehen (vgl. hierzu a.a.O., 402ff.).

Nur ein besonders charakteristisches Beispiel sei hier wiedergegeben. Bereits am Tag der Einäscherung Steiners ereignet sich eine wüste Szene: «Es war bereits eine Unstimmigkeit eingetreten, da Frau Dr. Steiner das Atelier zum Sortieren des Nachlasses benutzen wollte, Frau Dr. Wegman aber dasselbe unberührt für die Mitgliedschaft erhalten möchte. Auf der Nachhausefahrt von der Kremation kam es zu einem offenen Streit über die Urne mit Dr. Steiners Asche, vor dem Personal der Villa Hansi (...) Hier fielen u.a. die Worte: ʻIhre bürgerliche Ehe mit Dr. Steiner ist jetzt zu Ende, Dr. Steiner gehört uns allen, der ganzen Gesellschaft und nicht nur Ihnen!ʼ Herr Steffen bekam einen Herzkrampf, Frau Dr. Steiner wollte mit der Urne direkt ins Haus Hansi fahren, während die übrigen Vorstandsmitglieder dachten, sie würde ins Atelier gebracht werden (...) Marie Steiner, die sich aus dem Vorstand zurückzieht, schreibt am 4. April 1925 an Eugen Kolisko: ʻIch habe klar erkannt, daß unser Vorstand, so wie er jetzt ist, verwaist in seiner Kindheitsstufe, ein Nichts ist.ʼ Unabhängig davon brach ein über Jahrzehnte sich hinziehender Streit um den literarischen Nachlaß Rudolf Steiners aus» (Wehr 1993, 429).

Dennoch können solche «menschlich-allzumenschlichen» Seiten den *Kult* nicht verhindern, der von vielen seiner Anhänger um Steiner getrieben wird. Er selbst soll immer wieder gesagt haben: «Ich will nicht verehrt, ich will verstanden werden.» Bald nach seinem Tod aber verfaßt die Witwe Marie Stei-

ner ein Nachwort zum unvollendet gebliebenen «Lebensgang»,
in dem es u.a. heißt:

«Er starb, – ein Dulder, Lenker, ein Vollbringer,/in einer Welt,
die ihn mit Füßen trat/ und die emporzutragen er die Kraft be-
saß./ Er hob sie hoch, sie warfen sich dazwischen,/ sie spieen
Haß, verrammten ihm die Wege,/ verschütteten, was im Entstehen war ...

Er tat, was schon Prometheus büßte,/ was Sokrates der
Schierlingsbecher lohnte,/ was schlimmer war, als Barabbas'
Vergehen,/ was nur am Kreuze seine Sühne findet:/ Er lebte
euch die Zukunft dar ...

Er wagte es – und trug sein Los./ In Liebe, Langmut, im Er-
tragen/ der Unzulänglichkeit, der Menschenschwächen,/ die
stets sein Werk gefährdeten ...

Jetzt ist er frei. Ein Helfer denen droben,/ die Erderrungenes
entgegennehmen/ zur Wahrung ihrer Ziele. Sie begrüßen/ den
Menschensohn, der seine Schöpferkräfte/ entfaltete im Dienst
des Götterwillens,/ der dem verhärtetsten Verstandesalter,/ der
trockensten Maschinenzeit/ den Geist einprägte und entlockte.

Sie wehrten's ihm./ Die Erde webt im Schatten,/ im Welten-
raum erbilden sich Gestalten,/ der Führer harrt, der Himmel ist
geöffnet,/ in Ehrfurcht und in Freude stehn die Scharen./ Doch
graue Nacht umfängt den Erdball» (636, 350ff.).

Hier bekommt Steiner geradezu messianische Züge, die er –
wie diese Biographie gezeigt hat – sicherlich nicht besessen
hat. Er mag zwar ein außergewöhnlicher Mensch gewesen sein,
aber ihn durch Titulierungen wie «Menschensohn» und «Helfer denen droben» mit Jesus Christus, dem «Menschensohn»,
zu vergleichen, ist *Gotteslästerung*. Gilt denn für Steiner nicht,
was Gottes Wort sagt:

«Da ist keiner, der gerecht ist, auch nicht einer. Es ist hier
kein Unterschied: sie sind allesamt Sünder und ermangeln des
Ruhmes, den sie bei Gott haben sollten und werden ohne Ver-
dienst gerecht aus seiner Gnade durch die Erlösung, die durch
Christus Jesus geschehen ist» (Röm. 3,12.23f.)

Auch bei anderen Autoren gewinnt man den Eindruck, als sei Steiner ein geradezu sündloser *«Übermensch»* gewesen. Aus der Fülle schwärmerischer Steiner-Apotheosen bei seinen Anhängern greife ich nur zwei heraus.

Sein Biograph Guenther Wachsmuth schreibt über Steiners Lebenswerk: «Im Jahr 1924 sehen wir Rudolf Steiner auf der Höhe des Berges, den er in dreimal drei Lebensjahrsiebten erstieg, von dem aus er Überschau hielt, einen Markstein setzte für die Menschengenerationen, die auf diesem Weg nachfolgen werden, hinwies auf die Wegstrecke, die von dort in die Zukunft führt, ein Höhepunkt, nach dessen Erreichung er vom Schicksal dem irdischen Blick der Menschen entzogen wurde und durch Leiden, Opfer und den Tod, der Auferstehung zum Wirken aus den Bereichen des Geistes entgegenschritt. Darum liegt über diesem letzten Jahr seines Wirkens ein Zug der Verklärung ...» (Wachsmuth 1951, 571).

Friedrich Rittelmeyer beschreibt den Tod Steiners und die sich daran anschließenden Ereignisse wie folgt: «In unendlicher Feierlichkeit ist Rudolf Steiner gestorben. Er lag auf seinem Lager mit gefalteten Händen. Lang und aufmerksam blickte er nach oben, als ob er ein ganz heiliges Gespräch mit Engeln habe. Sein Atem wurde leiser und schwerer und schließlich wie Gebet. Dann eine leise, zarte, letzte Bewegung: er schloß selbst die Augen zu und ging in die höhere Welt hinüber.

Als dreieinhalb Tage nach seinem Sterben die Aussegnung gehalten wurde, konnte es geschehen bei offenem Sarg. Kein Verwesungsgeruch wollte von dem verlassenen Leib ausgehen. Ich stand unmittelbar am Kopfende des Sarges, keine Menschenlänge von ihm entfernt. Die ganze Feier hindurch war für uns drei, die wir dort standen, kein Hauch von Verwesung zu spüren. Es sei hier bezeugt, gleich nach dem Geschehen, damit man nicht später Legendenbildung behaupte. Erst allmählich tauchte uns die Erinnerung auf: Das wird ja von den großen Heiligen erzählt, von Suso, von Franziskus. 'Wie heilig war das Sterben unsres Meisters!', sagte der Dichter Albert Steffen» (Rittelmeyer 1983, 242f.).

Durch solche Charakterisierungen gewinnt Steiner den Nimbus eines Ersatz-Erlösers, eines neuen «Christus» als Führer zum «Ich», auf griechisch: eines *Anti-Christus.* Und ich denke, daß er sich, wenn man seine Lehre betrachtet, in der antichristlichen Bahn gemäß 1. Johannes 2,18 bewegt:

«Kinder, es ist die letzte Stunde! Und wie ihr gehört habt, daß der Antichrist kommt, so sind nun schon viele Antichristen gekommen; daran erkennen wir, daß es die letzte Stunde ist.»

Steiners Weg war kein Weg zu «Erkenntnissen höherer Welten», sondern ein Erkenntnisweg in den Abgrund.

«Denn er selbst, der Satan, verstellt sich als Engel des Lichts. Darum ist es nichts Großes, wenn sich auch seine Diener verstellen als Diener der Gerechtigkeit; deren Ende wird sein nach ihren Werken» (2. Kor. 11,14f.)

Die Anthroposophie Rudolf Steiners

A. Definition

«Theosophie» heißt «Weisheit von Gott» bzw. «Weisheit vom Göttlichen». «Anthroposophie» aber heißt «Weisheit vom Menschen». Damit wird bereits eine Schwerpunktverschiebung deutlich: Zwar sollen, wie R. Frieling schreibt, Göttliches und Menschliches in der Anthroposophie nicht gegeneinander «ausgespielt» werden. Und doch steht jetzt im Zentrum ein *«neuer Schritt im Bewußtwerden des Menschen um sein eigenes Wesen»*, eine Art *«höherer Humanismus»* (Frieling 1974,80).

So ergeben sich die zwei klassischen Definitionen (Begriffsbestimmungen) der Anthroposophie. Die Definition für die Öffentlichkeit lautet: «Anthroposophie ist eine Erkenntnis, die vom höheren Selbst im Menschen hervorgebracht wird» (Unger 1968,73f.). Die Definition für die Eingeweihten lautet: «Anthroposophie ist ein Erkenntnisweg, der das Geistige im Menschenwesen zum Geistigen im Weltall führen möchte» (26,14).

Anthroposophie möchte also kein Dogmen- und Lehrsystem, sondern ein *Erkenntnisweg* sein. Und sie möchte diese Erkenntnis erreichen, indem der einzelne, der Mikrokosmos, mit dem Weltall, dem Makrokosmos, verschmilzt. Nun aber nicht mehr auf dem Weg der mittelalterlichen Mystik über Dogma (kirchl. Lehre) und Gefühl (das entspräche dem überwundenen Zeitalter der Empfindungsseele), sondern auf dem neuzeitlichen Weg von Freiheit des Ich und Bewußtseinserweiterung (das entspricht dem Zeitalter der Bewußtseinsseele). Wie sieht dieser Erkenntnisweg aus?

B. Erkenntnisweg

Der anthroposophische Erkenntnisweg soll ermöglichen, hellseherisch-okkulte Kräfte zu erlangen. Er ist in Steiners Büchern «Theosophie», «Die Geheimwissenschaft im Umriß» und «Wie erlangt man Erkenntnisse der höheren Welten?» ausführlich beschrieben und kann hier nur kurz skizziert werden. Vorausgeschickt sei, daß es ein gefährlicher Weg ist, selbst wenn man die von Steiner angegebenen «Vorsichtsmaßnahmen» beachtet. Der Mensch, der ihn geht, gerät in finstere, satanische Bindungen hinein. Das muß klar gesagt werden.

Das *Ziel* ist das gleiche wie in anderen okkulten Systemen, etwa im Yoga-Weg, im gnostischen Weg oder in der Rosenkreuzer-Meditation: Der Mensch soll *in sich* die Voraussetzungen schaffen, daß die übersinnliche «geistige Welt» bzw. Geisterwelt in ihn einströmen kann. Dazu muß die äußere Wahrnehmung immer mehr ausgeblendet, müssen Denken, Wille und Gefühl auf die übersinnlichen Realitäten konzentriert werden. Steiner hat dazu folgende *Stufen* entwickelt:

1. Studium der «Geisteswissenschaft»: Gemeint ist vor allem das Lesen Steinerscher Bücher, und zwar das «vorurteilsfreie» Lesen. Erreicht werden soll dreierlei:

a. eine Denkschulung – in den anthroposophischen Bereich hinein;

b. eine Wesensumwandlung durch völliges Sich-Hineinversetzen in die Inhalte;

c. eine ethische Schulung, damit die ethische Entwicklung mit dem Erschließen übersinnlicher Geheimnisse Schritt halten kann – also eine Schulung, wie es heißt, gegen Unwahrhaftigkeit, Phantasterei und niedere schwarze Magie.

2. Imagination (von lat. imago = Bild): Indem sich die Seele sinnbildlichen, symbolischen Vorstellungen, Worten, Formeln oder Gefühlen hingibt, soll sie sich vom Physischen lösen. Wir kennen dieses Verfahren von der hinduistischen Meditations- und Mantratechnik (Mantras sind magische Worte oder Silben). Es kommt zu einer «Versenkung mit erhöhtem Wachsein». Der Mensch zerfällt «bei voller Bewußtheit in zwei Iche». Er soll «sich auslöschen» (601,237ff.). Das ist die Voraussetzung für die dritte Stufe.

3. Inspiration (von lat. inspiratio = das Einhauchen): Äußerliche Bilder und Symbole sind nach der Lösung vom Physischen nicht mehr nötig. Man steigt auf zum Lesen einer «verborgenen Schrift» und zum sinnlichkeitsfreien Denken. Man erlangt ein «inneres Gehör». Das höhere Ich tritt in Kontakt mit Geistern, die in ihm denken und an seinem «Astralleib» (Sternenleib) arbeiten. Das alles wird möglich durch die Heranbildung übersinnlicher Wahrnehmungsorgane, der sogenannten «Lotusblumen», die wir ebenfalls aus dem Hinduismus kennen.

4. Intuition (von lat. intueri = betrachten): Während Inspiration bedeutete, in Kontakt mit einem Geisteswesen zu treten, heißt Intuition, «völlig eins mit ihm geworden sein, sich mit seinem Innern vereinigt haben» (601,264f.) – eine weitere Stufe auf dem Weg übersinnlicher Erkenntnis. Man nimmt nun die Phänomene und Zusammenhänge der geistigen Welt von innen her wahr. Man betrachtet sie gewissermaßen mit den Augen des Geisteswesens.

Im folgenden kommt es zur «Erkenntnis der Verhältnisse von Mikrokosmos und Makrokosmos» (hinduistisch: Atman und Brahman), zum «Einswerden mit dem Makrokosmos» und zum «Gesamterleben der vorherigen Erfahrungen als eine(r) Grund-Seelenstimmung» (601,291). Die Stufen müssen nicht nacheinander durchgemacht werden, sondern können einander durchdringen.

Es ist anzuerkennen, daß sich Steiner gegen den niederen Mediumismus (Spiritismus) und das gewöhnliche Hellsehertum mit seiner Ausschaltung des Denkens verwahrt. Der Grund ist, daß er diese Wege einer vergangenen Geistesepoche (der Empfindungsseele) zuordnet. *Aber ist Steiners Weg so viel anders?* Wird nicht auch hier bereits in der ersten Stufe das Denken ausgeschaltet, indem ein «vorurteilsfreies» Lesen der Steinerschen Schriften gefordert wird (vgl. 601,252f) – und damit ein Sich-Öffnen gegenüber den anthroposophischen Inhalten? Wer diesen Weg beschreitet und sich den Inhalten öffnet, ist bereits im Steinerschen System *drinnen* und kann gar nicht mehr kritisch von einem außengelegenen Standpunkt her urteilen. Der ganze weitere Weg dient denn auch der Entpersönlichung (Auflösung der Persönlichkeit) und der Ausschaltung des kritischen Denkens, etwa im Entstehen von «zwei Ichen», im «Auslöschen» des Selbst und im Einfließen «höherer Welten». Psychologisch bezeichnet man das, was hier geschieht, als Schizophrenie (Persönlichkeitsspaltung) mit Verlust des Wirklichkeitssinns. Theologisch beurteilt jedoch handelt es sich um die Öffnung für dämonische Mächte.

Das Steinersche System ist ein *Glaubenssystem mit autoritärem Charakter.* Es steht und fällt mit dem Glauben an seinen Begründer, an seinen Erkenntnisweg und an seine Schauungen. Hat sich Steiner geirrt, dann fällt das gesamte anthroposophische System (einschließlich der spezifisch anthroposophischen Gedanken zu Pädagogik, Medizin, Landwirtschaft, Kunst und Politik!) wie ein Kartenhaus in sich zusammen. Da sich Steiner auf seine Erkenntnisse der «höheren Welten» stützt, muß die Kritik – die entscheidende Kritik – bereits am Erkenntnisweg ansetzen.

Jeder wissenschaftliche Erkenntnisweg beruht auf Nachprüfbarkeit und Nachvollziehbarkeit. Steiners Erkenntnisweg ist aber bisher – außer von ihm selber – noch von keinem Menschen bis ans Ende gegangen worden. Das heißt im Klartext: Keiner hat Steiners Geisteswelt, so wie er sie schildert, geschaut.

Der Steiner-Schüler Rittelmeyer selber gibt zu:
• Steiner gab nur ganz «wenigen» Ratschläge für die Ausbildung der höheren Erkenntnisorgane.

- Diese Menschen sind «nicht entfernt so weit gekommen, daß sie Steiner in allem seinem Forschen nachprüfen könnten».
- Unter ihnen sind aber «nicht wenige», die «Anfänge von Erfahrungen» gemacht haben (Rittelmeyer 1930,156).

Diese dürftigen «Erfahrungen» aus der Praxis sind alles andere als eine solide Grundlage für eine Wissenschaft (was die Anthroposophie ja sein will). Interessant ist, daß Steiner auch hierfür eine Erklärung bereit hat: Die Menschen, die nicht zu höheren Erkenntnissen aufsteigen können, haben in früheren Verkörperungen ihre Fähigkeiten hierzu nicht ausgebildet. Hätten sie das getan, dann hätten sie dieselben Schauungen wie Steiner jetzt (vgl. 117,71f.).

Was geschieht hier? Die Wiederverkörperung oder Reinkarnation, eine ins anthroposophische System eingebaute Lehre, muß dazu herhalten, um das anthroposophische System zu retten. Diese Argumentation ist unmöglich. Sie dreht sich im Kreis. Wir finden hier das klassische Beispiel eines *Zirkelschlusses*.

Die Anthroposophie ist nach allem Gesagten *keine Wissenschaft*. Damit sind Erkenntnisse freilich nicht ausgeschlossen. Aus biblischer Sicht muß man allerdings klar sehen, daß das keine von Gott – sozusagen «von oben nach unten» – offenbarten Erkenntnisse sind. Es sind im Gegenteil Erkenntnisse, die dem sündigen Streben des Menschen entstammen, durch eigene *Selbststeigerung und Selbstvergöttlichung* – «von unten nach oben» – mehr wissen zu wollen. Auf eine solche Anmaßung geht nicht Gott, sondern die Schlange ein, die dem Menschen anbietet: *«Ihr werdet sein wie Gott und wissen, was gut und böse ist»* (1. Mose 3,5). Es ist interessant, daß Steiner diesen Satz positiv sieht (vgl. 34,28). Der Christ aber erkennt hier die Verführungskunst Satans. Das sollten wir im Bewußtsein behalten, wenn wir später einige Ergebnisse des Steinerschen Systems betrachten.

Rittelmeyer sagte übrigens über Steiner, er stehe «direkt über den Hellschern, aber wohl eine ganze Spiralwindung höher» (Rittelmeyer 1930,115f.). Prinzipiell ist das aus christlicher

Sicht kein Unterschied. Wie viele andere Hellseher, etwa bei den Theosophen, liest Steiner denn auch aus der *Akasha-Chronik* ab, einer geheimnisvollen Ätherchronik, die irgendwo zwischen Himmel und Erde schwebe und in der alle Ereignisse aus Vergangenheit, Gegenwart und Zukunft aufgezeichnet sein sollen. Es ist das aus dem Hinduismus abgeleitete Weltengedächtnis, in das der Meditierende durch Verschmelzung mit dem Makrokosmos eindringen will. Freilich – so versucht sich Steiner abzusichern – sind Informationen über die Vergangenheit leichter zu bekommen als Informationen über die Zukunft – und Aussagen über die Vergangenheit um so leichter, je weiter diese zurückliegt (vgl. 112,31). Damit flüchtet er in einen Bereich der Unnachprüfbarkeit.

Um etwas über die Vergangenheit zu erfahren, tastet sich Steiner mittels der Akasha-Chronik in die Seelen der damals Beteiligten zurück. Zum Beispiel erlebt er die Schlachten Cäsars angeblich von der Seele Cäsars aus mit, und die Ereignisse des Jesusweges von der Seele der Jünger aus – von Pfingsten her (vgl. 12,28f.). Das ist nichts anderes als das aus dem Okkultismus bekannte Phänomen der *Befragung von Totengeistern,* des Spiritismus, wenn auch auf einer höheren, als «wissenschaftlich» getarnten Ebene. Solche Praktiken sind jedoch Gott ein «Greuel» (5. Mose 18, 9ff.)!

Steiner behauptet, auf diesem Weg unabhängig von «äußeren Urkunden» (etwa biblischen Schriften) zu sein (117, 106f.). Dann wiederum gibt er zu, nur bis zu einer gewissen Grenze vordringen zu können, hinter der alles verschwimme (vgl. 601,160). Festzuhalten bleibt jedenfalls, daß sich die Ergebnisse des Akasha-Lesens nicht nur der Nachprüfung durch die Geschichtsforschung entziehen und daß sie zumeist dem biblischen Wortsinn widersprechen, sondern daß auch die Hellseher untereinander zu vielfach widersprüchlichen Ergebnissen kommen. Man denke nur an den Streit, der zwischen Steiner und den Theosophen wegen des unterschiedlichen Christusverständnisses ausgebrochen ist. Und sowohl Theosophen als auch Anthroposophen beanspruchen, in der Akasha-Chronik zu lesen!

Dieses Lesen in der Akasha-Chronik nun, das rein subjektiv-spekulativen Charakter trägt, ist die Grundlage für die gesamte anthroposophische Weltanschauung. Wir wollen diese jetzt in ihren Grundzügen betrachten und richten den Blick vor allem auf das Christusverständnis.

C. Weltbild

Steiner untergliedert den gegenwärtigen *Menschen* in vier Leiber: physischer (stofflicher) Leib; Ätherleib (übersinnlicher Form- oder Lebensleib); Astralleib (übersinnlicher «Sternen»- oder Bewußtseinsleib, der beim Schlaf und zwischen Tod und Geburt im Weltall weilt); Ich (Erinnerungsleib). In Zukunft wird sich der Mensch in einem Prozeß von Wiederverkörperung (Reinkarnation) und Schicksalsgesetz (Karma) über die Stufen «Geistselbst» und «Lebensgeist» zum «Geistesmenschen» weiterentwickeln. Die sieben Entwicklungsstufen erfolgen in sieben Weltzeitaltern, die nach verschiedenen Himmelskörpern benannt sind. Die Geschichte ist ein Wechselspiel von Evolution (Fortentwicklung der Materie) und Involution (Eingießen des geistigen Prinzips aus unsichtbaren Welten). Dabei jedoch kommt es zu einer Höherentwicklung in Form aufsteigender Kreise – das Bild der Spirale als Verbindung östlich-zyklischen (kreisförmigen) und westlich-teleologischen (auf ein Ziel gerichteten) Geschichtsdenkens.

Diese Aufwärtsentwicklung nun wurde gestört, als der Mensch zu früh – nämlich vor Ausbildung des Ich – nach Freiheit und Gottähnlichkeit strebte. Schon vorher war es – und hier treten in der Anthroposophie «höhere Geisteswelten» auf den Plan – zu einem Aufstand der in der Entwicklung zurückgebliebenen Mondenwesen gegen die guten, lebensspendenden Sonnenwesen gekommen – und wegen des Streits dieser Geister auch zur Trennung der Himmelskörper. Die aufrührerischen Mondenwesen gossen dem Menschen (der erst aus Astralleib, Ätherleib und einem *unsichtbaren* physischen Leib bestand!) Leidenschaften, Triebe und Begierden in seinen astralischen Leib. Dieser Vorgang wird von Steiner als «Luzifer-Ereignis» bezeichnet und mit der Schilderung in 1. Mose 3 gleichgesetzt.

«Ihr werdet sein wie Gott» (1. Mose 3,5) – wäre dieser Satz später – an das Ich gerichtet – gehört und befolgt worden, dann hätte er in ruhiger Weise die Entwicklung des Menschen zum Geistesmenschen fortgesetzt. So aber, an den astralischen Leib gerichtet, geriet die gesamte Entwicklung durcheinander. Der Mensch wurde tiefer als geplant in die Materie verstrickt, und Ahriman, als polarer Gegensatz zum übergeistigen Luzifer, redet ihm ein, es gebe nichts als Materie. Der physische Leib wurde sichtbar. Egoismus, Krankheit, Lüge und die Möglichkeit zum Bösen traten in die Welt.

«Der Christus» – Steiner gebraucht fast immer diese Formulierung mit Artikel – soll die Verstrickung in die Materie wieder aufheben und die Wiedervergeistigung des Menschen und des Kosmos einleiten. Wer ist «der Christus» nach anthroposophischem Verständnis? Er ist der «Logos» (Wort), die «Summe der sechs Elohim *(Götter* als Mehrzahl; d.Verf.), die mit der Sonne vereinigt sind, die also die Erde mit ihren Gaben geistig beschenken» (103,130). Von ihnen hat sich Jahwe als siebter Elohim (Gott), als Beherrscher der Mondengeister, die als verhärtende, entwicklungshemmende Prinzipien tätig sind, abgespalten. Hier finden wir bei Steiner deutliche Anklänge an antike Naturmythologien (Natur-Sagen), an die (marcionitische) Trennung von Jahwe und Christus sowie allgemein an polytheistische Vorstellungen. Darüber hinaus vertritt die Anthroposophie eine – historisch gedehnte – Form des *Synkretismus* (Religionsvermischung). Denn jene hohe Sonnenwesenheit, die sich als «der Christus» in «Jesus» verkörpert, hat vorher schon andere Figuren der Religionsgeschichte als «Hüllen» benutzt, um ihre lichtvollen Impulse in die Menschheitsgeschichte hineinzugeben: Vishva-Karman bei den Indern, Ahura-Mazdao bei den Persern, «Ich bin» und die Elemente bei den Hebräern, Mysterieneingeweihte bei den Griechen und Römern.

Die Verkörperung des Christus in Jesus nun ist Höhepunkt

und Abschluß aller anderen Verkörperungen, weil hierdurch der entscheidende Impuls (Anstoß) zur Wiedervergeistigung und Emporentwicklung in die Menschheit einfließt. Der Ertrag aller bisherigen Verkörperungen fließt hier zusammen. Weil *eine* Individualität diese Fülle nicht fassen kann (sie würde die physische Leiblichkeit sprengen), sind zunächst *zwei Jesusknaben* zur Ausbildung der einzelnen Leiber notwendig, und zwar einer, der die indische Buddha-, und einer, der die persische Zarathustra-Strömung verkörpert. Mit zwölf Jahren ist die notwendige Reife erlangt. Beide Knaben fließen in *eine* Individualität zusammen, wobei der physische Leib des einen stirbt.

Bei der Jordantaufe verläßt das Zarathustra-Ich den Jesusleib, und das Christus-Ich, der Christus-Sonnengeist tritt – symbolisiert durch die Taube – in ihn ein. Dieser Christus wird nun zum Verkünder des «Ich», das auch als «Kyrios» («Herr») bezeichnet wird. Der Mensch soll den «Gott in sich» finden und dadurch zum wahren Ich-Menschentum, zur Freiheit des Geisteslebens und zur Selbstbestimmung aufsteigen. Durch die Predigt des Christus erfolgt die Bewußtmachung des Ich, durch seine Heilungen die Auferweckung des Ich im Menschen.

Die Anthroposophie ist ein *Kult des Ich*. Bibelstellen wie Galater 2,19f. («Ich lebe; doch nun nicht ich, sondern Christus lebt in mir») werden so umgedeutet, daß zwar mein niederes Ich gestorben sei, aber Christus als mein höheres Ich auferstehe (vgl. Bock 1981, 86). Ja, die Buchstaben des Wortes «ICH» werden – etwa in Rittelmeyers Schrift «Christus» – geradezu mit der Abkürzung für «Jesus Christus» gleichgesetzt (Rittelmeyer 1936,92). Christus wird nicht mehr als reales (wirkliches), persönliches Gegenüber, sondern gewissermaßen als Teil des Menschen gesehen. Damit aber ist die Selbstvergottung des Menschen auf die Spitze getrieben.

Nach anthroposophischem Verständnis liefert der Christus selbst den Impuls zur Selbstvergottung, Selbststeigerung, Wiedervergeistigung und Weiterentwicklung des Menschen und des Kosmos – und zwar durch das *«Mysterium von Golgatha»*. Hier gibt es nun für Steiner ein Ereignis von zentraler Bedeutung, das die biblischen Autoren allerdings so nicht berichten: Das Blut des am Kreuz Hängenden sei in die Erde getropft und habe dadurch den entscheidenden Impuls zur Vergeistigung der Erde gegeben. Denn im Blut des am Kreuz Hängenden wohnte «Sonnenkraft», welche die Erdenaura (unsichtbare Erdenhülle) verwandelte und die Wiedervereinigung der getrennten Himmelskörper Sonne, Mond und Erde in die Wege leitete. Christus, der «Sonnengeist», ist zum «Geist der Erde» geworden (103,132).

Das Fließen des Blutes beim Kreuzestod Jesu wird somit als entscheidender Impuls für das Weitergehen der Evolution betrachtet, als geradezu naturgesetzlicher Prozeß. Wie hier, bedient sich Steiner oft naturalistischer Begriffe in seiner Auslegung geistlicher Tatsachen. Die Wirkung des Blutes wird mit einer chemischen Reaktion gleichgesetzt, so wie wenn sich zwei Elemente (hier: Sonnen- und Erdenkräfte) verbinden. Das soll auch erklären, warum im Blut noch die Christuskraft wohnte, obwohl laut Steiner der Christus bei der Kreuzigung gar nicht mehr im Jesusleib war: Die zeitweilige Verschmelzung des Christus mit dem Jesus hatte das Blut umgewandelt. Bereits im Garten Gethsemane hatte sich hingegen das Christus-Ich selber mehr und mehr aus dem Jesusleib zurückgezogen, was nach Meinung Steiners z.B. durch das Blutschwitzen Jesu, vollends aber durch den fliehenden nackten Jüngling (Markus 14,51f.), der dem Christus entspreche, angedeutet wird (vgl. 139,175ff.).

Nach dem Zeugnis der *biblischen Offenbarung* hingegen ist Jesus Christus der Sohn des lebendigen, persönlichen Gottes. Jesus Christus ist der einzige und wahre Weg zum Vater (Joh. 14,6), der durch seinen stellvertretenden Kreuzestod auf Golgatha die vollständige Erlösung und Befreiung von unseren Sünden erwirkt hat und der kraft seiner Auferstehung jedem Menschen ewiges Leben anbietet, der an ihn glaubt. Bei *Steiner* aber, der Jesus und Christus trennt und aus «Christus» (in der Bibel ein Würdetitel) ein «Prinzip» macht, erfolgt durch den Blut-Erde-Kontakt ein kosmischer Impuls zum Weitertreiben der Evolution. Das sind zwei völlig verschiedene Welten.

Der biblischen Offenbarung tritt die menschlich-okkulte Spekulation gegenüber, die nicht nur unbiblisch, sondern darüber hinaus noch geschmacklos und gotteslästerlich ist.

Der Steinersche Christus schenkt *keine Erlösung,* sondern gibt einen – wenn auch «wichtigen» – *Impuls zur Selbsterlösung,* zum Weiterschreiten im evolutiven Prozeß durch die Verkörperungen hindurch und zum Anhäufen guter Taten. Die heidnische *Reinkarnations- und Karmalehre* wird an die Bibel herangetragen, der alte, längst überwunden geglaubte Weg der *Werkgerechtigkeit* wieder beschritten – etwa gemäß dem Goetheschen Motto: «Wer immer strebend sich bemüht, den können wir erlösen» (Faust II, Chor der Engel). Damit aber wird das Evangelium, die Frohbotschaft von der Erlösung des Sünders, verraten.

Die ehemalige Anthroposophin Christiane Gratenau schreibt in ihrem Buch «Von Rudolf Steiner zu Jesus Christus»: «Wieviel Schuld allein aus diesem Leben würde ich im nächsten abtragen müssen! Konnte ich denn jemals auf ein Ende meiner Inkarnationen hoffen?» Dann nahm sie an einer christlichen Tagung teil. Und sie stellt fest: «Ich begriff, daß ich meiner Schuld nur dann tapfer und ehrlich ins Auge blicken kann, wenn ich wissen darf, daß es Vergebung dafür gibt, eine Vergebung, die auch wirklich entlastend und befreiend zu erfahren ist. (...) Endlich begriff ich, was es bedeutet: Jesus Christus ist ans Kreuz gegangen zur Vergebung der Sünden» (Gratenau 1985, 52.56f.).

In ähnlicher Weise berichtet die inzwischen verstorbene Heidemaria Backhaus. Sie gehörte jahrelang zum engsten Schülerkreis von Rudolf Steiner und war eine der Jüngerinnen der ersten Stunde. In einem Vortrag aus dem Jahre 1960 erzählte sie: «Diese merkwürdige (anthroposophische) Selbsterlösung des Menschen wurde mir mehr und mehr unerträglich. Ich habe in dieser Welt wirklich nicht mehr atmen können. Es ist erstaunlich, wie ungeborgen im tiefsten Sinne man in dieser anthroposophischen Welt sein kann. (...) Ich habe mich dann schließlich befreit, indem ich den inneren Entschluß gefaßt habe, mich völlig davon zu trennen. Ich habe eines Tages diese Türe geöffnet und bin herausgegangen aus diesem erstaunlichen Reich und habe wirklich nur noch das Eine innegehabt: Gott, nimm mir dieses Ganze ab! Laß mich vor dir sein nichts als ein Kind! Und dann bin ich seltsamerweise nicht in einen Abgrund gefallen, sondern zum ersten Mal wieder in die Nähe Gottes. Das ist Gnade. Dies ist es, was ich nur mit dem Wort Gnade bezeichnen kann, daß ich da nicht verloren war, sondern daß ich mit einem Mal wieder aufgenommen war, unmittelbar.»

Und Heidemaria Backhaus fährt fort: «Mit einem Male wurde es mir klar, daß wir wirklich allein durch den Sohn den Vater sehen, zu dem wir unmittelbar kommen dürfen, nicht erst im Laufe von Inkarnationen (Verkörperungen), nicht erst mit höher entwickeltem Sinne, nicht erst mit allen möglichen Willensanstrengungen. Nein, sondern heute ist der Tag des Herrn. Heute darfst du kommen, so wie du bist.»

Unsere *Antwort* auf die anthroposophischen Lehren läßt sich kurz und konzentriert anhand der biblisch-reformatorischen Hauptartikel zusammenfassen:

1. **Allein Jesus Christus** ist der lebendige Sohn Gottes, ist wahrer Gott und wahrer Mensch, ist Erlöser und Herr. Wer andere Mächte über oder neben Jesus Christus stellt oder einen anderen Christus verkündigt, als die Bibel es tut, der verkündigt einen Anti-Christus (Matth. 24,24).

2. **Allein die Heilige Schrift,** die Bibel, ist die vollgültige, ausreichende und heilsnotwendige Offenbarung Gottes an uns. Wir brauchen keine «Erkenntnisse höherer Welten» und keine «Akasha-Chronik». Wer «geistliche Wahrheiten» verkündigen will, die über die Schrift hinausgehen oder gar in Widerspruch zu ihrem Gesamtkontext und Wortsinn treten, wie es bei der Anthroposophie der Fall ist – der verkündigt ein anderes, ein Anti-Evangelium (Gal. 1,6).

3. **Allein die Gnade** ist der Ausweg aus der real existierenden und knechtenden Macht der Sünde – und nicht ein spekulativer Evolutionsimpuls eines verfälschten Christus, der den Menschen zur Selbsterlösung anspornen soll – und ihn damit in die Verzweiflung führt (Röm. 3,23 f.).

4. **Allein der Glaube** als die kindliche, vertrauensvolle Annahme des Erlösungsopfers Jesu Christi am Kreuz läßt die Gnade im Leben des Christen wirksam werden und schafft Erlösung – und nicht eine Spekulations- und Erkenntnissucht nach gnostischem Vorbild, die der menschlichen Selbststeigerung dient und Gott verdrängen will (Röm. 3,28).

Unser Ergebnis lautet somit: *Anthroposophische Weltanschauung und christlicher Glaube sind unvereinbar.*

D. Pädagogik, Medizin, Landwirtschaft, Kunst

Nun wird vielleicht mancher fragen: Tun denn die Anthroposophen nicht auch viel *Gutes?* Das sei unbestritten. Allerdings kommt man nicht umhin, nach den *Motiven* zu fragen, die hinter den Handlungen stehen. Und da zeigt es sich, daß von der anthroposophischen Lehre her der *Karma-Gedanke* im Vordergrund steht, also das Streben, sich durch gute Taten selbst zu erlösen. Das aber ist, wie gezeigt, ein eklatanter Widerspruch zum Evangelium von der Erlösung.

Nun bleiben freilich gute Taten gute Taten. Zumindest in den Augen der Menschen, was aber nicht heißen muß, daß sie auch in den Augen Gottes gut sind. Gut in den Augen Gottes ist nur, was in Einklang mit seinem Willen, mit seinem Wort, geschieht. Wenn jemand durch seine Werke jedoch seine Selbsterlösung bewerkstelligen will, dann können diese Werke in den Augen Gottes nicht gut sein. Wie überall gilt aber, daß Gott – und Gott allein – das Herz des einzelnen Menschen ansieht und sowohl Ihre als auch meine Motive kennt. Die anthroposophische Lehre können wir beurteilen, aber nicht den einzelnen Anthroposophen (Matth. 7,1).

Nun zeigt sich freilich, daß man die Früchte nicht ohne die Wurzeln haben kann. Das heißt: Anthroposophische Pädagogik, Medizin, Landwirtschaft, Kunst und alle weiteren anthroposophischen Aktivitäten sind geprägt und durchdrungen von der Steinerschen Weltanschauung, vom Steinerschen Okkultismus.

In der *Pädagogik* zum Beispiel bestimmt das Steinersche Menschenbild, *was* gelehrt wird und *wann* etwas gelehrt wird. Der Unterricht wird gemäß der Vier-Leiber-Lehre in Siebenjahresrhythmen aufgeteilt. Der Lehrer soll dem Kind «Inkarnationshilfen» geben. Der Mensch wird gemäß den unbiblischen Ideologien des Evolutionismus und des optimistischen Humanismus als vervollkommnungsfähig und von Natur aus gut angesehen. Biblische Geschichten werden in religionsvermischender Art neben Märchen, Sagen und Mythen behandelt.

Anthroposophische Begriffe, Praktiken, Unterrichtsinhalte (z.B. Eurythmie) und Baustile prägen den gesamten Schulalltag zumindest unterschwellig. Laufend wird zu Veranstaltungen der Anthroposophischen Gesellschaft und oft auch zur Menschenweihehandlung der aus der Anthroposophie hervorgegangenen Christengemeinschaft eingeladen. *Das Leben an einer Waldorfschule ist somit keineswegs weltanschaulich neutral!*

Treffend stellt der *Gnadauer Pädagogische Arbeitskreis* in seiner Stellungnahme «Waldorfschulen – eine Alternative?» (hrsg. als Faltblatt) fest: «Die Waldorfschule hat neben ihren Vorzügen auch große pädagogische Nachteile, die oft übersehen werden. Durch den anthroposophisch gestalteten Unterricht werden die Schüler zweifellos für die Anthroposophie selbst vorbereitet. Die Christlichkeit der Waldorfschule ist für Kinder oft nicht zu unterscheiden vom Glauben der Eltern und vom Bekenntnis der Kirche oder Gemeinde, der sie angehören. Es besteht die Gefahr, daß sich die Kinder so einem ganz anderen Glauben – nämlich der Anthroposophie Rudolf Steiners – öffnen, ohne daß es die Eltern zunächst merken. Die öffentliche Schule ist, auch wenn viele Lehrer Atheisten sind, dennoch pluralistisch und zur weltanschaulichen Neutralität verpflichtet. In der Waldorfschule aber begegnet dem Kind eine in sich geschlossene Weltanschauung und Pädagogik. Die Prägung dort ist wesentlich stärker als in einer öffentlichen Schule. Kinder

mit Lernschwierigkeiten sollten nicht in die Waldorfschule geschickt, sondern ihren Gaben entsprechend in einer öffentlichen Schulform gefördert werden, auch wenn dies eine Son-
derschule sein sollte. Für christliche Eltern ist die Waldorfschule (und auch der Waldorfkindergarten) keine Alternative.
Auch die öffentlichen Schulen haben ihre Probleme. Die Kinder brauchen die helfende und wachsame Begleitung der Eltern
und der christlichen Gemeinde. Echte Alternativen sind freie
christliche oder freie evangelische Schulen, deren Gründung
oder Bestehen man fördern und unterstützen sollte.»

In der anthroposophischen *Medizin* beherrscht die Einteilung
des Menschen in sichtbar-sinnliche und unsichtbar-übersinnli-
che Leiber die Diagnose und Arzneimittelwahl. «Geheimnisvolle Kräfte» und «hierarchische Geistwesen» sprechen durch
Nahrungs- und Heilmittel angeblich zum Menschen. Die Stoffe seien nicht tot, sondern von einer «übersinnlichen Geisterwelt» beseelt, die – etwa durch homöopathisches Potenzieren
erweckt – im Körper wirke. Weleda- und Wala-Präparate
gehören hierher. Weleda war die keltisch-germanische Prieste-
rin und Göttin der Heilkunst.

Die Anthroposophen Friedrich Husemann und Otto Wolff
schreiben in ihrem Buch «Das Bild des Menschen als Grundlage der Heilkunst» (Band 1, S. 27): «Zwei Bilder braucht der
Arzt: eines vom Menschen und eines vom Kosmos, die so miteinander in Korrespondenz stehen, daß, wenn das Bild des
Menschen durch Krankheit metamorphosiert, das Bild des
Kosmos als der ruhende Hintergrund den Hinweis auf die Hei-
lungsmöglichkeiten gibt.»

Neben solchen astrologischen Anklängen finden sich auch
magische Praktiken nach Art des Analogiezaubers. So führt
Rudolf Steiner aus (in: «Was kann die Heilkunst durch eine geisteswissenschaftliche Betrachtung gewinnen?», Dornach,
2. Auflage 1958, S. 54f.): «Nehmen wir jetzt nun an, wir suchen
nach Pflanzenheilmitteln. Wir pflücken den Enzian im Frühling. Der Enzian ist ein gutes Heilmittel gegen Dyspepsie.
Pflücken wir ihn im Frühling, dann werden wir, wenn wir ihn
in der richtigen Weise zu einem Heilmittel verwerten, auf das

wirken können, was immerfort vorzugsweise von dem physischen und dem ätherischen Leib ausgeht. Haben wir gestörtes Wachstum, gestörte Ernährungskräfte, so werden wir Enzianwurzeln auskochen und die ausgekochte Substanz verwenden, um die Ernährungskräfte zu verbessern und die Störung zu bekämpfen. Verwenden wir aber die Enzianwurzeln, indem wir sie im Herbst ausgraben, wo der ganze Enzian daraufhin organisiert ist, gerade abzubauen, dem ähnlich zu werden, was der astralische Leib im Menschen bewirkt, dann wird nichts aus der Heilung, im Gegenteil, dann verstärken wir die Verdauungsunregelmäßigkeit. Wir müssen daher nicht nur irgendeine Pflanze kennen und von ihr sagen: sie ist für dies oder jenes ein Heilmittel, sondern wir müssen noch wissen, wann wir diese Pflanze pflücken müssen, um sie als Heilmittel zu verwenden.

So müssen wir das ganze Werden der Natur überschauen, wenn wir Pflanzenheilmittel, die besonders wirksam sein können, verwenden wollen. (...) Man muß also wissen, wenn man seine Präparate herstellt, daß man etwas anderes macht, wenn man die Pflanzen im Herbst sammelt und verwendet, und etwas anderes wiederum, wenn man sie im Frühling sammelt und verwendet. Das aber, was da nur getrennt durch große Zeiträume möglich ist, das ist schon auch in kleinen Zeiträumen möglich. Wenn wir die Präparate, die als Heilmittel dienen sollen, herstellen, so müssen wir lernen, was es heißt: Enzian in der ersten Maiwoche pflücken, Enzian in der letzten Maiwoche pflücken. Denn was der Mensch im Verlaufe von vierundzwanzig Stunden in sich trägt: Frühling, Sommer, Herbst und Winter, das ist draußen in der Natur über 365 Tage ausgedehnt. Wir brauchen für den Menschen für den Zeitraum von vierundzwanzig Stunden das, was sich draußen in der Natur in 365 Tagen entwickelt. Daraus sehen Sie, was es heißt, anthroposophische Prinzipien auf die Heilkunde anwenden.»

In der von Steiner entwickelten biologisch-dynamischen *Landwirtschaft* gelten ebenfalls Stoffe als Geistträger, als Träger der Erd- und Kosmoskräfte. Unter Einbeziehung astrologischer Konstellationen und alchemistischer Prozesse werden die Präparate hergestellt, «dynamisiert», das heißt: die kosmische

Energie wird in sie «eingefangen». Als Beispiele betrachten wir zwei Zitate aus Steiners «Landwirtschaftlichem Kurs». Gegen Feldmäuse empfiehlt er folgendes «Rezept»:

«Wir verschaffen uns zur Zeit des Stehens der Venus im Zeichen des Skorpions diesen Mäusebalg und verbrennen diesen Mäusebalg, nehmen sorgfältig dasjenige, was sich da jetzt entwickelt durch das Verbrennen der Asche, überhaupt an Bestandteilen, die herausfallen – (...) Und in dem, was da durch das Feuer vernichtet wird, bleibt jetzt übrig die negative Kraft gegenüber der Reproduktionskraft der Feldmaus. Wenn Sie nun den auf diese Weise gewonnenen Pfeffer (...) ausstreuen auf Ihre Felder, wenn er richtig bei der Hochkonjunktion von Venus und Skorpion durch das Feuer hindurchgeleitet worden ist, so werden Sie darin ein Mittel haben, daß die Mäuse dieses Feld meiden» (640,159f.).

Zum Dünger im Kuhhorn sagt Steiner folgendes: «Dadurch, daß wir das Kuhhorn mit seinem Mistinhalt eingegraben haben, dadurch konservieren wir im Kuhhorn drinnen die Kräfte, die das Kuhhorn gewohnt war, in der Kuh selber auszuüben, nämlich rückzustrahlen dasjenige, was Belebendes und Astralisches ist (...) Und es wird der Mistinhalt des Kuhhorns mit diesen Kräften (...) innerlich belebt (...) Das ganze Lebendige wird konserviert in diesem Mist ...» (640,99f.). Hier verbinden sich Astrologie, Magie und Analogiezauber miteinander.

Die biologisch-dynamische Landwirtschaft mit ihren «Demeter-Erzeugnissen» (Demeter war die heidnische Fruchtbarkeitsgöttin der Griechen!) ist von anderen biologischen Landbaumethoden, die solche okkulten Methoden nicht anwenden (z.B. von der biologisch-organischen oder der integrierten Wirtschaftsweise) klar zu unterscheiden.

In der anthroposophischen *Kunst* schließlich (z.B. Eurythmie und Architektur) soll die Anwesenheit übersinnlicher Welten durch Sprache, Bewegung und Gestaltung zum Ausdruck kommen:

«Mit einer tastenden Fragestimmung wird man den Bewegungen der Vokale, der Konsonanten, der Planeten und der Tierkreisstellungen in sich nachlauschen, um den geistigen

Kräften und Bewegungen auf die Spur zu kommen, die den Formenreichtum unserer Erde und des Menschen gebildet haben (...) Die Eurythmie möchte ja die Fortsetzerin sein dürfen der Arbeit, welche die höheren Wesen mit der Individualität vor der Geburt und dann in der ersten Lebenszeit für die Leibesbildung, für das Gehen-, Sprechen-, Denkenkönnen geleistet haben» (Göbel 1985,18f.). In der Eurythmie und in den Steinerschen Mysteriendramen werden regelrechte Geistertänze aufgeführt.

Ich kann vor solchen anthroposophischen Einrichtungen und Verfahren nur warnen! Auch wenn sie manches vermitteln, das vordergründig gut, richtig und faszinierend wirkt, so bricht doch durch diese Faszination (Verzauberung) die Macht der Finsternis herein. Nicht umsonst warnt uns die Bibel davor, daß sich Satan als «Engel des Lichts» verkleidet (2. Kor. 11,14). Und wer meint, er könne die anthroposophischen Früchte ohne die Wurzeln haben, betrügt sich selbst. Wer den kleinen Finger will, bekommt die ganze Hand, die *ihn* erfaßt und nicht mehr losläßt – es sei denn, daß durch die Abkehr von Rudolf Steiner und die Hinkehr zu Jesus Christus wirkliche Befreiung geschieht.

E. Anthroposophie und New Age

Durch die zahlreichen Gebiete, auf die sie Einfluß nimmt, stellt die Anthroposophie einen idealen *Einstieg* in das New-Age-Denken dar. New Age heißt «Neues Zeitalter». Gemeint ist das astrologische Zeitalter des Wassermanns, welches das christlich-biblische Fische-Zeitalter ablösen soll. Auch die Anthroposophie vertritt diese Zeitaufteilung. Die auffallendste *Parallele* zum New-Age-Denken ist die Selbststeigerung und Selbstvergottung, zu welcher der Mensch durch Bewußtseinserweiterung und Hellsehen fähig werden soll. Steiner hat diesen Weg ja schon um die Jahrhundertwende propagiert. Weitere Parallelen liegen in der Offenbarung eines geheimen, esoterischen (okkulten) Wissens, das sich über das biblische Wort stellen möchte, in der Schaffung eines kosmischen Weltbildes mit der Verschmelzung von Mikro- und Makrokosmos, in der Schaffung neuer ethischer (moralischer) Grundsätze durch einen ethischen Individualismus, in der Entfaltung okkulter, übersinnlicher Kräfte und vor allem in der *Religionsvermischung*. In meinen Büchern über «New Age» und «Okkultismus» bin ich auf diese Punkte ausführlicher eingegangen, als es in diesem Rahmen geschehen kann. Hier jedoch ein Zitat Steiners über die Religionsvermischung. In seinem «Basler Markus-Zyklus» von 1912 steht zu lesen:

«Was wird kommen, wenn sich so die einzelnen Bekenner der verschiedenen Religionssysteme verstehen werden, wenn der Christ zum Buddhisten sagen wird: Ich glaube an deinen Buddha, – und wenn der Buddhist zum Christen sagen wird: Ich kann das Mysterium von Golgatha verstehen, wie du es selbst verstehst, – was wird kommen über die Menschheit, wenn so etwas allgemein werden wird? Friede wird kommen über die Menschen, gegenseitige Anerkennung der Religionen. Und die muß kommen. Und die anthroposophische Bewegung muß sein ein solches gegenseitiges wahrhaftiges Erfassen der Religionen» (139,70 f.). Soweit Rudolf Steiner.

Die Propheten und Apostel der ganzen Bibel aber verwerfen eine solche Vermischung der Religionen als Götzendienst, der den Frieden mit Gott zerstört und damit auch wahren irdischen Frieden unmöglich macht. *Gott, der lebendige Gott allein, ist der Herr des Friedens.* Er will «keine anderen Götter» neben sich haben, wie es uns das erste Gebot unmißverständlich einschärft (2. Mose 20,3). Und Jesus Christus spricht. *«Ich bin der Weg, die Wahrheit und das Leben. Niemand kommt zum Vater – außer durch mich»* (Joh. 14,6).

Die New-Age-Bewegung – und in ihrem Rahmen auch die Anthroposophie bereitet einer Religionsvermischung und *Welteinheitsreligion* den Weg, die gemäß Offenbarung 13 und 17 nur als «antichristlich» bezeichnet werden kann. Hier liegt der tiefste Grund meiner Kritik. Doch wir dürfen heute schon wissen: *Jesus Christus ist Sieger!* Er hat die satanischen Mächte, die sich nun zu einem letzten, verzweifelten Aufstand ge-

gen Gott versammeln und viele Menschen mit sich in den Abgrund reißen möchten, durch seinen Kreuzestod auf Golgatha
besiegt! Und wir dürfen an Jesu Sieg teilhaben, wenn wir unser Vertrauen allein auf ihn setzen: auf sein vollbrachtes Werk
am Kreuz und sein vergossenes Blut.

Durch das Kreuz Jesu Christi ist auch allem menschlich-
selbstherrlichen Erkenntnisstreben bezüglich überirdischer
Dinge eine Absage erteilt. Nicht menschlich-selbstüberhebli-
che Erkenntnis wie in Gnosis, New Age und Anthroposophie,
sondern göttlich-gnädig geschenkte Glaubenserkenntnis durch
die Niedrigkeit des Kreuzes hindurch ist der Weg zum Frieden,
zum Heil.

Ich schließe deshalb mit Worten des Apostels Paulus aus dem
ersten Korintherbrief, welche die Kritik an der Anthroposophie
auf deutliche – sogar überraschend deutliche – Weise zum Ausdruck bringen: *«Auch ich, liebe Brüder, da ich zu euch kam,
kam ich nicht mit hohen Worten und hoher Weisheit, euch zu
verkündigen die göttliche Predigt. Denn ich hielt nicht dafür,
daß ich etwas wüßte unter euch als allein Jesus Christus, den
Gekreuzigten. Auch war ich bei euch in Schwachheit und in
Furcht und mit großem Zittern; und mein Wort und meine Predigt geschah nicht mit überredenden Worten menschlicher
Weisheit, sondern in Erweisung des Geistes und der Kraft, auf
daß euer Glaube nicht bestehe auf Menschenweisheit (griech.
sophia anthropon = Anthroposophie!), sondern auf Gottes
Kraft»* (1. Kor. 2, 1–5).

Übersicht über das anthroposophische Welt-, Menschen- und Christusverständnis:		
Entwicklung der Erde	des Menschen	Weg und Werk *des Christus*
Saturnzustand	Physischer Leib	
Sonnenzustand	Ätherleib	
Mondenzustand	Astralleib	
Erdenzustand	Ichleib	
I. *Polarische* Zeit (Verbundenheit von Erde, Sonne und Mond)		
II. *Hyperboräische* Zeit (Trennung von Sonne und Erde; Zeitpunkt des biblischen Schöpfungsberichtes)		Der Christus trennt sich gemeinsam mit der Sonne von der Erde und wird der führende Sonnengeist.
III. *Lemurische* Zeit (Trennung von Erde und Mond)	Luzifer-Ereignis (1. Mose 3)	1. Christusopfer: Harmonisierung der Sinne
IV. *Atlantische* Zeit (am Ende: die große Flut – Sintflut)		2. Christusopfer: Harmonisierung der Lebensorgane; 3. Christusopfer: Harmonisierung der Gemütsorgane.
V. *Nachatlantische* Zeit 1. Alt-indische Kulturepoche (7227 v. Chr. bis 5067 v. Chr.)		Der Christus ist sichtbar als Vishva Karman
2. Alt-persische Kulturepoche (5067 v. Chr. bis 2907 v. chr.)		Der Christus ist sichtbar als Ahura Mazdao
3. Ägyptisch-chaldäisch-assyrisch-babylonische Kulturepoche (2907 v. Chr. – 747 n. Chr.)	Ausbildung der Empfindungsseele (Teil des Ich)	Der Christus offenbart sich als der 'Ich-Bin' an Mose und tritt in die Elemente ein: Offenbarung im Feuer (Dornbusch und Feuer auf dem Sinai, 2. Mose 3,2;19,18)
4. Griechisch-lateinische Kulturepoche (747 v. Chr. – 1413 n. Chr.)	Verstandesseele	Der Christus offenbart sich in den Mysterien. Er inkarniert sich in Jesus von Nazareth und geht durch das Mysterium von Golgatha hindurch. Er verbindet sich mit der Erde, indem er als 'Erdgeist' in die Äthersphäre der Erde eintritt. Damaskus-Erlebnis des Paulus: Paulus entdeckt als erster den Christus in der Äthersphäre der Erde.
5. Fünfte Kulturepoche (seit 1413 n. Chr.)	Bewußtseinsseele	1909 Beginn der 'Wiederkunft': das Äthersehen wird möglich, d.h. zugleich: der Christus zeigt sich in einem Ätherleib in der Äthersphäre der Erde. Das paulinische Damaskus-Erlebnis wird allgemeine Möglichkeit.

Bestimmung der Gegenwart
Erdenzustand
V. *Nachatlantische* Zeit
Fünfte Kulturepoche

Entwicklung der Erde	des Menschen	Weg und Werk «des Christus»
6. Sechste Kulturepoche		Der Christus offenbart sich in einem Astralleib.
7. Siebente Kulturepoche		Der Christus offenbart sich in einem großen kosmischen Ich.
VI. *Zeit*		
VII. *Zeit* (leibliche Auferstehung, Vergeistigung der Erde;		Zeitpunkt von 1. Kor. 15,35ff. und Off. 22
Jupiterzustand	Geistselbst	
Venuszustand	Lebensgeist	
Vulkanzustand	Geistesmensch	

Literaturverzeichnis

A. Das Werk Rudolf Steiners

Die Literatur von und über Rudolf Steiner ist fast uferlos. Im folgenden gebe ich zunächst einen groben Überblick über die Rudolf Steiner Gesamtausgabe (GA). Dann folgen nähere bibliographische Hinweise zu den Bänden der Gesamtausgabe nebst den «Beiträgen zur Rudolf Steiner Gesamtausgabe» und den «Rudolf Steiner Studien», aus denen ich unmittelbar zitiere oder auf die ich Bezug nehme. Schließlich werden die bis 1994 erschienenen Bände der Rudolf Steiner Taschenbuchausgabe (TA), da ich bei der Darstellung zumeist diese zugrunde gelegt habe, komplett nach Nummer und Titel aufgelistet (die Seitenzahlen sind innerhalb der einzelnen Auflagen der TA bisher gleich geblieben, so daß auf Hinweise bezüglich Erscheinungsjahr und Auflagenzahl der zitierten Ausgaben verzichtet werden kann). Erscheinungsort ist in allen Fällen Dornach.

1. Übersichtsbände zur Rudolf Steiner Gesamtausgabe

Band I: Bibliographische Übersicht. Das literarische und künstlerische Werk von Rudolf Steiner, 1984
Band II: Sachwort- und Namensregister der Inhaltsangaben. Erstellt von E. Mötteli, 1980
Band III: Inhaltsangaben. Zusammenstellung aller Inhaltsangaben aus 291 Bänden der Rudolf Steiner Gesamtausgabe, 1982
Groddeck W., Eine Wegleitung durch die Rudolf Steiner Gesamtausgabe, 1979
Schmidt Hans, Das Vortragswerk Rudolf Steiners. Verzeichnis der von Rudolf Steiner gehaltenen Vorträge, Ansprachen, Kurse und Zyklen, hg. v. der Freien Hochschule für Geisteswissenschaften am Goetheanum, 2. Aufl. 1978

2. Rudolf Steiner Gesamtausgabe

*Gliederung nach: Rudolf Steiner – Das literarische
und künstlerische Werk. Eine bibliographische Übersicht
(Bibliographie-Nrn. kursiv in Klammern)*

2.1. Schriften

2.1.1. *Werke*

Goethes Naturwissenschaftliche Schriften, eingeleitet und kommentiert von R. Steiner, 5 Bände, 1883–97, Neuausgabe 1975 *(1a-e);* separate Ausgabe der Einleitungen, 1925 *(1)*

Grundlinien einer Erkenntnistheorie der Goetheschen Weltanschauung, 1886 *(2)*

Wahrheit und Wissenschaft. Vorspiel einer «Philosophie der Freiheit», 1892 *(3)*

Die Philosophie der Freiheit. Grundzüge einer modernen Weltanschauung 1894 *(4)*

Friedrich Nietzsche, ein Kämpfer gegen seine Zeit, 1895 *(5)*

Goethes Weltanschauung, 1897 *(6)*

Die Mystik im Aufgange des neuzeitlichen Geisteslebens und ihr Verhältnis zur modernen Weltanschauung, 1901 *(7)*

Das Christentum als mystische Tatsache und die Mysterien des Altertums, 1902 *(8)*

Theosophie. Einführung in übersinnliche Welterkenntnis und Menschenbestimmung, 1904 *(9)*

Wie erlangt man Erkenntnisse der höheren Welten? 1904/05 *(10)*

Aus der Akasha-Chronik, 1904–08 *(11)*

Die Stufen der höheren Erkenntnis, 1905–08 *(12)*

Die Geheimwissenschaft im Umriß 1910 *(13)*

Vier Mysteriendramen: Die Pforte der Einweihung – Die Prüfung der Seele – Der Hüter der Schwelle – Der Seelen Erwachen, 1910–13 *(14)*

Die geistige Führung des Menschen und der Menschheit, 1911 *(15)*

Anthroposophischer Seelenkalender, 1912 *(in 40)*

Ein Weg zur Selbsterkenntnis des Menschen, 1912 *(16)*

Die Schwelle der geistigen Welt, 1913 *(17)*

Die Rätsel der Philosophie in ihrer Geschichte als Umriß dargestellt, 1914 *(18)*

Vom Menschenrätsel, 1916 *(20)*

Von Seelenrätseln, 1917 *(21)*

Goethes Geistesart in ihrer Offenbarung durch seinen Faust und durch das Märchen von der Schlange und der Lilie, 1918 *(22)*

Die Kernpunkte der sozialen Frage in den Lebensnotwendigkeiten der Gegenwart und Zukunft, 1919 *(23)*

Aufsätze über die Dreigliederung des sozialen Organismus und zur Zeitlage, 1915–1921 *(24)*

Kosmologie, Religion und Philosophie, 1922 *(25)*

Anthroposophische Leitsätze, 1924/25 *(26)*

Grundlegendes für eine Erweiterung der Heilkunst nach geisteswissenschaftlichen Erkenntnissen, 1925. Von Dr. R. Steiner und Dr. I. Wegman (*27*)
Mein Lebensgang, 1923–25 (*28*)

2.1.2. Gesammelte Aufsätze
Aufsätze zur Dramaturgie 1889–1901 (*29*) – Methodische Grundlagen der Anthroposophie 1884–1901 (*30*) – Aufsätze zur Kultur- und Zeitgeschichte 1887–1901 (*31*) – Aufsätze zur Literatur 1886–1902 (*32*) – Biographien und biographische Skizzen 1894–1905 (*33*) – Aufsätze aus «Lucifer-Gnosis» 1903–1908 (*34*) – Philosophie und Anthroposophie 1904–1918 (*35*) – Aufsätze aus «Das Goetheanum» 1921–1925 (*36*)

2.1.3. Veröffentlichungen aus dem Nachlaß
Briefe – Wahrspruchworte – Bühnenbearbeitungen – Entwürfe zu den Vier Mysteriendramen 1910–1913 – Anthroposophie. Ein Fragment aus dem Jahre 1910 – Gesammelte Skizzen und Fragmente – Aus Notizbüchern und -blättern – (*38–47*)

2.2. Das Vortragswerk

2.2.1. Öffentliche Vorträge
Die Berliner öffentlichen Vortragsreihen, 1903/04 bis 1917/18 (*51–67*) – Öffentliche Vorträge, Vortragsreihen und Hochschulkurse an anderen Orten Europas 1906–1924 (*68–84*)

2.2.2. Vorträge vor Mitgliedern der Anthroposophischen Gesellschaft
Vorträge und Vortragszyklen allgemein-anthroposophischen Inhalts – Christologie und Evangelien-Betrachtungen – Geisteswissenschaftliche Menschenkunde – Kosmische und menschliche Geschichte – Die geistigen Hintergründe der sozialen Frage – Der Mensch in seinem Zusammenhang mit dem Kosmos – Karma-Betrachtungen – (*91–244*) Vorträge und Schriften zur Geschichte der anthroposophischen Bewegung und der Anthroposophischen Gesellschaft (*251–263*)

2.2.3. Vorträge und Kurse zu einzelnen Lebensgebieten
Vorträge über Kunst: Allgemein-Künstlerisches – Eurythmie – Sprachgestaltung und Dramatische Kunst – Musik – Bildende Künste – Kunstgeschichte – (*271–292*)– Vorträge über Erziehung (*293–311*) – Vorträge über Medizin (*312–319*) – Vorträge über Naturwissenschaft (*320–327*) – Vorträge über das soziale Leben und die Dreigliederung des sozialen Organismus (*328–341*) – Vorträge für die Arbeiter am Goetheanumbau (*347–354*)

2.3. Das künstlerische Werk

Originalgetreue Wiedergaben von malerischen und graphischen Entwürfen und Skizzen Rudolf Steiners in Kunstmappen oder als Einzelblätter: Entwürfe für die Malerei des Ersten Goetheanums – Schulungsskizzen für Maler – Programmbilder für Eurythmie-Aufführungen – Eurythmieformen – Entwürfe zu den Eurythmie-Figuren, u.a.

3. Zitierte Bände aus der Rudolf Steiner Gesamtausgabe

30: Methodische Grundlagen der Anthroposophie. Gesammelte Aufsätze zur Philosophie, Naturwissenschaft, Ästhetik und Seelenkunde 1884–1901, 3. Aufl. 1989

32: Gesammelte Aufsätze zur Literatur 1884–1902, 2. Aufl. 1971

34: Lucifer-Gnosis. Grundlegende Aufsätze zur Anthroposophie und Berichte aus den Zeitschriften «Luzifer» und «Lucifer-Gnosis» 1903–1908, 2. Aufl. 1987

38: Briefe. Band I. 1881–1890, 3. Aufl. 1985

39: Briefe. Band II. 1890–1925, 2. Aufl. 1987

94: Kosmogonie. Populärer Okkultismus. Das Johannes-Evangelium. Die Theosophie an Hand des Johannes-Evangeliums (versch. Städte 1906), 1979

100: Menschheitsentwicklung und Christus-Erkenntnis. Theosophie und Rosenkreuzertum. Das Johannes-Evangelium (Kassel u. Basel 1907), 1967

103: Das Johannes-Evangelium (Hamburg 1908), 7. Aufl. 1955

112: Das Johannes-Evangelium im Verhältnis zu den drei anderen Evangelien, besonders zu dem Lukas-Evangelium (Kassel 1909), 6. Aufl. 1984

114: Das Lukas-Evangelium (Basel 1909), 1931

117: Die tieferen Geheimnisse des Menschheitswerdens im Lichte der Evangelien (versch. Städte 1909), 1966

123: Das Matthäus-Evangelium (Bern 1910), 1930

124: Exkurse in das Gebiet des Markus-Evangeliums (versch. Städte 1910/11), 3. Aufl. 1963

128: Eine okkulte Physiologie (Prag 1911), 5. Aufl. 1991

131: Von Jesus zu Christus (Karlsruhe 1911), 3. Aufl. 1958

139: Das Markus-Evangelium (Basel 1912), 4. Aufl. 1960

148: Aus der Akasha-Forschung. Das Fünfte Evangelium (versch. Städte 1913/14), 4. Aufl. 1985

214: Das Geheimnis der Trinität. Der Mensch und sein Verhältnis zur Geistwelt im Wandel der Zeiten (versch. Städte 1922), 1970

260: Die Weihnachtstagung zur Begründung der Allgemeinen Anthroposophischen Gesellschaft 1923/24, 3. Aufl. 1963

262: Rudolf Steiner/ Marie Steiner-von Sivers, Briefwechsel und Dokumente 1901–1925, 1967

263/1: Rudolf Steiner/ Edith Maryon, Briefwechsel, 1990

264: Zur Geschichte und aus den Inhalten der ersten Abteilung der Esoterischen Schule 1902–1914, 1984

Ohne Nr.: Briefe I: 1881–1891, hg. v. E. Froböse u. W. Teichert, 1948
Ohne Nr.: Was kann die Heilkunst durch eine geisteswissenschaftliche Betrachtung
gewinnen?, 2. Aufl. 1958

4. Beiträge zur Rudolf Steiner Gesamtausgabe

Heft 13: Zum 40. Todestag von Rudolf Steiner am 30. März 1965, Ostern 1965
Heft 27/28: 1919 – das Jahr der Dreigliederungsbewegung und der Gründung der Waldorfschule, Michaeli/Weihnachten 1969
Heft 36. In Erinnerung an die Silvesternacht 1922/23, Jahreswende 1971/72
Heft 42: Edouard Schuré und die christliche Esoterik Rudolf Steiners, Sommer 1973
Heft 49/50: Die Rechtfertigung der geistigen Wirklichkeit vor dem modernen Bewußtsein. Zum Gedenken des 50. Todestages von Rudolf Steiner, Ostern 1975
Heft 51/52: Der Weg zur höheren Erkenntnis im Lebenswerk und Lebensgang Rudolf
Steiners, Michaeli 1975
Heft 57: Der Münchner Kongreß Pfingsten 1907 als Geburtsstätte moderner Mysterienkultur, Pfingsten 1977
Heft 79/80: Rudolf Steiner und der Giordano-Bruno-Bund. Materialien zu seinem Lebensgang, Berlin 1900–1905, Ostern 1983
Heft 83/84: Zur Kindheit und Jugend Rudolf Steiners. Berichte und Dokumente, Ostern
1984
Heft 89/90: Andrej Belyi und Rudolf Steiner – Briefe und Dokumente, Michaeli 1985
Heft 92: Goethes Evangelium. Die okkulte Grundlage in Goethes Schaffen, erläutert
an «Faust» und «Die Geheimnisse», Johanni 1986
Heft 102: «Von Jesus zu Christus». Rudolf Steiner und die Leben-Jesu-Forschung seiner Zeit, Ostern 1989

5. Rudolf Steiner Studien

Band I: Marie Steiner-von Sivers – Ein Leben für die Anthroposophie, 2. Aufl. 1989
Band V: Rudolf Steiners Dissertation: «Die Grundfrage der Erkenntnistheorie», 1991

6. Rudolf Steiner Taschenbuchausgabe

600: Wie erlangt man Erkenntnisse der höheren Welten?

601: Die Geheimwissenschaft im Umriß

602: Ein Weg zur Selbsterkenntnis des Menschen / Die Schwelle der geistigen Welt

603: Metamorphosen des Seelenlebens

604: Die geistig-seelischen Grundkräfte der Erziehungskunst

605: Die Philosophie des Thomas von Aquino

606: Die Kernpunkte der sozialen Frage

607: Mysteriendramen, Band I

608: Mysterierdramen, Band II

609: Wendepunkte des Geisteslebens

610/611: Die Rätsel der Philosophie

612: Das menschliche Leben vom Gesichtspunkt der Geisteswissenschaft (Anthroposophie)

613: Die Mission einzelner Volksseelen

614: Die geistige Führung des Menschen und der Menschheit

615: Theosophie

616: Aus der Akasha-Chronik

617: Allgemeine Menschenkunde als Grundlage der Pädagogik

618: Erziehungskunst. Methodisch-Didaktisches

619: Das Christentum als mystische Tatsache

620: Dic Offenbarungen des Karma

621: Friedrich Nietzsche, ein Kämpfer gegen seine Zeit

622: Pfade der Seelenerlebnisse

623: Die Mystik im Aufgange des neuzeitlichen Geisteslebens

624: Der Orient im Lichte des Okzidents

625: Goethes Weltanschauung

626: Die Bhagavad Gita und die Paulusbriefe

627: Die Philosophie der Freiheit

628: Wahrheit und Wissenschaft

629: Grundlinien einer Erkenntnistheorie der Goetheschen Weltanschauung

630: Die Kunst des Heilens

631: Soziale Zukunft

632: Der Entstehungsmoment der Naturwissenschaft in der Weltgeschichte

633: Die Wirklichkeit der höheren Welten

634: Goethe-Studien

635: Der Goetheanumgedanke inmitten der Kulturkrisis der Gegenwart

636: Mein Lebensgang

637: Von Seelenrätseln

638: Vom Menschenrätsel

639: Erziehungskunst. Seminarbesprechungen und Lehrplanvorträge

640: Geisteswissenschaftliche Grundlagen zum Gedeihen der Landwirtschaft

641: Die Stufen der höheren Erkenntnis / Kosmologie, Religion und Philosophie Vom Seelenleben

642: Eurythmie – Die neue Bewegungskunst der Gegenwart

643: Die Theosophie des Rosenkreuzers
644: Das Johannes-Evangelium
645: Von Jesus zu Christus
646: Westliche und östliche Weltgegensätzlichkeit
647: Wiederverkörperung und Karma
648: Die gesunde Entwicklung des Menschenwesens
649: Einleitungen zu Goethes Naturwissenschaftlichen Schriften
650: Kunst und Kunsterkenntnis
651: Das Wesen der Farben
652: Gedankenfreiheit und soziale Kräfte
653: Anthroposophie, ihre Erkenntniswurzeln und Lebensfrüchte
654: Anthroposophie als Zeitforderung
655: Das Lukas-Evangelium
656: Einführung in die Anthroposophie
657: Menschenerkenntnis und Unterrichtsgestaltung
658: Die Erziehung des Kindes / Die Methodik des Lehrens
659: Vor dem Tore der Theosophie
660: Aegyptische Mythen und Mysterien
662: Geschichtliche Symptomatologie
663: Inneres Wesen des Menschen
664: Die Ergänzung heutiger Wissenschaften durch Anthroposophie
665: Das Markus-Evangelium
666: Grenzen der Naturerkenntnis
667: Staatspolitik und Menschheitspolitik
668: Das Matthäus-Evangelium
669: Geisteswissenschaftl. Menschenkunde
670: Goethes Geistesart in ihrer Offenbarung durch seinen «Faust»
671: Rudolf Steiner in der Waldorfschule
672: Die Apokalypse des Johannes
673: Heilpädagogischer Kurs
674: Die Kunst des Erziehens
675: Geistige Wirkenskräfte ... (Pädagogischer Jugendkurs)
676: Methodik und Wesen der Sprachgestaltung
677: Geisteswissenschaft und Medizin
678: Aus der Akasha-Forschung. Das Fünfte Evangelium
679: Vorstufen zum Mysterium von Golgatha

    «Architektenhaus- Vorträge»
681: Spirituelle Seelenlehre und Weltbetrachtung
682: Ursprung und Ziel des Menschen
683: Die Welträtsel und die Anthroposophie
684: Die Erkenntnis des Übersinnlichen in unserer Zeit
685: Die Erkenntnis der Seele und des Geistes
686: Wo und wie findet man den Geist?
689: Antworten der Geisteswissenschaft auf die großen Fragen des Daseins
690: Menschengeschichte im Lichte der Geistesforschung

B. Weitere Literatur

Adler M., Die antichristliche Revolution der Freimaurerei, Jestetten, 2. Aufl. 1975
Albrecht M. C., Reinkarnation – die tödliche Lehre, Asslar 1988
Alcyone (= Jiddu Krishnamurti), At the Feet of the Master (1910), Adyar, 23. Aufl. 1959
Backhaus H., Erfahrungen mit der Anthroposophie. Vortrag am 9.3.1960 in Heidenheim/Brenz, maschinenschriftlich vervielfältigte Tonbandnachschrift
Badewien J., Anthroposophie. Eine kritische Darstellung, Konstanz 1985
Badewien J., Waldorfpädagogik – eine christliche Erziehung? Zur Rolle der Anthroposophie in den Waldorfschulen, Konstanz 1987
Baral K., Anthroposophie. Eine Orientierungshilfe, Neuhausen-Stuttgart, 2. Aufl. 1993
Baumann A., ABC der Anthroposophie. Ein Wörterbuch für jedermann, Bern 1986
Bautz F. W., Die Christengemeinschaft. Einschließlich Anthroposophie. Worte der Aufklärung und Abwehr, Gladbeck, 2. Aufl. 1976
Beck H. W., Biologie und Weltanschauung. Gott der Schöpfer und die Evolutionskonzepte des Menschen, Neuhausen-Stuttgart, 2. Aufl. 1979
Beck W., Beiträge zum Lebensgang Rudolf Steiners, Stuttgart 1965
Becker K. E./ Schreiner H.-P. (Hg.), Anthroposophie heute, Frankfurt/M. 1984
Beckmannshagen G., Rudolf Steiner und die Waldorfschulen. Eine psychologisch-kritische Studie, Wuppertal 1984
Belyi A., Verwandeln des Lebens. Erinnerungen an Rudolf Steiner, Basel 1977
Besant A., Was ist Theosophie?, Düsseldorf o. J.
Besant A., Die Uralte Weisheit, London/Graz 1957
Beyerhaus P./ Padberg L. E. v, Eine Welt – eine Religion? Die synkretistische Bedrohung unseres Glaubens im Zeichen von New Age, Asslar 1988

Binder A., Wie christlich ist die Anthroposophie? Standortbestimmung aus der Sicht eines evangelischen Theologen, Stuttgart 1989

Blavatsky H. P., Die Geheimlehre. Die Vereinigung von Wissenschaft, Religion und Philosophie, 4 Bde., Ulm 1958

Blavatsky H. P., Isis Unveiled. A Master-Key to the Mysteries of Ancient and Modern Science and Theology, Vol. I: Science, Pasadena 1960

Bock E., Was will die Christengemeinschaft? Zwei öffentliche Vorträge, Stuttgart 1960

Bock E., Rudolf Steiner. Studien zu seinem Lebensgang und Lebenswerk, Stuttgart 1967

Bock E., Wiederholte Erdenleben. Die Wiederverkörperungsidee in der deutschen Geistesgeschichte, Stuttgart, 6. Aufl. 1975

Bock E., Beiträge zur Geistesgeschichte der Menschheit, Bd. V: Kindheit und Jugend Jesu, Stuttgart, 5. Aufl. 1982; Bd. VII: Paulus, Stuttgart, 4. Aufl. 1981

Bock E., Das Evangelium. Betrachtungen zum Neuen Testament, Stuttgart 1984

Böhme J., Aurora oder Die Morgenröte im Aufgang (1612), Amsterdam 1682

Brentano F., Psychologie vom empirischen Standpunkt, Leipzig 1874

Bruhn W., Theosophie und Anthroposophie, Leipzig 1921

Campbell B., Ancient Wisdom Revived. A History of the Theosophical Movement, Berkeley/Los Angeles/London 1980

Christentum, Anthroposophie, Waldorfschule. Waldorfpädagogik im Umfeld konfessioneller Kritik, Stuttgart, 3. Aufl. 1987

Darwin Ch., Die Entstehung der Arten durch natürliche Zuchtwahl (1859), Stuttgart 1981

Dessoir M., Vom Jenseits der Seele. Die Geheimwissenschaften in kritischer Betrachtung, Stuttgart, 2. Aufl. 1918

Drewermann E., Tiefenpsychologie und Exegese, 2. Bde., Olten/Freiburg-Br. 1984/85

Dühring E., Kursus der Philosophie als streng wissenschaftlicher Weltanschauung und Lebensgestaltung, Leipzig 1875

Ebertin E., Ein Blick in die Zukunft, Freiburg/Br. 1921

Eckstein F., Alte, unnennbare Tage. Erinnerungen aus 70 Lehr- und Wanderjahren, Wien/Leipzig/Zürich 1936

Fichte J. G., Über den Begriff der Wissenschaftslehre (1794), Stuttgart 1972

Förster-Nietzsche E., Das Nietzsche-Archiv, seine Freunde und Feinde, Berlin 1907

Förster-Nietzsche E., Der werdende Nietzsche. Autobiographische Aufzeichnungen, München 1924

Frenzel I., Friedrich Nietzsche in Selbstzeugnissen und Bilddokumenten, Reinbek bei Hamburg 1970

Frick K. R. H., Licht und Finsternis. Gnostisch-theosophische und freimaurerisch-okkulte Geheimgesellschaften bis an die Wende zum 20. Jahrhundert, Graz 1978

Frieling R., Die sieben Sakramente, Stuttgart 1926

Frieling R., Christentum und Wiederverkörperung, Stuttgart 1974

Frohnmeyer J., Die theosophische Bewegung. Ihre Geschichte, Darstellung und Beurteilung, Stuttgart 1920

Gahr Chr., Die Anthroposophie Steiners. Eine Fundamentaluntersuchung, Erlangen 1929

Gassmann L., New Age – kommt die Welteinheitsreligion?, Bad Liebenzell, 3. Aufl. 1988

Gassmann L., Okkultismus, östliche Religionen und die New-Age-Bewegung. Eine Orientierungshilfe, Lahr, 2. Aufl. 1990

Gassmann L., Das anthroposophische Bibelverständnis. Eine kritische Untersuchung unter besonderer Berücksichtigung der exegetischen Veröffentlichungen von Rudolf Steiner, Friedrich Rittelmeyer, Emil Bock und Rudolf Frieling, Wuppertal 1993 (Neuauflage 2001, Holzgerlingen, unter dem Titel «Anthroposophie»)

Gassmann L., Grün war die Hoffnung. Geschichte und Kritik der grünen Bewegung, Uhldingen 1994

Gassmann L./ Lange J., Was nun, Herr Drewermann? Anfragen an die tiefenpsychologische Bibelauslegung, Lahr, 2. Aufl. 1994

Gentilli-Baratto L., Eine Erinnerung an Marie Steiner, Freiburg o. J.

Geyer Chr., Heiteres und Ernstes aus meinem Leben, München 1929

Goebel E., Eurythmie im Kindergarten, Erziehungskunst 1985

Goethe J. W. v., Faust. Der Tragödie erster Teil (1828), Stuttgart 1974

Goethe J. W. v., Faust. Der Tragödie zweiter Teil (1828), Stuttgart 1972

Goethe J. W. v., Schriften zur Naturwissenschaft. Auswahl, Stuttgart 1982

Gratenau Chr., Von Rudolf Steiner zu Jesus Christus. Meine Auseinandersetzung mit der Anthroposophie, Gießen/Basel 1985

Die Grünen, Das Bundesprogramm, Bonn o. J. (1989)

Haack F.-W., Geheimreligion der Wissenden. Neugnostische Bewegungen, Stuttgart 1966

Haack F.-W., Spiritismus, München, 4. Aufl. 1984

Haeckel E., Generelle Morphologie der Organismen, Berlin 1866

Haeckel E., Der Monismus als Band zwischen Religion und Wissenschaft. Glaubensbekenntnis eines Naturforschers, Bonn 1892

Haeckel E., Die Welträtsel. Gemeinverständliche Studien über monistische Philosophie (1899), Stuttgart, 11. Aufl. 1984

Hahnemann S., Organon der rationellen Heilkunde, Dresden 1810

Hamerling R., Homunculus. Modernes Epos in zehn Gesängen, 1888

Handbuch religiöse Gemeinschaften, hg. v. H. Reller, Gütersloh 1978

Hansmann O. (Hg.), Pro und contra Waldorfpädagogik. Akademische Pädagogik in der Auseinandersetzung mit der Rudolf-Steiner-Pädagogik, Würzburg 1987

Harbsmeier G., Anthroposophie – eine moderne Gnosis, München 1957

Hartmann E. v., Die Philosophie des Unbewußten. Versuch einer Weltanschauung, Berlin 1869

Hartmann F., Report of Observations Made During a Nine-months` Stay at the Headquarters of the Theosophical Society at Adyar, Madras 1884

Hartmann F., Grundriß der Geheimlehre, Leipzig 1899

Hartmann F., Mysterien, Symbole und magisch wirkende Kräfte, Leipzig 1902

Hartmann O. J., Anthroposophie. Einführung in das Verständnis des Menschen-Wesens als Grundlage für die Erweiterung und Vertiefung unseres sozialen, pädagogischen und medizinischen Handelns, Freiburg/Br. 1950

Hauer J. W., Werden und Wesen der Anthroposophie. Eine Wertung und eine Kritik. Vier Vorträge, Stuttgart 1922

Hegel G. W. F., Phänomenologie des Geistes (1807), Stuttgart 1927

Hegel G. W. F., Philosophie der Geschichte (1837ff.), Stuttgart 1980

Heim K., Das Heil der Welt. Die Botschaft der christlichen Mission und die nicht-christlichen Religionen, Moers 1986

Heindel M., Die Weltanschauung der Rosenkreuzer. Das esoterische Christentum der Zukunft, Darmstadt 1973

Hemleben J., Charles Darwin in Selbstzeugnissen und Bilddokumenten, Reinbek bei Hamburg 1968

Hemleben J., Rudolf Steiner und Ernst Haeckel, Stuttgart 1968

Hemleben J., Rudolf Steiner in Selbstzeugnissen und Bilddokumenten, Reinbek bei Hamburg 1983

Heyer F., Konfessionskunde, Berlin/New York 1977

Holthaus S., Theosophie – Speerspitze des Okkultismus, Asslar 1989

Holthaus S., Madame Blavatsky und die Theosophische Gesellschaft. Die Sphinx des Okkultismus, Berneck 1990

Hoppenworth K., Der Buddhismus. Informationen für Christen zur Auseinandersetzung mit dem Buddhismus, Wannweil 1977

Hoppenworth K., Neue Heilswege aus Fernost – Hilfen oder Gefahren?, Bad Liebenzell 1978

Huber E., Freimaurer, Stuttgart 1934

Hummel R., Reinkarnation. Weltbilder des Reinkarnationsglaubens und das Christentum, Mainz/Stuttgart 1988

Hunt D., Götter, Gurus und geheimnisvolle Kräfte. Was steckt hinter dem Sekten-Boom?, Basel 1984

Hunt D./ Mc Mahon T. A., Die Verführung der Christenheit, Bielefeld 1987

Husemann F./ Wolff O., Das Bild des Menschen als Grundlage der Heilkunst, Bd. 1, Stuttgart, 10. Aufl. 1991

Husemann G., «Rudolf Steiner und die Begründung der Christengemeinschaft», in: Mitteilungen aus der anthroposophischen Arbeit in Deutschland 22/1952

Hutten K., Seher – Grübler – Enthusiasten. Sekten und religiöse Sondergemeinschaften der Gegenwart, Stuttgart, 11. Aufl. 1968

Junker R./ Scherer S., Entstehung und Geschichte der Lebewesen, Gießen 1986

Kant I., Kritik der reinen Vernunft (1781), Stuttgart 1985

Keyserlingk A. Graf v. (Hg.), Koberwitz 1924. Geburtsstunde einer neuen Landwirtschaft, Stuttgart 1974

Kirchner-Bockholt M. u. E., Die Menschheitsaufgabe Rudolf Steiners und Ita Wegmans, Dornach 1976

Kleeberg L., Wege und Worte. Erinnerungen an Rudolf Steiner aus Tagebüchern und Briefen, Basel 1928

Klostermaier K., Hinduismus, Köln 1965

Koch K. E, Okkultes ABC, Aglasterhausen, 2. Aufl. 1984

Koch K. E., Seelsorge und Okkultismus, Berghausen/Bd., 16. Aufl. o.J.

Köberle A., Evangelium und Anthroposophie, Bern 1939

Kögler T., Anthroposophie und Waldorfpädagogik. Ansätze einer kritischen Analyse, Neuhausen-Stuttgart, 2. Aufl. 1984

König R., New Age. Geheime Gehirnwäsche. Wie man uns heute für morgen programmiert, Neuhausen-Stuttgart 1986

König R., Sanfte Heilverfahren: Geistige Heilung, Akupunktur, Homöopathie, Irisdiagnose, Pendeln und Wünschelrute, Chiropraktik u.a., Neuhausen-Stuttgart 1987

Koepf H. H./ Pettersson B. D./ Schaumann W., Biologische Landwirtschaft, Stuttgart 1974

Kolisko L., Eugen Kolisko. Ein Lebensbild, zugleich ein Stück Geschichte der Anthroposophischen Gesellschaft, Gerabronn-Crailsheim 1961

Kollmar E., Herausforderung Anthroposophie, Wuppertal/Zürich 1992

Krück von Poturzyn M. J. (Hg.), Wir erlebten Rudolf Steiner, Stuttgart 1977

Kühn H., Dreigliederungszeit. Rudolf Steiners Kampf für die Gesellschaftsordnung der Zukunft, Dornach 1978

Kugler W., Rudolf Steiner und die Anthroposophie, Köln 1978

Kully M., Das Geheimnis des Tempels zu Dornach, Basel 1920

Kully M., Die Wahrheit über die Theo-Anthroposophie als eine Kulturverfallserscheinung. Ein Beitrag zur Geschichte des Okkultismus der Gegenwart, speziell des Steinerismus, nebst Illustrationen, Basel 1926

Lackmann M., Ich warne vor Goethe. Goethe und Lavater. Zwei Geistesgrößen ringen um Christus, Stein a. Rh. 1984

Laistner L., Das Rätsel der Sphinx, Stuttgart 1890

Lamparter H., Prüfet die Geister! Philosophen und Denker von Kant bis Bloch, Wuppertal, 6. Aufl. 1976

Leadbeater C. W., Ein Textbuch der Theosophie, Düsseldorf, 2. Aufl. 1932

Leber S. (Hg.), Die Pädagogik der Waldorfschule und ihre Grundlagen, Darmstadt 1983

Lehmann A., Aberglaube und Zauberei von den ältesten Zeiten an bis in die Gegenwart, Stuttgart, 3. Aufl. 1925

Lehrplan: siehe Vom Lehrplan ...

Leisegang H., Die Grundlagen der Anthroposophie. Eine Kritik der Schriften Rudolf Steiners, Hamburg 1922

Lennhoff E./ Posner O., Internationales Freimaurerlexikon, Wien/München 1932

Lessing G. E., Nathan der Weise (1779), Stuttgart 1968

Lessing G. E., Die Erziehung des Menschengeschlechts (1777) und andere Schriften, Stuttgart 1985

Lindenau Chr., Soziale Dreigliederung. Der Weg zu einer lernenden Gesellschaft. Ein Entwurf zum anthroposophischen Sozialimpuls, Stuttgart 1983

Lindenberg Chr., Waldorfschulen: Angstfrei lernen, selbstbewußt handeln. Praxis eines verkannten Schulmodells, Reinbek bei Hamburg 1975

Lindenberg Chr., Rudolf Steiner. Eine Chronik, Stuttgart 1988

Livesey R., Understanding the New Age: Preparations for the Antichrist`s One World Government, Chichester 1986

Lutyens M., Krishnamurti: Jahre des Erwachens. Eine Biographie, München 1981

Mackay J. H., Die Anarchisten, Zürich 1891

Mackay J. H., Max Stirner. Sein Leben und sein Werk, Berlin 1898

Mai G., Buddha. Die Illusion der Selbsterlösung, Berneck 1985

Maikowski R., Schicksalswege auf der Suche nach dem lebendigen Geist, Freiburg/Br. 1980

Markmann O., Die okkulte Heilweise der Homöopathie und Biochemie. Eine Warnung aus biblischer Sicht, Berlin, 2. Aufl. 1980

Matzka A. L., Theosophie und Anthroposophie. Ihre Darlegung und Kritik vom Gesichtspunkte des Christentums, Graz/Salzburg 1950

Mayreder R., Zur Kritik der Weiblichkeit, Wien 1905

Mc Kenzie N. (Hg.), Geheimgesellschaften, Genf 1969

Means P., Im Irrgarten östlicher Mystik. Östliche Jugendreligionen unter die Lupe genommen, Neuhausen-Stuttgart 1979

Melzer F., Anthroposophie – oder Christus-Nachfolge, Bensheim 1980

Meyer R., Wer war Rudolf Steiner?, Stuttgart 1961

Miers H. E., Lexikon des Geheimwissens, Freiburg/Br. 1986

Molt E., Entwurf meiner Lebensbeschreibung, Stuttgart 1972

Morey R. A., Was ist dran am Horoskop? Eine kritische Untersuchung, Basel 1985

Müller G., Heilkraft durch Verdünnen? Homöopathie – was steckt dahinter?, Bielefeld 1992

Nannen E., Carl Gustav Jung. Der getriebene Visionär, Berneck 1991

Neuer H., Die Freimaurer. Religion der Mächtigen, Berneck, 2. Aufl. 1992

Nietzsche F., Jenseits von Gut und Böse. Vorspiel einer Philosophie der Zukunft, Leipzig 1886

Nietzsche F., Der Antichrist. Versuch einer Kritik des Christentums (1888), in: Nietzsches Werke Bd. 8, Leipzig 1895

Nietzsche F., Also sprach Zarathustra. Ein Buch für alle und keinen (1883ff.), Stuttgart 1985

Nitsche W./ Peters B., Dämonische Verstrickungen – biblische Befreiung, Berneck 1987

Ortwein B., Kants problematische Freiheitslehre, Bonn 1983

Ouweneel W. J., Evolution in der Zeitenwende. Biologie und Evolutionslehre. Die Folgen des Evolutionismus, Neuhausen-Stuttgart 1984

Palmer O., Rudolf Steiner über seine Philosophie der Freiheit, Stuttgart 1976

Petersdorff E. v., Dämonologie, 2 Bde., Stein a. Rh., 2. Aufl. 1985

Petersen A., Rudolf Steiners Mysteriendramen, Dornach 1976

Pfeifer S., Gesundheit um jeden Preis? Alternative Medizin und christlicher Glaube, Basel/Gießen 1987

Picht C. S., Das literarische Lebenswerk Rudolf Steiners, Dornach 1926

Pierott V., Anthroposophie – eine Alternative?, Neuhausen-Stuttgart, 2. Aufl. 1983

Podzeit U., Seelenwanderung oder Wiedergeburt?, Schwelm 1984

Poeppig F., Die Bedeutung der siebenjährigen Entwicklungsperioden im Lebensgange Rudolf Steiners, Bern 1950

Poeppig F., Rückblick auf Erlebnisse, Begegnungen und Persönlichkeiten in der anthroposophischen Bewegung 1923–1963, Basel 1964

Prange K., Erziehung zur Anthroposophie. Darstellung und Kritik der Waldorfpädagogik, Bad Heilbrunn 1985

Rest F., Waldorfpädagogik und christliches Menschenbild, EZW-Texte, Informationen 104, Stuttgart 1987

Ringgren H., Art. «Anthroposophie», Theologische Real-Enzyklopädie Bd. III/1978, 8–20

Rittelmeyer F., Die Menschenweihehandlung, Stuttgart 1926

Rittelmeyer F., Theologie und Anthroposophie. Eine Einführung, Stuttgart 1930

Rittelmeyer F., Rudolf Steiner als Führer zu neuem Christentum, Stuttgart 1933

Rittelmeyer F., Christus, Stuttgart 1936

Rittelmeyer F., Aus meinem Leben, Stuttgart 1937

Rittelmeyer F., Meine Lebensbegegnung mit Rudolf Steiner, Stuttgart, 10. Aufl. 1983

Rudolph Ch., Waldorf-Erziehung. Wege zur Versteinerung, Darmstadt 1987

Rudolph K., Die Gnosis. Wesen und Geschichte einer spätantiken Religion, Göttingen, 2. Aufl. 1980

Ruppert H.-J., Durchbruch zur Innenwelt. Spirituelle Impulse aus New Age und Esoterik in kritischer Beleuchtung, Stuttgart 1988

Ruppert H.-J., Okkultismus – Geisterwelt oder neuer Weltgeist?, Wiesbaden/Wuppertal 1990

Ruthe R., Lügen die Sterne? Astrologie und Horoskope auf dem Prüfstand, Moers, 2. Aufl. 1984

Schelling F. W. J., Ideen zu einer Philosophie der Natur als Einleitung in das Studium dieser Wissenschaft, Landshut 1797

Schiller F. v., Über die ästhetische Erziehung des Menschen (1795), in: Schillers sämtliche Werke, Bd. 17, Augsburg 1827

Schneider C., Edouard Schuré. Seine Lebensbegegnung mit Rudolf Steiner und Richard Wagner, Freiburg/Br. 1971

Schneider W., «Waldorfschulen – eine pädagogische Herausforderung?», in: Vierteljahresschrift für wissenschaftliche Pädagogik 4/1992

Schomerus H. W., Die Anthroposophie Steiners und Indien, Leipzig 1922

Schramm H., Die allgemeine Bewegung der Materie als Grundursache aller Naturerscheinungen, Wien 1872

Schwab E., «Erinnerungen an Friedrich Eckstein», in: Blätter für Anthroposophie 5/1953

Sinnett A. P., Die esoterische Lehre oder Geheimbuddhismus, Leipzig, 2. Aufl. 1899

Skambraks U., Vorsicht Geistheilung! Was die Wunderheiler verschweigen, Asslar 1987

Snyder J., Reincarnation versus Resurrection, Chicago 1984

Spinoza B. de, Die Ethik (1677), Stuttgart 1984

Spretnak Ch., Die Grünen: Nicht links, nicht rechts, sondern vorne, München 1984

Stadelmann H., Das Okkulte. Sein Wesen und seine Erscheinungsformen nach der Heiligen Schrift, Gießen/Basel 1981

Stählin W. (Hg.), Evangelium und Christengemeinschaft, Kassel 1953

Steffen A., Begegnungen mit Rudolf Steiner, Dornach 1926

Stein H. v., Sieben Bücher zur Geschichte des Platonismus. Untersuchungen über das System des Platon und sein Verhältnis zur späteren Theologie und Philosophie, 3 Bde., 1862–1875

Steiner-von Sivers M., Die Anthroposophie Rudolf Steiners. Einleitungen und Vorworte zu den Erstveröffentlichungen von Rudolf Steiners Werken, Dornach 1967

Steiner-von Sivers M., Briefe und Dokumente, vornehmlich aus ihrem letzten Le-
    bensjahr, hg. v. H. Wiesberger, Dornach 1981
Stieglitz K. v., Die Christosophie Rudolf Steiners. Voraussetzungen, Inhalt und Gren-
    zen, Witten/Ruhr 1955
Stieglitz K. v., Rettung des Christentums?, Stuttgart 1965
Stirner M. (= Kaspar Schmidt), Der Einzige und sein Eigentum, Leipzig 1845
Stockhausen A. v., Mythos – Logos – Evolution. Dialektische Verknüpfung von Geist
    und Materie, Neuhausen-Stuttgart 1981
Stockmeyer E. A., Rudolf Steiners Lehrplan für die Waldorfschule. Versuch einer Zu-
    sammenschau seiner Angaben, Stuttgart, 3. Aufl. 1976
Störig H.J., Kleine Weltgeschichte der Philosophie, Stuttgart/Berlin/Köln/Mainz,
    12. Aufl. 1981
Stolzenburg A. F., Anthroposophie und Christentum, Berlin 1925
Tillich P., «Anthroposophie und Theologie», in: Theologische Blätter 1922, Sp. 86ff.
Tischner R., Ergebnisse okkulter Forschung. Eine Einführung in die Parapsychologie,
    Stuttgart 1950
Troxler I. P. V., Vorlesungen über Philosophie. Über Inhalt, Bildungsgang, Zweck und
    Anwendung derselben aufs Leben (1835), Bern 1942
Turgenjeff A., Erinnerungen an Rudolf Steiner und die Arbeit am ersten Goetheanum,
    Stuttgart, 3. Aufl. 1992
Ullrich H., Waldorfpädagogik und okkulte Weltanschauung. Eine bildungsphilo-
    sophische und geistesgeschichtliche Auseinandersetzung mit der Anthropologie
    Rudolf Steiners, Weinheim/München 1986
Unger C., Die Grundlehren der Anthroposophie. Was ist Anthroposophie?, Stuttgart
    1968
Unger M. F., Demons in the World Today, Wheaton, 5. Aufl. 1984
Urquhart W. S., Theosophy And Christian Thought, London 1922
Vaughan T. (= Eugenius Philaletes), Anthroposophia Theomagica, o O. 1704
Vom Lehrplan der Freien Waldorfschule, bearb. v. C. v. Heydebrand, Stuttgart, 8. Aufl.
    1986
Wachsmuth G., Rudolf Steiners Erdenleben und Wirken. Von der Jahrhundertwende
    bis zu seinem Tode. Die Geburt der Geisteswissenschaft. Eine Biographie, Dor-
    nach, 2. Aufl. 1951
Die Waldorfschule aus evangelischer Sicht. Eine Orientierungshilfe für evangelische
    Eltern. Erarbeitet vom Ausschuß für Jugend und Bildung der Württembergischen
    Evangelischen Landessynode, Stuttgart 1990
Die Waldorfschulen und ihr weltanschaulicher Hintergrund. Eine Orientierungshilfe,
    verfaßt vom Ausschuß der Kirchenleitung der Nordelbischen Ev.-Luth. Kirche für
    Weltanschauungsfragen in Zusammenarbeit mit Vertretern aus Kirchenkreisen
    und evangelischen Religionslehrern an Waldorfschulen, Kiel 1986
Wegman I., An die Freunde. Aufsätze und Briefe, Arlesheim 1968
Wehr G., Christusimpuls und Menschenbild. Rudolf Steiners Beitrag zur Erweiterung
    des religiösen Bewußtseins, Freiburg/Basel/Wien 1974
Wehr G., Der pädagogische Impuls Rudolf Steiners. Theorie und Praxis der Waldorf-
    pädagogik, München 1977
Wehr G. (Hg.), Die Bruderschaft der Rosenkreuzer. Esoterische Texte, Köln 1984

Wehr G., Carl Gustav Jung, Leben – Werk – Wirkung, München 1985

Wehr G., Rudolf Steiner, Leben – Erkenntnis – Kulturimpuls, Zürich 1993

Widter R., Friedrich Nietzsche. Der Wille zur Macht, Berneck 1987

Wiesberger H., Aus dem Leben von Marie Steiner-von Sivers, Dornach 1956

Wilder-Smith A. E., Herkunft und Zukunft des Menschen. Ein kritischer Überblick über die dem Darwinismus und Christentum zugrunde liegenden naturwissenschaftlichen und geistigen Prinzipien, Neuhausen-Stuttgart, 4. Aufl. 1978

Wilhelm Th., Pädagogik der Gegenwart, Stuttgart, 3. Aufl. 1963

Wistinghausen K. v., Der neue Gottesdienst. Zur Einführung in die Menschenweihehandlung, Stuttgart 1960

Wistinghausen K. v., Das neue Bekenntnis. Wege zum Credo, Stuttgart 1963

Wistinghausen K. v., Die erneuerte Taufe, Stuttgart 1967

Wolff H.-W., Anthropologie des Alten Testaments, München 1973

Wulff-Woesten H., Der theologische Werdegang Friedrich Rittelmeyers, Jena 1968

Zimmermann R., Anthroposophie im Umriß, Wien 1882

Zweig S., Die Welt von gestern. Erinnerungen eines Europäers, 1949